抗日战争时期
细菌战与防疫战

张宪文　吕晶 —— 主编　　**文献集**

国家出版基金项目
NATIONAL PUBLICATION FOUNDATION

许峰源　吕晶　编

中国藏细菌战与卫生防疫档案

［二］

江苏人民出版社

图书在版编目(CIP)数据

中国藏细菌战与卫生防疫档案. 二/许峰源,吕晶
编. 一南京:江苏人民出版社,2025.3. 一(抗日战
争时期细菌战与防疫战文献集/张宪文,吕晶主编).
ISBN 978 - 7 - 214 - 29563 - 7

Ⅰ. K265.606

中国国家版本馆 CIP 数据核字第 2024D584A1 号

抗日战争时期细菌战与防疫战文献集

主　　　编　张宪文　吕　晶

书　　　名　中国藏细菌战与卫生防疫档案(二)
编　　　者　许峰源　吕　晶
责 任 编 辑　康海源
装 帧 设 计　刘葶葶
责 任 监 制　王　娟
出 版 发 行　江苏人民出版社
地　　　址　南京市湖南路 1 号 A 楼,邮编:210009
照　　　排　江苏凤凰制版有限公司
印　　　刷　苏州市越洋印刷有限公司
开　　　本　718 毫米×1000 毫米　1/16
印　　　张　23.75　插页 4
字　　　数　340 千字
版　　　次　2025 年 3 月第 1 版
印　　　次　2025 年 3 月第 1 次印刷
标 准 书 号　ISBN 978 - 7 - 214 - 29563 - 7
定　　　价　128.00 元

(江苏人民出版社图书凡印装错误可向承印厂调换)

国家社会科学基金抗日战争研究专项工程项目
2021年度国家出版基金资助项目
"十四五"国家重点出版物出版专项规划项目

总　序

　　人类使用生物武器的历史由来已久,古代战场上"疫病与战争"的关系对现代战争产生了深远的影响。20世纪以来,随着微生物学和医学等学科的长足发展,通过生物技术人为制造病菌,在军事上削弱并战胜敌军成为重要的战争手段。第二次世界大战时,德、日、美等国均开始研制和使用生物战剂。当时,主要以细菌、老鼠和昆虫为传播媒介。30年代起,日本违背国际公约,在中国东北等地组建细菌部队,针对我国平民实施大规模细菌战。为真实记录这段历史,南京大学牵头组织20余位海内外学者,承担了国家社科基金抗日战争研究专项工程之"日军细菌战海内外史料整理与研究"项目,经过多年艰苦工作,先期推出11卷"抗日战争时期细菌战与防疫战文献集"(简称"文献集")。

　　关于抗日战争时期的细菌战与防疫战,既有的研究基本以收集七三一等细菌部队的罪证为主,以之批判侵华日军细菌战暴行的残虐与反人类。在此基础之上,部分学者分别从社会学、心理学、医学、军事学等角度开展跨学科研究,有力地推动了该领域研究的发展。而日本对华细菌战的推行者,并不仅限于臭名昭著的七三一,还包括荣一六四四、甲一八五五、波八六〇四和冈九四二〇等细菌部队,形成了一个完整严密的研究与实战体系。

　　"文献集"以日本在二战期间发动细菌战为中心,全面发掘梳理战前、战时与战后各阶段所涉及的细菌战战略与战术思想、人体实验、细菌武器攻击,以及战后调查与审判的相关史料。"文献集"以中日两国史料为主,兼及苏联等相关国家或地区的史料,对已发现的重要史料尽可能完整地收录,辅以必要的简介和点评,最大程度地保持史料的原始面貌和可利用性。

"文献集"将细菌战研究置于全球视野之下,从多方视角进行实证分析探讨。一方面追踪七三一等细菌部队隐秘开展的活体实验,深入挖掘其所从事的日常业务,深刻理解军国主义时代日本医学的"双刃剑"性质;另一方面关注国民政府战时在卫生防疫方面的应对策略,以及中日双方开展的攻防战。同时,不能忽视战后美苏两国因各自利益所需,对战时日军在华细菌战罪行的隐匿与揭露,包括1949年末苏联组织军事法庭,针对日军在战争期间准备和使用细菌武器罪行的审判材料,以及美国基于对日军细菌战参与人员长达四年的问讯记录而形成的《桑德斯报告》《汤普森报告》《费尔报告》和《希尔报告》等第三方史料。

"文献集"立足于对日军在华细菌战核心部队、重要事件和关键问题等史实的具体呈现。此次出版的11卷由史料丛编和调研报告组成,其中史料丛编为"文献集"的主体部分,包括几个方面:(1)日本防卫省防卫研究所、国立公文书馆和战伤病者史料馆等机构所藏档案,亚洲历史资料中心的数字资料,以及各类非卖品文献、旧报刊、细菌部队老兵证言等资料;(2)受害国中国当时医疗卫生、传染病调查,以及受到细菌武器攻击后的应对情况方面的资料,考察选收中国大陆重要省份和台北"国史馆"、台北档案管理局的相关史料;(3)苏联时期及部分当代俄罗斯出版的关于细菌战、细菌武器、生化战历史和科学史专题的俄文史料及文献著作;(4)英国、澳大利亚等国家档案馆馆藏有关日本战争罪行的档案。

具体而言,中方史料主要包括日渐被学界关注的国民政府针对日军细菌武器攻击的调查与应对,涉及战时防疫联合办事处、中央卫生署、省卫生处、防疫委员会、医疗防疫队和军方防疫大队等一系列国民政府防疫机构以及中国红十字会总会的相关档案,还有60余种近代报刊中关于抗战前后细菌战与传染病知识的科普与传播、日军具体投放细菌行为的报道,以及战时各地疫情与防疫信息等方面的内容;此外,20世纪50年代新中国审判日本战犯,获得日军甲一八五五部队等部官兵回忆投放细菌及从事人体实验罪行的供词,这些战犯口述笔供中的细菌战相关情报,具有较高的史料价值。

日方史料围绕日本细菌战作战指挥系统、细菌战战略思想、在中国相关地区的细菌武器攻击、以往研究较少涉及的两支重要的细菌部队(荣一六四部队和冈九四二〇部队)等核心问题,吸纳小川透、近食秀大、山内忠重等细菌部队军医发表的研究报告和学术论文,重新整理、翻译内海寿子、镰田信雄、三尾丰、千田英男、天野良治、沟渊俊美、鹤田兼敏、丸山茂等多名细菌部队老兵证言。其中细菌部队卫生防疫研究报告不仅揭示战时中国地区疫情传播的实相,也反映这些细菌部队的研究课题之侧重所在。尤其是从军事医学、微生物学角度去看,这几支细菌部队依据所在地区特点,"因地制宜"地开展相应研究,为后期作战做了较为充足的准备,由此不难窥见日军细菌战战略的意图和布局。

第三方史料,主要系统地介绍和引进苏联和俄罗斯有关生化战和细菌战的文献资料,包括苏联早期引进的细菌战研究著作、伯力审判材料、《真理报》所刊登关于伯力审判的内容、朝鲜战争中美军生化战报告及其与日本侵华生化战有关的材料、苏联和俄罗斯关于生化战的研究与引进成果、俄安全局档案分局 2021 年解密的日军生化战档案、俄国内对于解密材料的新闻报道等。这些资料呈现了苏联和俄罗斯在历史上与生化战和细菌战之间的关系,以及苏、俄军方及科学界对其认知、研究、防范的变化过程,为中国史学界提供了生化战和细菌战研究的另一视角。

"文献集"另一组成部分是课题组当下采集到的口述资料,即 2018 年前后在浙江衢州江山等县村对当地"烂脚老人"进行田野调查,形成的"日军细菌战创伤记忆口述调研实录"。依据老人证言和地方史志的对照,从时间序列和空间分布上分析,不难发现"烂脚病"的出现与日军细菌战之间有密切关联。在日军实施细菌战之前,衢州等地从未有过此病及相关记载,而在细菌战之后,此病在这些地区频繁出现,且出现病例最多的村落与日军曾经控制的浙赣铁路线高度重合。课题组保存了日本在华细菌战的底层受害者的声音,将受害者的个人记忆与文本文献有机结合,从而在证据链上达到最大程度的充分性、多样性和丰富性。

　　"文献集"得以顺利出版,首先感谢国家社科基金抗日战争研究专项工程和国家出版基金的支持,在编写和出版过程中得到抗日战争研究专项工程学术委员会各位专家的悉心指导,也感谢中央档案馆、中国第二历史档案馆和台北"国史馆"等合作单位的支持与帮助。课题组相信本系列图书的出版,或将有利于提升抗战时期细菌战与防疫战研究的深度与广度。

　　"文献集"全面揭露日本发动细菌战的罪行,并非为了渲染仇恨,而是为了维护人类尊严和世界和平,助力中华民族伟大复兴和人类命运共同体建设,以史为鉴,面向未来。兹值"文献集"出版前夕,爱申数语,敬以为序。

目 录

导　言

　　日军对华细菌战,是在战争结束近 80 年的今天仍留在中日两国面前亟待解决的历史问题之一。中日学者利用双方资料研究,取得了一些共识,同时也有相当的分歧,尤其是在中国某些地区疫情的突然爆发和蔓延究竟是自然因素引起还是日军使用细菌武器攻击所致等关键问题上,学者间的看法难以一致。除了日方尽可能公布日军防疫给水部队军方文件等核心史料,中方也需要提供更为丰富的民国时期卫生防疫方面的档案,以期多角度、多层次地认识这段历史。

　　抗战时期中国的疫病流行严重,各种疫病交叉流行,致死率甚高,有的疫病发生与具体战争行为密切关联,呈现典型的战时特征。造成疫情加剧的原因复杂而多元,一方面战争带来的饥馑造成民众抵抗力降低,生存环境恶化使得人们更加容易染疫,加之难民流徙和军队调动引起传染病大范围传播,各种疫情频发,可谓当时的大背景。另一方面,日本入侵给中国刚刚起步的现代卫生防疫体系建设带来巨大的破坏。地方割据,行政管理效力受减,加大了疫情防控的难度。但最为重要的因素则是,日军利用自然环境(如:气候、自然灾害、自然疫源地等)和社会环境(如:地方病、交通、城乡环境卫生等)作掩护实施细菌战,直接导致疫情大面积流行。抗战爆发前后,日军开始试验各种疫菌威力,伺机在战场上发动细菌战。进入相持阶段,鉴于细菌战具有杀伤力强大、成本低廉的特性,又兼具重创中国军民士气、降低中国军队战斗力、折损中国政府威信等多重效果,日军为打破战争僵局,调整作战策略,公然违反 1925 年《日内瓦议定书》规定,同时使用了细菌(生物)和毒气(化学)两种大规模杀伤性武器。各类毒菌的散播致使鼠疫、霍乱等疫病的致病菌肆意扩散,施用毒气更是带来严重致命的卫生问题,不仅威胁民众生命安全、耗损中国军队作战能力、扰乱中国社会秩序,更严重污染生态环境,导致传染病不断复发,影响延续至今。

以往细菌战研究以战争史视角为主,集中在日本侵略者实施细菌战史实和罪证的溯源考证,或从不同区域出发,或从不同传染病种入手,揭示了细菌战导致中国抗战时期疫病横行及其后果。

随着研究的推进,对日本侵华细菌战的研究不能只着眼于"受害研究"或地区性个案研究,还应看到在战争状态下,民国时期卫生防疫工作的整体概貌与公共卫生应急反应及发展轨迹。疾病在和平时期从港口或边境传入,而在抗战时期的某一天突然被空投细菌造成蔓延,是战时的一个新的且更大的威胁。国民政府在其统治区为对抗这种威胁,建立了发行《疫情旬报》等简报的"战时防疫联合办事处",以及中央的"卫生署"、地方的"省卫生处""防疫委员会""医疗防疫队"、军方的"防疫大队"等一系列防疫机构。当各省、市、县遭到日军细菌战攻击,地方卫生防疫机构发出预警、隔离病患开展救治,并设法围堵疫源,防止扩散。中央迅速派出相关专家组亲赴实地调查灾患缘起,掌控疫疠变化,防堵疫情扩散,优化了战时全国卫生防疫体系,在防范日军对华实施大规模细菌战时起到了重要作用,从而存续中国对日抗战的整体战力。而普通民众逐渐通过报刊、宣传画和普及性读物了解到细菌战的基础知识,防疫卫生的观念也得到进一步的传播。对细菌战内涵的进一步深化,拓宽了该研究领域的外延。

基于以上研究思路,我们对中国大陆及台湾地区的档案馆进行了资料摸排查阅和搜集整理工作。2016 年以来,课题组成员先后走访了中央档案馆、中国第二历史档案馆、台北"国史馆"、台北档案管理局、台湾"中央研究院"近代史所档案馆、浙江省档案馆、吉林省档案馆、湖南省档案馆、福建省档案馆、江西省档案馆、广东省档案馆、广西壮族自治区档案馆、内蒙古自治区档案馆、贵州省档案馆、上海市档案馆、重庆市档案馆、广州市档案馆、贵阳市档案馆及浙江省内市县档案馆等二十余家档案部门，经历了档案馆在新冠疫情期间无法正常对外开放、各家档案馆开放进度和程度不同、档案利用政策调整等各种困难，在课题组全体同仁的努力下，终于编就五卷《中国藏细菌战与卫生防疫档案》。

《中国藏细菌战与卫生防疫档案》侧重1937年至1945年全国抗战期间的档案资料，但考虑到战时传染病潜伏的后发性，及战后继续开展法定传染病调查统计等因素，收录时间延伸至1949年，并吸纳日本侵华细菌战战犯在20世纪50年代接受中方调查的材料。五卷资料集中为档案馆藏民国档案和民国报刊，根据这批史料涉及的内容和性质，大致分为卫生防疫体系建立与行政管理、细菌战及各类传染病调查、疫情报告制度与传染病数据统计、传染病预防与疫病救治、细菌战知识科普与社会宣传等五个专题，全方位地展示在日军侵华过程中，进行细菌武器试验和实施攻击的情况下，中国从中央到地方的应对之策，医疗卫生专业人员、官员和民众，以及外籍专家深入调查、组织预防、开展救治的过程。包括了两岸存档机构藏有的行政院、军事委员会、卫生署、军医署、中国红十字会总会等部门下发的关于卫生防疫、细菌战调查、应对措施等方面的行政公文，中央地方协力对抗细菌战的往来文件，日军遗留"特别移送"档案，关于"细菌武器"知识的科普报道，以及战后日本战犯有关所犯细菌战罪行的亲笔供词等。为了解日军细菌武器攻击下的实况、战时卫生机构的运作、战争因素对卫生防疫的影响、战时防疫联动机制对卫生防疫的促进及"细菌战"知识教育宣传提升民众卫生意识等问题提供了全面的资料。

本分卷为《中国藏细菌战与卫生防疫档案（二）》。主要包括中央与各地区的行政公文档案，内容涉及各地关于鼠疫的调查报告等；特别移送档案中宪兵队关于拘捕审讯苏谍的情况报告；十四名有代表性的日本细菌战战犯供述以及相关报刊资料四个方面。本卷史料种类众多，覆盖范围广泛，从多个方面发掘国民政府及地方政府如何开展细菌战调查的史实，以及防联处调查各地防疫人员和检验器材、调查各地防疫机构及工作计划，定期视察与协助地方防疫工作等。此外，在前人基础上，对特别移送档案和战犯供述史料进一步翻译、整理汇总,发现被"特别移送"人员通常是抗联战士或中共领导的地下抗日情报工作者以及为苏联和"第三国际"服务的情报人员,他们既是日本侵华细菌战的直接受害者,也是揭露和反抗日军暴行的战士。

　　史料实证的前提是要有真实、可靠、翔实的史料做支撑。研究者从各个角度出发,尽可能获取研究所涉及的各类资料,以进行甄别和利用。编者则是多维度、全景式地去搜集、整理这些档案资料并选编成册,供学界应用。也希望这些档案史料的出版、流通,能够带来更多有关细菌战与卫生防疫等议题的深入研究。

凡　例

一、《中国藏细菌战与卫生防疫档案》(以下简称《中国档案》)共五卷,按不同专题分卷编排,收集、整理当时全国范围的档案、报刊等资料,依照原件录入,以浙江、湖南、江西、福建四省为主要范围。所选史料均在文后注明出处来源。

二、本《中国档案》采用规范简体字横排形式,尽量保持原文体例,但为兼顾当下阅读习惯与规范,对部分行文格式略作调整。

三、本《中国档案》尽可能忠于原本,对于因时代原因或作者语言习惯所形成的特定用词,如委靡(萎靡)、豫防(预防)、曝露(暴露)等,或表意不清但无从判断的,均保留原貌。对于无对应简体字或因原文所述内容要求须以其他字体形式出现者,仍沿用原字体。对于字迹漫漶但可大致确定者,径为校正。对于字迹模糊、破损以致无法辨认者,以□标示。

四、原文无标点或仅有简单句读者,一律改为新式标点。原文标点不当或与现代通行标点使用规范不符者,则对其作部分改动。

五、内文日期采用公元纪年。部分统计数字与函电文号、发文日期,改以阿拉伯数字呈现。

六、部分表格为配合排版,样式略有更动。部分附图、附表,原件即无。其中内容重复或与主题无关部分,编者则略加删节。

第一章　行政公文

一、中央

战时防疫联合办事处 1940—1941 年工作报告

（1942 年）

第一篇　引言

自抗战军兴,全国动员,军旅与人口之移动均较前为频繁。应如何防范疫疠之乘机窃发,已为当务之急。战时防疫工作在直接上能减少人口之死亡,在间接上即所以增加抗战力量。事关重要,毋待赘述。惟成效若何,则有视于军民卫生机关及举国民众之协作程度以为断。卫生署有鉴于此,爰于民国二十九年五月二日召开全国防疫会议,议决由卫生署、军医署、后方勤务部卫生处、中国红十字总会救护总队部四机关,联合组织战时防疫联合办事处(以下简称本处),负责办理疫情传递、防疫设计及实地指导事项,俾便全国各防疫机构能有密切联系,杜绝各自为谋,意至善也。本处计于是岁五月七日开始筹备,六月一日正式成立。暂设于卫生署内,由卫生署防疫处处长、军医署第三处处长、后方勤务部卫生处副处长、中国红十字总会救护总队部医防指导员及卫生署医疗防疫总队总队长分任委员,并由各合组机关调派人员,拨给经费,开始办公。迄于二十九年十二月五日复提经第六次委员会议决议继续设置,分别呈准各合组机关备案。兹三十年度复已过去,□责更感繁重,诸同人虽兢惕从事,仍恐不及。为策励未来计,爰将自成立以迄三十年底之两年度工作状况择要胪列,以资检讨,并就正于明达。

第二篇　工作实施

甲、疫情之集中整理及传播

(一)统一疫情报告

防疫工作实施之第一步,厥为各地疫情之传递,故疫情报告应力求迅速、确实及完备,而全国卫生机关完密之联系、扣合及统一之报告格式,尤必及早制定。本处有鉴于此,乃订定《疫情报告办法》一种,分由各合组机关通饬全国军民、防疫机关遵照办理,前后共经印制二千份,发出份数计军医署九百五十份、后方勤务部卫生处一百份、卫生署七百份、中国红十字总会救护总队部一百份,尚余一百份存留本处。

(二)集中疫情

全国各地疫情报告计有下列三种:

1. 疫情旬报

自二十九年六月各合组机关饬属按照《疫情报告办法》报告疫情后,七月份收到七十余份,此后逐月增加,迄至三十年十二月,一个月内即达九〇九份之多。综计廿九年度七月份至十二月份,共计收集疫情旬报表二四八三份(附录三[略])。报告机关共有四百七十单位,其报告地点计十八行省六百余县市。在三十年度内一月份至十二月份,共收有疫情旬报表九五六六份(附录五[略])。报告机关七百四十七单位,较之二十九年度约增加三分之一,其报告地点则增至十九行省六四一县市(沦陷区均无报告)。

2. 疫情文件

疫情文件之来源,多由各合组机关转来本处。为求有关疫情之完备起见,一部分系由各合组机关有关防疫文件随时抄录汇存,综其类别可分(1)电(2)呈函(3)报告一项。自二十九年五月至十二月间,共收录有关疫情文件三百五十件(附录三[略]),其中以霍乱占多数,鼠疫次之,其他传染病则较少。在三十年一月至十二月份,共计收录疫情文件六百五十八件(附录五[略]),其中以鼠疫占多数,霍乱次之。此外,军政部各防疫大队原有之疫情旬报则由后方勤务部卫生处按期送来本处登记。

3. 二十九年疫情总报告表及疫情旬报汇报表

为求二十九全年疫情完备起见，曾拟定廿九年度疫情总报告表一种，建议卫生署转饬各中站分别填报，以资对照。三十年度，为求各地疫情报告之真确，并避免遗漏，曾拟定疫情旬报汇报表，由各合组机关分饬各中站按旬填报，多已按照办理。

（三）疫情传播

1. 填发疫情日报及鼠疫紧急报告

本处为求疫情交换迅速，避免□□□□计，经制定疫情日报表一种，备用于霍乱疫情报告。遇有疫情严重之其他□□□□便利上亦合并注于"其他"栏内。其填报方法系将当日收到有关霍乱疫情之电□或旬报随时依次填入，倘本日并无疫情，则不予填报。每次共发五份，直接分送军医署第三处、卫生署防疫处、后方勤务部卫生处、中国红十字总会救护总队部、卫生署医疗防疫队等机关。自二十九年五月至十二月底，八个月内共计填报八十一次。迄三十年度因霍乱未曾扩大流行，故日报表填发较少，自四月至十一月中，共计填报二十一次（附录四[略]、六[略]），其中一部则系鼠疫疫情，盖鼠疫情之严重，实不亚于霍乱也。是年十一月，湘省常德地方鼠疫发现，缘自十二月一日起开始编制鼠疫紧急报告，分由军医署、卫生署呈报行政院、军政部及军事委员会查核，计在该月份内发出鼠疫疫情报告十二次。

2. 汇编《疫情旬报》及《全国疫情》

本处自二十九年七月份起按旬将各地疫情编成有系统之陈述，并为供给各地防疫机关之参考，复将每旬收到之疫情旬报表编为《疫情旬报汇报表》，按旬与《疫情旬报》合订印发。自二十九年七月至十二月份发出十八次，分发机关计一百五十余单位，共计发出二千八百六十八份（附录四[略]）。自三十年一月至五月发出十四次，分发机关单位同前，共计发出一千八百二十二份。迄三十年五月，将《疫情旬报汇报表》改编成《全国疫情》刊物一种，原拟按月出版，嗣因抗战期间印刷困难，乃改为不定期刊物。截至十二月底，已出版四期，第五期亦已编就交印。其原有《疫情旬报》则因本处人员缺乏,且时间短促,暂告停止(附录六[略])。

乙、防疫设施调查

(一)调查各地防疫人员及检验器材

本处为明了全国各防疫机关之人员、设备情况,以为指导防疫设施之参考,特制定:1.防疫人员调查表,2.检验器材调查表,分送各合组机关饬属详予填报。计填送防疫人员调查表者有滇、甘、黔、陕、湘、鄂、赣、浙、粤、桂、川、豫、皖、闽、晋等十五省,其中以湖南省之防疫人员为最多,以甘肃省为最少。计填送检验器材调查表者有湖北、贵州、湖南、甘肃、四川、陕西、广东、浙江、广西、江西等十省(附录七、八[略])。

因上项调查遗漏甚多,且防疫人员移动甚大,难以固定,故三十年度暂不继续调查。

(二)调查各地防疫机构及工作计划

本处为求明了各地防疫机构情况,缘作全国二十九年度防疫组织及其工作计划之调查。经由各合组机关饬属填报,编成《各地防疫计划一览表》及《防疫机构一览表》两种(附录九、十[略])。至三十年度,各地防疫机构及防疫计划因时间关系,材料尚未汇齐。

丙、防疫事项之设计

(一)拟具《三十年度全国推行灭虱计划》

回归热、斑疹、伤寒病疫均借昆虫以为传染媒介,年来流行甚剧,经由本处拟具《三十年度全国推行灭虱工作计划》,由各合组机关通饬施行(附录十一)。

(二)拟具《三十年度军民种痘应注意准备实施办法》

于二十九年九月,本处拟定《三十年度军民种痘应注意准备实施办法》,分由各合组机关饬施行(附录十二[略])。

(三)拟具《军队预防伤寒、霍乱及破伤风施行混合免疫注射须知》

二十九年间,奉军医署饬研究伤寒、霍乱、破伤风类毒素混合免疫制品,经已拟定实施办法及推行步骤,提经本处第五次委员会议决议,先由战时卫生人员训练所检验学组研究试验,如属可用,再行普遍推行。现已制出大量类毒素混合制品,正在实地试验中(附录十三)。

(四)拟具《防治敌机散播鼠疫菌方案》

据报,二十九年十月二十九日,浙江鄞、衢两县发现鼠疫,其后者似与敌机散播鼠疫杆菌有关,爰于二十九年十二月五日召开第六次会议,讨论预防敌人施用细菌兵器各项问题,并征求专家意见,拟定《防治敌机散播鼠疫菌实施方案》,建议有关机关通饬施行(附录十四)。

又三十年十一月,敌机在湖南之常德、桃源一带掷下谷麦、碎布、纸片等物,未及数日,常德即发生鼠疫病例。为求预防敌人施用细菌兵器计,经拟定《处置敌机掷下物品须知》《防治敌机散布鼠疫杆菌实施办法》及《补充防制敌机散布鼠疫杆菌实施办法》三种,分别呈请行政院、军事委员会通饬施行(附录十五、十六、十七)。

(五)拟具《浙江衢县鼠疫再度流行防治办法》

三十年三月五日,浙江衢县鼠疫再度流行,经于三十年四月拟定《衢县鼠疫再度流行之防治办法》,建议有关各合组机关通饬施行(附录十八)。

(六)拟具《三十年度霍乱防治实施方案》

三十年五月,拟定《三十年度霍乱防治实施方案》,建议各合组机关通饬施行(附录十九)。

(七)对于防疫设计之建议

本处对于防疫设计暨技术指导事项推行不遗余力,兹将各项重要事件表列如下,以示一斑。

建议机关	设计事项	时间
军医署	关于各师管区、团管区及补训处、补充团队新兵普遍霍乱预防注射。	二十九年五月
卫生署、军医署、红会救护总队部	四川涪陵将来发现霍乱时之防止方法。	二十九年五月
军医署及后方勤务部卫生处	请分饬各省办事处及兵站卫生处,对于各机关防疫人员、器材之运输,即于交通困难时,仍应予以便利及协助。	二十九年六月

续表

建议机关	设计事项	时间
军医署及后方勤务部卫生处	请商卫生署及红会救护总队部转饬所属在战区工作之医防队,应接受军医署各办事处之指导咨询。	二十九年六月
后方勤务部卫生处及红会救护总队部	奉卫生署通知山西省中条山瘟疫盛行,请通知中条山附近之防疫队就近协同防治。	二十九年七月
红会救护总队部	四川剑阁霍乱流行,请电知附近医防队注意防堵。	二十九年七月
本处各合组机关	请协助防治湖南霍乱。	二十九年七月
军医署	第九陆军医院工作繁忙,不能派员前赴南充检疫,请饬属就近协助卫生署医防队之合川防治工作,并准备五十个隔离病床。	二十九年八月
军医署	卫生署医疗防疫队已赴遂宁、南充两地办理霍乱防治工作,请转呈军政部电知当地师团管区及补训处予以协助。	二十九年八月
军医署	川北霍乱流行,请转知附近各新兵训练机关,注意实施预防注射。	二十九年八月
卫生署	请派员调查川北霍乱流行情形,以资防治。	二十九年八月
卫生署	据报,四川江北县之金剑山已发生疑似霍乱病例,请转知汉宜渝检疫所派员调查。	二十九年八月
卫生署	为谋二十九年各重要传染病情之详尽,经拟具二十九年度疫情总报告表格式请通饬填报。	二十九年十月
中国红十字会救护总队部	宁波先后发现鼠疫,电请拨发疫苗,协助军政部第二防疫大队之防治工作。	二十九年十一月
军医署、卫生署及红会救护总队部	请准备鼠疫疫苗及血清,以便防治。	二十九年十二月
卫生署及红会救护总队部	请通饬于发现鼠疫第一例时,应用电报告。	二十九年十二月
军医署、卫生署及红会救护总队部	请指派人员负责研究鼠疫防治之环境卫生工作,并从速拟具方案。	二十九年十二月
本处各合组机关	浙江衢县再度发现鼠疫,请速即调派人员协助工作。	三十年三月
卫生署	据报,四川宜宾、夹江两县发现霍乱,请转饬汉宜渝检疫所注意防范。	三十年四月

建议机关	设计事项	时间
卫生署及后方勤务部卫生处	请转知赣省及第三战区卫生主管机关,防范衢县鼠疫因战事紧张传入赣境。	三十年四月
本处各合组机关	据报,湖北兴山、秭归、巴东一带回归热及斑疹、伤寒流行甚厉,请饬属防范,以免蔓延。	三十年五月
本处各合组机关	湖南沅陵等地已发现霍乱,请饬属注意防范。	三十年六月
卫生署	据报,广东饶平等地发现霍乱,请通知闽卫生处注意防范,并代电粤卫生处随时将疫情具报。	三十年六月
卫生署	据报,湘北、鄂西一带回归热、斑疹、伤寒流行甚剧,请即派员调查。	三十年六月
本处各合组机关	浙江衢县已设置鼠疫防治实施见习班,请酌派人员前往受训。	三十年八月
卫生署	请电派湖南省卫生处处长张维迅速赴常德,联合各有关方面,组织临时防疫联合办事处,负责防治。	三十年十月
后方勤务部卫生处	请电派第六战区兵站卫生处处长陈立楷,在张维处长未到常德以前,应即着手组织防疫联合办事处,一俟到达,并应会同负责办理。	三十年十月
卫生署	鼠疫防治至感迫切,除钧属已向中防处购订鼠疫苗一千瓶外,并乞转请红会向国外捐购各项防治鼠疫药品,如 Sulfathiazole、Cyanogas 等,以利防疫。	三十年十一月
卫生署	请饬中防处,对于鼠疫苗价格酌量减低,以利防疫。	三十年十一月
本处各合组机关	拟请以本处为处理敌机掷下物品及防治鼠疫之常设机关,以利联系。	三十年十一月
本处各合组机关	本处专门人员甚感需要,拟请抽调细菌学、流行病学专门人员参加工作,并网罗各机关特殊技术人员及外籍专家充任本处顾问,以备咨询。	三十年十一月
本处各合组机关	陈请继续补充鼠疫疫苗及治疗鼠疫各项化学药品。	三十年十一月
本处各合组机关	请通饬各地卫生防疫机关,充实检验及防治设备,以应需要。	三十年十一月

续表

建议机关	设计事项	时间
本处各合组机关	请物色各地之研究细菌学、流行病学外籍医事人员参加本处工作,并就近前往疫区实地考查具报。	三十年十一月
本处各合组机关	请令饬各地军民卫生防疫机关,遇有敌机散播异物或发现鼠疫,应迅向本处报。	三十年十一月
军医署、卫生署	关于各种防治鼠疫、毒气技术人员之训练,应请会同防毒处办理。	三十年十一月
本处各合组机关	由各战区司令长官部卫生处负责,联合区内军民卫生防疫医疗机关及外籍医师,在各城市组设联防处,主持敌机投散病菌及毒气时之搜集证据、分发情报及实地防治工作,至云南方面,则由昆明行营卫生处主持办理。	三十年十一月
军医署	请召集各有关机关计划防制敌机散播毒气事宜。	三十年十一月
军医署、卫生署	请会同召集陪都各有关机关,讨论防制敌机在重庆使用细菌兵器问题。	三十年十一月
本处各合组机关	本处业经核定为防治鼠疫常设督导联系机关,应请设法增加人员,加强组织,以利事功。	三十年十一月
本处各合组机关	原有战时防疫联合办事处组织办法,请予鉴核。	三十年十一月

丁、防疫工作之视察与协助

(一)协助防治湖南地方霍乱

二十九年度湖南省地迭有霍乱发现,爰由本处拟定湖南地方霍乱之协助防治计划,建议有关机关统筹施行。兹录原案如下:

1. 防疫机构

为有效协助湖南省霍乱防治事宜,应即派员分区督导工作,称为军政部、后方勤务部、卫生署战时防疫办事处办理湘南(或湘西、湘北)防疫专员。

2. 工作地区

(1)办理湘南防疫专员以衡阳为中心,担任自湘潭至耒阳沿线各区。

(2)办理湘北防疫专员以长沙为中心,担任自沅江、益阳至平江沿线地区。

(3)办理湘西防疫专员以沅陵为中心,担任自芷江至常德沿线,并包括北至澧县,东至汉寿地区。

在各相邻地区发现霍乱时仍应协商处理。

3. 职权

(1) 得就近商调中央、军民各防疫卫生机关人员指导工作。

(2) 商洽运用上述各机关之防疫器材。

(3) 促进各防疫机关之连系。

(4) 发动各地成立防疫委员会并辅导其工作。

4. 联络及合作

(1) 由军医署呈请军政部通知战区司令长官。

(2) 由后勤部卫生处呈请后勤部通知兵站总监部。

(3) 由卫生署转知湖南省卫生实验处呈请省府通饬知照。

(二) 调查重庆附近霍乱

二十九年八月间,重庆新桥附近于川北开到之军队中发现霍乱病例,经先后派本处干事钱大椿、徐其杰前往调查,采取检验材料。十月初,新桥附近霍乱突形流行,复派定干事徐其杰参加卫生署医疗防疫队总队部之调查及隔离治疗工作。又十月十九日,本处派主任委员容启荣、委员姚克方前赴北培[碚]调查,商洽促进霍乱之防治工作。

(三) 调查川北霍乱

二十九年七月,据报,川北一带霍乱流行,卫生署当派防疫专家伯力士于八月四日起程赴蓉,并会同四川省卫生处处长陈志潜前往调查。惜至盐亭,因洪水泛滥,道路阻碍,未得深入,但仍得有少数病例证实确系霍乱。经于八月十六日返渝。嗣为更求详细明了疫情起见,复由卫生署于九月十三日派遣技士钱大椿前往调查,经过五十日之久,始于十一月三日返渝,曾编有《川北霍乱流行报告书》一种。

(四) 浙江鼠疫调查

二十九年冬季,浙江鄞、衢两县先后发生鼠疫,传与敌机投掷异物有关。本处主任委员容启荣得报,经会同卫生署卫生实验处环境卫生系主任兼中国红十字会总会救护总队部卫生工程指导员过祖源、卫生署专员前国联防疫医官叶墨、军政部第二防疫大队长刘经邦、卫生署卫生实验处专员兼医疗防疫总队医务组主任祝绍煌等前赴浙江,会同当地卫生处处长陈万里、福建省防疫专员柯主光、军政部第四防疫分队长齐树功等实地勘查,于三十年四月一日返渝。当时鄞、衢两县鼠疫适告停息,并无病例发现。经就调查所得,编就《浙江鼠疫调查报告书》一册,详述流行经过,途中并乘便视察湘、赣、闽、粤、桂、黔等省防疫设施情形,观感甚多。

厥后于三十年三月五日浙江衢县鼠疫再度告警,卫生署复派外籍专员伯力士、卫生署医疗防疫队第四路大队长周振、卫生工程师过基同,率领防疫人员前往衢县督导防治事宜。行至途中,据报,江西光泽亦发生鼠疫,复电饬顺道视察该地鼠疫情形,并指示防治事项。事竣,于六月中旬,先后与军政部第二防疫大队大队长刘经邦、第三战区司令长官部卫生处处长杨济民等连袂抵衢,参加防治实施工作。

又三十年十一月上旬,浙江义乌突告发生鼠疫。同月下旬,本处建议有关机关派军政部第二防疫大队长刘经邦、卫生署专员伯力士、卫生署第四路大队长周振,偕同第三战区司令长官部卫生处处长杨济民暨浙省卫生处处长孙序裳等,先后抵达义乌、金华,推动防疫工作,并决定衢县之鼠疫防治着由卫生署医防第四路大队担任,义乌之鼠疫防治着由浙江省卫生处担任,俾专责成,易收成效。

(五)湖南常德鼠疫之防治

湖南常德于三十年十一月中旬发生鼠疫,复传与敌机散布异物有关。本处特建议各有关机关派第六战区司令长官部卫生处处长陈立楷、卫生署医疗防疫队第二路大队长石茂年、军政部战时卫生人员训练所检验学组主任陈文贵,连同湖南省卫生处主任技正邓一韪、湖南省卫生处处长张维均,于十一月间先后到达常德指导防治,并由陈文贵主任确定鼠疫来源为敌机投散鼠疫杆菌所致。本处为防止常德鼠疫传染延及内地,曾建议卫生署电饬原在浙江之外籍专员伯力士赶赴常德督导防治,经于十二月二十一日到达。

(六)回归热及斑疹、伤寒之防治

三十年一月至四月,据传鄂西兴山一带回归热、斑疹、伤寒流行颇烈,本处爰建议卫生署派医疗防疫队细菌检验队队长贺天英,会同第九医疗防疫队队长张耀华,偕同防疫人员,于六月二十八日由万县出发,前往巴东、秭归、兴山一带调查防治,经于八月间事竣返渝。

戊、防疫书刊之编纂

(一)主编防疫手册(《防疫必携》)

本处为使各地防疫人员得由技术上之参考,经由各专家分别执笔主编《防疫必携》,现已编成下列四种,并拟陆续编印,期成全璧。

1.《霍乱防治实施办法》

于二十九年六月脱稿,八月出版,共印一万零六百册,分配情形计:军医署八千册,卫生署一千册,卫生署医疗防疫队五百册,中国红十字总会救护总队部一千册,本处一百册。

2.《天花防治实施办法》

由本处容主任委员担任编著,于二十九年十月份脱稿,三十年一月出版,共印一万一千五百册,分配情形计:军医署八千册,卫生署二千册,中国红十字总会救护总队部一千册,卫生署医疗防疫队五百册。

3.《鼠疫防治实施办法》

由前国联防疫医官卫生署外籍专员、鼠疫专家伯力士编著,钱大椿技士翻译,于三十年一月份脱稿,七月份出版,共印一万二千五百册,分配情形计:军医署一万册,卫生署一千五百册,卫生署医疗防疫队五百册,红会救护总队部三百册,本处一百册。

4.《疟疾防治实施办法》

由中国红十字会总会救护总队部医防指导员施正信编著,于三十年九月脱稿,十月份付印,预定三十一年一月中旬出版。因各方需要,印刷数量较前增多,共计二万四千五百册,分配情形计:军医署二万册,卫生署二千册,中国红十字会救护总队部一千册,卫生署医疗防疫总队、卫生署中央卫生实验院及本处各五百册。

5.编印《全国疫情》

本处应各方之需要,自三十年五月份起编制《全国疫情》一种,按时发行。嗣因印刷困难,改成不定期刊物。现已出版四期,第五期约于三十一年一、二月间即可出版。

己、各地疫情之统计

(一)疫情旬报汇报表

为交换各地疫情,经自二十九年七月份起,将每旬收到之疫情旬报表综合编成《疫情旬报汇报表》,附入《疫情旬报》内,按旬印发。自二十九年七月份至三十年四月底,均能按期出版,至五月份,因改编《全国疫情》后,暂告停止。

(二)各地流行性传染病月报表

自三十年五月份开始,按月编制各地流行性传染病月报表,并为求全年度之完整,经将一、二、三各月份补齐分发。

(三)各地十一种流行性传染病统计表

二十九、三十年各地十一种流行性传染病之患病人数,经分别病类、省区,编成统计表二十二张附后[略]。

第三篇　一般行政

甲、召开会议

本处遇有重大事件,均依法召开会议。自二十九年六月本处成立时起至三十年十二月底,共召集会议十四次。兹将历次开会时间、地点及出席人数列表如下:

会议次数	时间			开会地点	出席人数	备考
	年	月	日			
1	二十九	六	二十二	卫生署会客室	七	
2	二十九	七	十九	同上	七	
3	二十九	八	二十一	同上	八	
4	二十九	九	七	同上	十三	
5	二十九	十	二十二	同上	六	

会议次数	时间			开会地点	出席人数	备考
	年	月	日			
6	二十九	十二	五	同上	七	
7	二十九	十二	二十	同上	十二	
8	三十	四	三	卫生署防疫处	八	
9	三十	五	六	同上	九	
10	三十	八	十九	同上	五	
11	三十	十一	十九	同上	八	
12	三十	十二	二十五	上午在卫生署会客室,下午在卫生署防疫处	八	
13	三十	十二	五	卫生署会客室	七	
14	三十	十二	十六	同上	六	

乙、人事

本处委员系以卫生署防疫处处长、军医署第三处处长、后方勤务部卫生处副处长、中国红十字总会救护总队部医防指导员、卫生署医疗防疫队总队长为当然委员,除由主任委员负责执行处务外,其他委员则均为兼任。职员中秘书、干事、事务员系以合组机关调派参加为原则,一切费用均由原机关支付。后因人员不敷,各合组机关无法增派,经提出本处委员会议决议,添置书记、雇员以应需。兹将历任委员及职员姓名列入附录(附录二十),以示一般。

本处经费系由各合组机关按月分担,计卫生署四百元、军医署三百元、后方勤务部卫生处三百元,合计一千元。二十九年自五月份至十二月共计收入八千元,支出五千四百九十九元四角六分,结余两千五百元零五角四分。三十年全年连上年结余共计收入一万四千五百元零五角四分,支出一万二千一百零五元九角二分,结余二千三百九十四元六角二分正。兹将民国二十九年五月至十二月及三十年全年各月份经费收支情形按月列表,以为查考(附录二十一[略]、二十二[略])。

第四篇　附录

[目录略]

附录一:

战时防疫联合办事处组织办法

二十九年五月呈报各合组机关备案

一、军政部军医署、后方勤务部卫生处、卫生署、红十字会总会救护总队部四机关为谋战时军民防疫密切合作,增进防疫效能,充实抗战力量起见,联合组设"战时防疫联合办事处"(以下简称本处)。

二、本处设委员五人,以军医署第三处处长、卫生署防疫处处长、卫生署医疗防疫队总队长、后方勤务部卫生处副处长、红十字会总会救护总队医防指导员等五人为委员,公推一人为主任委员,处理本处一切事务。本处委员每周开会一次,如有紧急事务,得由主任委员召开临时会议。

三、本处设秘书一人,干事及事务员若干人,由各合组机关调用之。

四、本处职掌如左:

1. 收发疫情报告;

2. 设计防疫工作;

3. 决定处理防疫办法,分请各机关执行之;

4. 指导实地防疫工作。

五、合组本处之各机关应将所属防疫机构名称、地点、人员材料通知本处,以便统筹处理紧急事件。

六、本处经费暂定每月一千元,由各合组机关分担之。

七、本处各项技术事务得请各机关专门技术人员协助之。

八、本处对于调派防疫人员、补充防疫器材时所需之交通工具,得分请各有关机关随时协助拨派之。

九、本处人员出差旅费由原支薪机关支付。

十、本处暂设卫生署医疗防疫队总队部内。

十一、本办法自公布之日施行。

附录二：

战时防疫联合办事处办事细则

二十九年五月呈报各合组机关备案

第一章　委员会议

一、本处委员会议以主任委员为主席。

二、本处委员会议例会每周一次，有特别情形时，得召开临时会议。

三、各合组机关及各委员如有提案，应于会议前送交秘书，列入议程。

四、本处秘书、干事及经邀请之专员均得列席于委员会议。

五、本处委员会议记录应抄送各合组机关及各委员一份。

第二章　主任委员之职掌

六、主任委员依本处组织办法之规定及委员会议之决议，处理本处一切事务。

七、主任委员按事务情况提议于委员会议，分向各合组机关请调人员充任本处秘书、干事、事务员。

八、主任委员得因事务上需要向委员会议提议添用书记、绘图员等。

九、主任委员得因事务上之需要请各机关专门技术人员协助。

十、主任委员得商请各机关推定关于视察指导防疫工作之人选，提请委员会议决定分派后，请由各机关互为加委，使能督导各地防疫机关而收实效。

十一、每届月终主任委员应将本处工作月报分送各合组机关及各委员。

十二、主任委员因事离处时，应预向委员会议提议，请由其他委员代理其职务，或先行请代提请追认。

第三章　秘书、干事及事务员之职掌

十三、秘书承主任委员之命，办理本处一切经常事务。

十四、干事承主任委员及秘书之命分任下列各事项：

（一）防疫机关人员、器材之调查、记载及统计；

（二）防疫情报之搜集、记载及转报；

（三）关于传染病之统计；

（四）编制各种报告；

（五）其他指定事项。

十五、事务员承主任委员、秘书之命及干事之指导，分任下列各事项：

（一）文件收发、登记、缮写、油印及档案之保管；

（二）庶务及会计；

（三）其他事务。

十六、秘书、干事及事务员之请假在五天以内，应得主任委员许可，同时由主任委员通知其本机关；请假在五天以上时，应报请其本机关另行派员代理其假期内之职务。

第四章　文书处理

十七、来文经编列号码登记于收文簿后，即送由秘书转送主任委员核定办法，仍由经管收发之事务员按照批注分交承办人。

十八、承办人拟办后送由秘书核转主任委员，已经核定之稿件由承办人发交缮写，仍由原承办人校对，依次盖章毕，由经管收发之事务员登记于发文簿，编号用印后，即行封发。

十九、来文及稿件经处理完毕后，即分别归档。

二十、文件之有机密性者，于其处理、保存均应秘密，勿得泄露。

第五章　经费出纳

二十一、经费之领收、保管、支付及记账、造报，指定事务员办理之。

二十二、每届月终造具收支表分送各合组机关，其支付单据粘册保存。

第六章　物品管理

二十三、本处物品应分为三大类：

（一）器具；

（二）消耗品；

（三）图书。

二十四、采办物品请求单，应由秘书核转主任委员核准。

二十五、物品采办到处，经查验后，由事务员分别登记、保管。

二十六、领用物品人应填《领物单》，送由秘书核转主任委员核定，事务员于交付物品时,并应分别登记。

二十七、物品缴回时,事务员于验收掣发收据(或退回原收据),即行登记。

二十八、邮票之消耗应立专簿登记。

二十九、每届月终,事务员应点查物品,编制月报,送由秘书核转主任委员核阅,其有损坏、遗失或不堪应用者,应声请注销。

第七章　附则

三十、关于本处组织办法第四条所列各项职掌,其详细实施办法另行分别规定之。

三十一、本处每日办公时间,除星期日上午酌留人员办公,下午休息外,均可依借驻地点机关之规定。

三十二、本细则自委员会议通过之日施行。

三十三、本细则如有未尽事宜得随时修改之。

附录七:

防疫人员统计表　民国二十九年十二月底止

省别	现有防疫人员人数								
	医师	护士	工程师	卫生稽查	助理员	技工	检验员	其他	共计
云南	6	5			6	4	1	10	32
甘肃	2	1	1	1	13				18
贵州	8	29			23			2	62
陕西	19	33	1	35	19		10		118[①]
湖南	37	69	1	18	116		5	6	252
湖北	10	21	2	13	22		3		71
江西	20	29	1	35	33		12	4	134
浙江	6	9			13			1	28[②]
广东	7	17		12	9				45
广西	33	53	2	30	60		7	6	191
四川	22	63	1	7	54		1	14	162

续表

省别	现有防疫人员人数								
	医师	护士	工程师	卫生稽查	助理员	技工	检验员	其他	共计
河南	11	10			14				35
安徽	3	4			6				13
福建	4	11			9			3	27
山西	4	6		15			4		29
总计	192	359③	9	167④	397	4	43	46	1217
备注	根据军政部各防疫队、卫生署所属各机关及红十字总会救护总队各医务队填报之《防疫人员调查表》所列数目。								

注:① 应为117,原文如此。
　　② 应为29,原文如此。
　　③ 应为360,原文如此。
　　④ 应为166,原文如此。

附录九:

二十九年各省防疫机构一览表　民国三十年一月制

省别	主管防疫机关	各项防疫组织	
浙江	浙江省卫生处	卫生院巡回医疗队、防疫队等	分配情形不详
广东	广东省卫生处	第一防疫区署——第一防疫队,第二防疫区署——第二防疫队、第五防疫队,第四防疫区署——第四防疫队,南路办事处——第三防疫队,卫生实验所,防疫医院	
福建	福建卫生处(防疫专员室)	第一防疫所,第二防疫所,第三防疫所,第四防疫所——水吉防疫队、松溪防疫队,第五防疫所,第六防疫所——莆田防疫队,第七防疫所——龙溪防疫所,巡回防疫队——第一、二、三分队	
甘肃	甘肃卫生处(防疫检验科)	省会卫生事务所、各县卫生院、巡回医疗队	

续表

省别	主管防疫机关	各项防疫组织	
贵州	贵州省卫生委员会	防疫队十一队、临时检疫站、省会卫生事务所、各县卫生院所、省立医院、传染病院	
陕西	陕西省卫生处	卫生实验所、西京市防疫委员会、陕西卫生总队、陕南防疫专员、陕东防疫专员、巡回卫生队、各县卫生院所、临时检疫站	
晋豫	西北卫生专员办事处	各地卫生队——十三个防疫组、各县卫生院所	
云南	云南卫生实验处	昆明市防疫队、夏季防疫队十一队分配各地、各县卫生院	
湖南	湖南卫生实验处	临时隔离病院十五所、检疫所十四所、各县卫生事务所及卫生院	
四川	卫生实验处	省会传染病院、各县卫生院所、成都防疫委员会、各县教会医院(委托)、防疫队	
重庆市	卫生局	防疫注射队三队、市立各诊所注射队六队、巡回医疗队、重伤医院三处、市民医院及南岸分院二处、传染病院一处、流动防疫注射站五处	

附录十一：

三十年度全国推行灭虱工作计划草案

二十九年九月后方勤务部卫生处交议、本处委员会决议

一、对象

（一）部队部医院

（二）军政部医院

（三）军、师、团管区及补充兵训练处团队

（四）壮丁团队、义民及工人集团等

二、时期

三十年一月一日至六月底

三、方法以采用行军锅灭虱器为一般适用方法。

备考：

1. 所用之锅不限于行军锅，如酒灶或他种锅灶均可利用。

2. 医院在可能范围内得采用干燥灭虱器。

3. 在后方固定大规模灭虱站应用材料之运输甚便利时，得采用大型蒸气锅灭虱器。

四、灭虱器建造及灭虱费用之各别估计与支用。

（一）部队

1. 每师灭虱器四套，每套建造费估计五十元，四套共二百元。

2. 灭虱经常费每师每月六百元，六个月计三千六百元。

3. 请军政部发建造费全数及经常费半数，余半数经常费由各部队在节余项下开支。

（二）军政部医院

1. 每院灭虱器三套，每套建造费估计五十元，共一百五十元，有已建站可利用者，每站修理费五十元。

2. 灭虱经常费以每人每月四角计算。

3. 以上两项费用，请伤兵之友社拨支。

（三）军、师管区及补训处团队

1. 每团灭虱器一套建造费估计五十元。

2. 灭虱经常费每月一百二十元，六个月计七百二十元。

3. 请军政部发建造费全数及经常费半数，余半数经常费由各团队节余项下开支。

（四）壮丁团队、义民及工人集团等

五、推行方式

（一）编订《行军锅灭虱器说明书》，请由军政部印发。

（二）请军委会核准分令实施，并咨行政院指拨专款负责推行壮丁团队、义民及工人集团等灭虱工作。

（三）确定视察及指导办法。

甲、视察实施情形

1. 战区部队由司令长官派员视察。

2. 后方部队由军政部派员视察。

3. 兵站区军医院由后勤部各兵站统监部、总监部及伤兵之友社派员视察，规定为视察项目之一。

4. 后方区军医院由军医署各办事处及伤兵之友社派员视察。

5. 军、师、团管区及补训处团队由兵役署派员视察。

乙、指导建造及灭虱技术

1. 战区部队（包括军、师、团管区及补训处团队）由军政部防疫队及红会总会救护总队分别派员指导。

2. 后方部队（包括军、师、团管区及补训处团队）由卫生署派员指导。

3. 军政部医院由军医署规定各院灭虱日期，通知防疫队及红会总会救护总队分别派员指导。

4. 壮丁团队、义民及工人集团等由卫生署派员指导。

六、经费预算［略］。

附录十三：

为军队预防伤寒、霍乱及破伤风施行注射混合免疫制品建议书

二十九年十月军医署交议

理由：

一、增强免疫能力

采用免疫方法以能产生较强之免疫力而维持较长期间者为佳，故自动免疫法比被动免疫法更为妥善，现时对于破伤风之预防系给与负伤将士破伤风抗毒素血清注射，仅为被动免疫方法，亦即为救急方法耳。根据近年来免疫学之研究，注射破伤风类毒素可产生自动免疫力，并可维持一年至二年之久。

二、减低成本

破伤风抗毒血清制造不易，需价甚昂，每次预防剂量（中央防疫处制品三千国际单位）约值国币五元，而破伤风类毒素之制造成本可减去十余倍以上。

三、避免迟误

施行破伤风抗毒血清注射以愈早为愈佳,过迟即失预防之效。目下运输困难,负伤将士向后输送不易,难免延误。若普遍采用破伤风类毒素注射新法,则每个士兵对于破伤风均有免疫力,如是则可免因负伤而染破伤风。

四、便利行政

在军队内举行预防接种,一年数次,于行政管理上颇有困难,如能将数种免疫方法合并举行,自较便利。破伤风类毒素亦可与伤寒、副伤寒疫苗混合一起,同时注射,而所产生之各种免疫力,只有增加而无减少。

五、已有先例

法国军队于一九三一年开始用破伤风类毒素,意国军队于一九三八年六月起用破伤风类毒素及伤寒、副伤寒疫苗混合免疫剂,英国军队自一九三八年十二月同样采用。

办法及步骤:

一、混合成分

制造破伤风类毒素、伤寒疫苗及霍乱疫苗混合免疫剂,此种制品与外国军队所用者略异,其不同之点系于混合免疫剂内以霍乱疫苗代替副伤寒疫苗。

二、含量假定

每公撮破伤风类毒素内加伤寒杆菌五万个,霍乱弧菌三十万个,而所用之破伤风类毒素应由每公撮含有二万至十万(最小致死量)制成,其剩余毒量,虽用二十公撮类毒素皮下注射于三百五十公分之荷兰猪,仍不产生中毒现像者为合格。此混合剂制品系作两次注射用,每次一公撮,两次间隔一星期至二星期。

三、含量商榷

前项混合剂制品内所含之伤寒、霍乱疫苗菌数是否相宜,由卫生署中央防疫处、西北防疫处及军政部战时卫生人员训练所免疫学专家重予核定,各将核定情形通告军政部军医署。

四、开始制造

由军政部战时卫生人员训练所先将制品经动物试验后就地研究,注意反应情形,如认为可以推行时,即请军政部推行。

五、推行步骤

(一)准备时期

制造准备费时,在未有此种制品以前,仍照向例分别作免疫注射。

(二)限区推行

第一次制出某一地区(或战区)部队用量之混合免疫剂,如能在三十年上半年制成,则所有该地区部队即废止原规定分别注射办法,开始改用混合剂注射办法。

(三)普遍推行

一地区之推行著有成效,发生信用后,即由军政部战时卫生人员训练所及卫生署中央防疫处及西北防疫处大量制造供给,普遍推行于全国军队,其注射时期定为每年四月。

附录十四:

防制敌机散播鼠疫菌实施方案(卫生技术部分)

二十九年十二月本处委员会议决议案

一、调查

根据浙境情报,暴敌似有采用违背人道的细菌兵器之可能,应即由卫生署、军医署、中国红十字会总会救护总队部等机关派员会同国联医官前往详查,俟确切证实后,即行发表对外宣传,但同时应积极准备各种防制办法。

二、制备预防用鼠疫疫苗

(一)卫生署应饬中央及西北两防疫处立即开始制造鼠疫疫苗,以供各方面之采用。

(二)卫生、军医两署于可能范围内,备相当数量之疫苗,分存各地。

(三)由红十字会总会向国外大量募集,以补救国内制备力量之不足。

三、制备治疗用鼠疫血清

查中央、西北两防疫处现未制造是项血清,其制造费时,成本亦昂,应着手逐渐出品,由卫生、军医两署分发储备,红会方面更应向国外募集,俾早得实用与多量储备。

四、充实检验设备

(一)关于各地方细菌检验设备之充实,由卫生署办理。

(二)关于军政部各防疫队细菌检验设备之充实,由军医署办理。

五、准备捕鼠、灭蚤、注射、消毒等器材由卫生署、军医署及红十字会总会救护总队部等机关从速购存下列各种器材:

(一)只举办毒饵杀鼠方法,仅适用于未有鼠疫流行之地方。其已经流行之地,应用□酸气,以便同时灭蚤,故碳酸钡及□酸均应大量购备。

(二)防治鼠疫工作人员应用之防蚤服装,如特种面罩、手套、长靴等。

(三)其他器材,如消毒用药、注射器等。

六、人员准备

除各省地方主管卫生机关应有专员负责处理应付细菌兵器之各种技术外,卫生署之医疗防疫队、军政部之防疫队及红会总会救护总队均应有是项专门人员,以便随时派遣。

七、印发刊物

(一)由卫生署卫生实验处卫生教育系印编关于鼠疫之通俗刊物,分交卫生署、军医署印发。

(二)战时防疫联合办事处已请国联医官伯力士编成《鼠疫防治实施办法》,应即译成中文,分交卫生署、军医署及红会总会救护总队印发,以供防疫人员之用。

八、研究工作

(一)由卫生、军医两署指定人员研究细菌兵器之防制方法,并应通力合作,以赴事功。

(二)关于防制鼠疫之环境卫生部分,亦应指派人员从速拟定方案。

(三)由卫生署卫生实验处化学药物系注意调查毒杀鼠蚤药品之原料,并研究其制造。

九、制订章则

(一)防制暴敌散播病原菌办法。

（二）敌机所散播者，经证明为鼠疫菌或蚤类时之紧急处置办法。

（三）厉行疫情报告，依照战时防疫联合办事处规定之各初站，于发现鼠疫病人第一例时应即电告。

十、筹拨经费

（一）卫生署、军医署各就防制敌人应用细菌兵器各种设施所需经费，请拨专款。

（二）各省地方应尽可能酌拨防制细菌兵器各种设施之经费。

附录十五：

处理敌机掷下物品须知

民国三十年十一月拟　三十一年二月一日修正

各地担任防空之军民人等，于发现敌机掷下物品后，应注意下列各项：

一、所有掷下物品均应认为有沾染毒菌或毒物之可能，务须避免用手直接接触，即所用扫除或集合该项物品之器具，用后亦应消毒。

二、严防掷下物品内掺有能传染鼠疫之跳蚤。

三、对掷下物品以立刻就地消灭为原则。

四、当地如有检验设备之卫生机关，应通知其派员采取一部分负责检验，其余仍应予以消灭。至检集该项物品之人员，尤须特别注意，避免跳蚤之叮咬。

五、对掷下物品之地区，如面积不广，应先用消毒药水充分喷洒，然后将该项物品集合一处，用烈火彻底焚烧之。消毒药品可用百分之二来沙儿，或千分之一石炭酸，或煤焦油醇，或百分之五漂白粉溶液，或石灰水（石灰一份、水四份）。

六、如掷下物品甚多，沾污之地区面积较广，应尽量用消毒药水喷洒整个地区，并斟酌沾污地区之情况，将掷下物品彻底焚毁之。如消毒药水不敷时，所有居民至好暂时离开该地区。如经有猛烈之阳光之暴晒过六小时以上后，亦可收消毒之效。

七、如掷下物品可供鼠食，更应注意彻底毁灭。若中掺有已染鼠疫杆菌之病蚤，则鼠类即易传染，辗转波及人类。

附录十六：

防制敌机散布鼠疫杆菌实施办法

民国三十年十一月战时防疫联合办事处拟

一、请军事委员会、行政院通令全国各军政机关,饬知敌人有利用细菌兵器之企图,须严密防范。

二、请军事委员会通令全国防空机关,转饬担任防空监视哨之军民人等,一致严密注意敌机掷下物品,并切实按照《处理敌机掷下物品须知》办理。

三、由军政部通令全国各地军旅防疫机关一致注意防范,并充实防疫及检验器材。

四、由卫生署通饬全国各地省市卫生主管机关,转饬所属一体注意防范,并准备防疫及检验器材。

五、由军医署、卫生署及中国红十字会总会救护总队部积极准备预防及治疗鼠疫药品,并会同向国外函请捐助各种治疗及预防鼠疫器材,如□酸气喷露器及 Sulfathiazole 等。

六、由卫生署令饬中央及西北两防疫处充分准备鼠疫苗发售。

七、由卫生署印发预防鼠疫宣传品。

八、由军政部、卫生署分别令饬各军旅、省市卫生机关设法训练各该地之担任空防人员,灌输防疫及消毒常识,俾能于必要时措置裕如。

九、在某地有鼠疫发生时,该省卫生主管人员应立即驰往该地,联合当地有关各方,组织临时防疫联合办事处,务于最短期间予以扑灭。

十、请军事委员会通令全国,对于防疫工作,应军民合作,戮力同心,以赴事功。

十一、如某地发生鼠疫,应由地方负责自筹经费,极力防制,必要时得呈请中央拨款,或派员协助防治。

十二、如有鼠疫或疑似鼠疫发生时,应即按照战时防疫联合办事处所订之《疫情报告办法》,切实办理之。

附录十七：

补充防制敌机散布鼠疫杆菌实施办法
民国三十年十一月战时防疫联合办事处拟

二十九年十一月,浙江鄞、衢两县先后发生鼠疫。据报,敌机于事前曾在鄞县、衢县及金华等地掷下麦、粟、跳蚤以及带有细菌之颗粒等物品。卫生署、军医署及中国红十字会总会救护总队奉命派员会同前往调查。经实地勘查后得知,敌机散播异物,事出仓卒,各方多未注意,以致各项证物之搜集、检验及保存均未能妥为办理,而失去揭露敌方利用细菌兵器之机会,至为可惜。为亡羊补牢之计,当由战时防疫联合办事处拟定防制敌机散播鼠疫杆菌实施方案,交请各合组机关执行。迨本年十一月,据报敌机又在湖南常德、桃源掷落带有细菌之碎布、谷粒,旋常德即发生鼠疫,现正由中央、地方主管军民卫生防疫机关协同调查真相,并积极防治。查利用人工方法散布病菌为现代战争之最新武器,传闻欧美各国均已积极研究,而于各种病菌中,尤以利用鼠疫杆菌之可能性较大,故为预先防范,必须集中专门人员,充实检验设备,期能利用科学方法证实敌人违背国际方法之暴行,并揭制敌人细菌战之实现。凡各重要城市必须具有检验及防治设备,并应聘请外籍专科医师协助工作,随时随地予以佐证,以便将敌人阴谋公诸世界。复查我国幅员广阔,关于防制敌机散播病菌之实施,自非中央设置一、二检验队所能胜任,特指派全国卫生防疫机构分工合作,长期戒备,必要时更由中央调派专门人员协助。至搜集敌机掷落病菌之证件,办理不慎,亦甚危险,故担任此项工作人员亦必予以专门训练,方能应付裕如。又鼠疫之预防及治疗特效方法等研究更属刻不容缓,爰再将前拟之《防制敌机散布鼠疫杆菌实施办法》酌予补充,以利各方执行。

甲、机构

(一)防制敌机散布病菌之机构,在中央为战时防疫联合办事处,在地方为各省市卫生主管机关及所属各卫生防疫组织暨卫生署、军医署、中国红十字会总会救护总队三机关派驻各地之卫生防疫单位。

(二)战时防疫联合办事处添聘专家,设置检验指导队,指导各地卫生防疫机关办理检验工作及设备之补充等事宜。

(三)经指定负责检验之卫生防疫机关,负责就地检验敌机掷下之物品,对于附近无检验设备机关地带,如有敌机掷下物品,亦予以检验。

(四)各地担任防空之军民人等,于发现敌机掷下物品后,如附近无检验设备,卫生防疫机关应即切实按照《处理敌机掷下物品须知》办理。

乙、人员

(一)调派专家参加战时防疫联合办事处工作。

1. 卫生署调外籍专员细菌学专家伯力士博士;

2. 军医署调军政部战时卫生人员训练所检验学组主任陈文贵;

3. 中国红十字会总会救护总队调医防指导员施正信;

4. 其他细菌学、昆虫学、流行病学、病理学等专门技术人员,由卫生署、军医署及中国红十字会总会救护总队部斟酌情形,调派或聘请。

(二)增请外籍专家参加或协助工作。

1. 外籍军医顾问;

2. 各地教会医院外籍医师;

3. 中国红十字会总会救护总队外籍医师;

4. 国内各医学院外籍教授。

(三)训练专门工作人员以应需要,其负责训练机关如后:

1. 昆明中央防疫处;

2. 兰州西北防疫处;

3. 贵阳中国红十字会总会救护总队部、军政部战时卫生人员训练所;

4. 衢县卫生署医疗防疫队第四路大队部;

5. 重庆卫生署中央卫生实验院。

丙、器材

由卫生署、军医署及中国红十字会总会救护总队储备大量治疗及预防鼠疫药品,或向国内订购,或向国外函请捐赠,其应立刻准备之器材及其数量如后:

1. 鼠疫疫苗三十万瓶(每瓶四十公撮,足供四百八十万人预防注射用);

2. 化学药品(Sulfathiazole)两吨(足供治疗五万鼠疫病例用);

3. □酸气十五吨(杀鼠用及灭蚤用)；

4. 喷雾器一百五十套(喷撒□酸气用)；

5. 灭蚤用药(Sapoaesol)五十磅。

丁、报告及检验

(一)各地如发现敌机掷下物品或发现鼠疫时,当地卫生机关应立电告卫生署,军旅卫生单位电告军医署。其已有鼠疫发现之地方,应逐日将疫情电告卫生署或军医署。

(二)各地卫生防疫单位于得悉敌机掷下物品之报告时,立即搜集之,予以检验,并向直属机关报告,如无检验设备,则会同当地担任防空人员按《处理敌机掷下物品须知》,切实予以处理。

(三)指定下列机关负责检验敌机掷下物品:

1. 浙江方岩浙江省卫生处卫生试验所

2. 浙江衢县卫生署医疗防疫队第四路大队部

3. 江西泰和江西省卫生处省立医院

4. 江西赣县江西省立卫生试验所

5. 江西吉安江西省传染病院

6. 江西弋阳军政部战时卫生人员训练所第二分所

7. 湖北恩施湖北省卫生处省立医院

8. 湖北老河口军政部第五防疫大队

9. 湖北均县军政部战时卫生人员训练所第四分所

10. 湖南耒阳湖南省卫生处中正医院

11. 长沙军政部第九防疫大队部

12. 芷江卫生署医疗防疫队第二路大队部

13. 衡阳衡阳实验卫生院

14. 四川重庆中央卫生实验院流行病预防实验所、重庆市卫生局、市民医院

15. 北碚中国预防医学研究所

16. 成都四川省卫生处省立传染病院

17. 河南洛阳河南省卫生处

18. 陕西西安陕西省卫生处卫生试验所、军政部军医学校第一分校

19. 襄城军政部战时卫生人员训练所第一分所

20. 甘肃兰州卫生署西北防疫处

21. 福建永安福建省卫生处卫生试验所

22. 广东曲江广东省卫生处卫生试验所

23. 广西桂林广西省省立卫生试验所

24. 云南昆明卫生署中央防疫处、云南全省卫生实验处卫生试验所、军政部军医学校第二分校

25. 贵州贵阳贵州省卫生处卫生试验所

26. 安顺军政部军医学校

27. 其他

(四)除前条所指定负责检验机关外,各地教会医院应由地方卫生行政机关与以切实联络,并聘请该医院外籍医师协助所在地敌机掷下物品之检验。

(五)各检验机关于检验敌机掷下物品后,应将检验结果向直属主管机关呈报,并向重庆新桥战时防疫联合办事处报告。

戊、研究事项

(一)敌机掷下物品检验方法

由战时防疫联合办事处检验指导队研究妥善检验敌机掷下物品检验方法,供各地检疫机关参考。

(二)治疗鼠疫之药品

新近发明治疗鼠疫之各种化学药品,自于本年三月起已在浙江衢县试用,效果颇佳,由战时防疫联合办事处所请之专家继续研究其在鼠疫患者治疗上之价值。

(三)鼠疫之预防注射

过去对于鼠疫预防注射系用三次注射法,第一次零点五公撮,第二、三两次各一点零公撮,实施上颇多困难,由卫生署、中央防疫处及西北防疫处研究一次完成之预防注射法。

（四）细菌兵器之运用及其防御方法

由中央防疫处、西北防疫处、中央卫生实验院以及国内各医学院及医事研究机关研究利用人工散播各种病菌之可能情形及其有效之防御方法。

附录十八：

浙江衢县鼠疫再度流行防制办法

战时防疫联合办事处三十年四月三日第八次委员会议决议案

一、人员

查衢县防制鼠疫人员,除已有浙江全省卫生处处长陈万里就地主持,及顾司令长官电调赴该地协助之福建全省卫生处处长陆涤寰暨军政部第二防疫大队大队长刘经邦、第四防疫分队齐树功、卫生署医疗防疫队第十七队方俊晶等相当人员外,现再决定由卫生署派遣前国联防疫专家,现任卫生署专员伯力士博士及医疗防疫队第二路大队长周振前往该地协助防制,中国红十字会总会救护总队如有适当人员可以抽派时,亦应抽派前往协助。

二、组织

查衢县现各方机关人员纷集,如均各不相谋,则防制反不易周密,似应即就地组织一联合办事机关指挥处理,并公推一员为主任委员,负责主持。

三、器材

1.鼠疫疫苗。查预防用之鼠疫疫苗,美国红十字会已捐赠卫生署二十二万五千人用量,现存香港军医署。前定有十万人用量,现存贵阳一千瓶,衡阳五百瓶,已运往江山及上饶八百四十瓶。卫生署现存重庆五百瓶,贵阳一千五百瓶,可应目前急需,但仍须继续补充,现军医署又再订购十万人用量。

2.鼠疫血清。查治疗用血清,卫生署去年已向中央防疫处订购两万公撮,可供一千病例治疗之用量。

3.治疗用化学药品

（甲）Sulfathiazole,美国医药助华会已捐赠一批,现在途中。

（乙）Sulfanilamide 及 Sulfapyridine,现军医署、卫生署及中国红十字会总会救护总队均有存品,亦可为治疗之用。

4. 杀鼠毒剂

杀鼠用之□酸气,美国医药助华会已捐有两吨,现在香港。

四、运输

查现存香港之药品、疫苗,已由卫生署金署长、军医署卢署长、中国红十字会救护总队林总队长联名电请美国红十字会驻港办事处,用飞机将上项药品运送南雄,再由红十字会总会救护总队部派汽车转运浙、赣、闽三省应用,由卫生署担任汽油费三千元,不足之数由红十字会担任。

在贵阳、衡阳之疫苗及其他用品可交由伯力士博士及周大队长带往衢县;其由重庆至衡阳段须用之汽车汽油,由卫生署担任;衡阳至鹰潭须用之汽油,因卫生署汽油缺乏,拟请后方勤务部拨发一百加仑(衡鹰段全程九百三十余公里);鹰潭至衢县可用火车输送。

五、刊物

1. 供技术人员参考用之小册前由战时防疫联合办事处请伯力士博士编著《鼠疫防治实施办法》(《防疫必携》第三种),已由战时防疫联合办事处审定译竣,现已印就,即可分发应用。

2. 供宣传民众,唤起对鼠疫注意之通俗刊物前由战时防疫联合办事处委托卫生署卫生实验处卫生教育系编制《可怕的鼠疫》一种,现亦编竣,即可请各合组机关采用印发。

附录十九:

三十年度霍乱防治实施方案

战时防疫联合办事处第九次委员会议决议案

一、组织

在霍乱为地方性病或曾经剧烈流行之区,应由省卫生处、红会医务队、军政部防疫大队、卫生署医疗防疫队等机关合组一防疫委员会或联席会议等组织,以便集中人员、材料,通力合作,以资防堵。至去年湘省所用之"防疫专员"名义,本年拟不再采用。

二、工作范围

1. 预防注射前方各部队之预防注射工作,由各部队本身之军医担任,由防疫大队及在部队中工作之红会医务队协助之。前方民众预防注射工作，亦有防疫大队及红会医务队尽量推行。后方各补训处，师、团管区之预防注射，由军医署供给疫苗，由驻于该地之卫生署医疗防疫队、公路卫生站、各省县卫生机关予以技术上之协助。后方民众之预防注射，则由各省市卫生主管机关及县卫生院所负责办理。

2. 隔离治疗

除各省市卫生机关所设之传染病院、隔离病院或防疫医院等外，本年度卫生署医疗防疫队总队部拟在每队设置十至二十张病床。又军政部各后方医院如遇该地霍乱流行，同时该地区前方战事和缓，伤兵后送不多时，则在不影响各该院之业务情形下，对于民众治疗、隔离方面应予以技术上之协助。

3. 检疫工作

由卫生署所属之四个检疫所（汉宜渝、蒙自、腾越、畹町等检疫所）及各省市临时设置之检疫站办理之。

4. 检验诊断

由各战区防疫大队部、各医防大队部、各省卫生试验所、红会各医务队、中央及西北两防疫处、军医学校及其分校、战时卫生人员训练所及其分所，以及其他中央、地方卫生防疫医事机关之具有检验设备者办理之。

5. 环境卫生

此包括饮水消毒、垃圾及粪便处置及扑灭苍蝇等工作，统仍须按照去年所编印之《防疫必携》第一种《霍乱防治实施办法》办理。关于饮水消毒一项，应尽量宣传及施用煮沸饮水消毒法。

6. 防疫宣传

商请卫生署、中央卫生实验院、卫生推广组代为编制各种通俗刊物，以便印发。

三、器材准备

防治霍乱所需器材包括疫苗、漂白粉及各项治疗药械等。本年度本处各合组机关所准备之疫苗数量尚可敷用，但因运输困难，未能完全分发各地应用。时已入夏，预防注射之施行不容稍缓，各合组机关应设法速入分发，并饬所属各单位加紧举行预防注射运动。关于漂白粉一项,因来源缺乏,运输困难,故各地军民卫生防疫机关应尽量节省,宣传煮沸饮水消毒法,以补救漂白粉之不足。至治疗所需各种药械,亦应及早分发各地应用。

　　附录二十:

本处历任委员及职员一览表　三十年十二月底止

职别	姓名	性别	原派机关	简历	到职日期			离职日期			备考
					年	月	日	年	月	日	
主任委员	容启荣	男	中国红十字总会救护总队部、卫生署	中国红十字总会救护总队部医防指导员、卫生署处长	二十九	六	一				
委员	王祖祥	男	卫生署	卫生署处长	二十九	六	一	二十九	八	二十一	
委员	朱孝兰	男	后方勤务部卫生处	后方勤务部卫生处副处长	二十九	六	一	三十	八	十九	
委员	严智钟	男	军医署	军医署第三处处长	二十九	六		三十	五	六	
委员	姚克方	男	卫生署医疗防疫总队	医疗防疫总队总队长	二十九	六	一	三十	八	十九	
委员	吴云庵	男	后方勤务部卫生处	后方勤务部卫生处副处长	三十	八	二十				
委员	李穆生	男	军医署	军医署第三处处长	三十	五	七				
委员	施正信	男	中国红十字总会救护总队部	中国红十字总会救护总队部医防指导员	三十	九	一				
委员	朱章赓	男	卫生署医疗防疫总队部	卫生署医防防疫总队部总队长	三十	八	十九	三十	十二	三十一	
秘书	陆世烺	男	军医署	军医署视察	二十九	六	一	三十	二	二十	

职别	姓名	性别	原派机关	简历	到职日期			离职日期			备考
					年	月	日	年	月	日	
代秘书	陈炳华	男	后方勤务部卫生处	后方勤务部卫生处中校视察	三十	三	一	三十	三	二七	廿九年八月二日为本处干事，迄未到职
秘书	高昌国	男	后方勤务部卫生处	后方勤务部卫生处科长	三十	三	二十八				
代秘书	蔡方进	男	卫生署	卫生署科长							
兼干事	钱大椿	男	卫生署	卫生署技士	二十九	七		三十	五		
干事	赵连淶	男	军医署	军医署科员	二十九	六	一	二十九	七	四	
兼干事	毕汝刚	男	卫生署	卫生署技士	三十	八	二三				
干事	徐其杰	男	卫生署	卫生署技士	二十九	六	一				
事务员	沈汉华	女	卫生署	卫生署医疗防疫队书记	二十九	六	一				
事务员	张由淑	女	卫生署医疗防疫总队部	医防总队部事务员	二十九	七	四	三十	七	十一	
事务员	黄国雄	男	卫生署医疗防疫总队部	医防总队部事务员	二十九	七	四				
书记	袁乾芳	女		高中毕业	二十九	六	十一	二十九	九	三十	系由本处任用支薪
书记	王习恒	男		初中毕业	二十九	十	一	二十九	十一	十三	系由本处任用支薪
书记	陈维梁	男		高中毕业	二十九	九	九	三十	八	三十一	系由本处任用支薪
书记	黄韵新	女		师范毕业	二十九	十一	十四	三十	四	二十	系由本处任用支薪
书记	赵翠华	女		师范毕业	三十	三	十六	三十	六	二十	系由本处任用支薪
书记	徐敏卿	女		师范毕业	三十	六	二十五				系由本处任用支薪

续表

职别	姓名	性别	原派机关	简历	到职日期			离职日期			备考
					年	月	日	年	月	日	
书记	陈婉言	女		重庆大学肄业	三十	七	七				系由本处任用支薪

（转引自中国第二历史档案馆:《战时防疫联合办事处 1940—1941 年工作报告》,《民国档案》,2022 年第 1 期。）

国民政府卫生署 1941 年度主要工作统计摘要

STATISTICAL SUMMARY

The following is a statistical summary of the work of the National Health Administration in 1941：

GENERAL AFFAIRS

(1) Number of documents handled by the Administration in the year：

Total—43,123：

Received—22,056,

Despatched—21,067.

(2) Laws and regulations promulgated in the year：—52.

(3) Number of staff by the end of the year：—1,899：

M.—1,158, F.—741.

Staff of the Administration proper：—118：

M.—97, F.—21.

(4) Training of public health personnel：

INSTITUTES	GRADUATED IN THE YEAR		UNDER TRAINING BY THE END OF THE YEAR	
	Classes	Students.	Classes	Students.
Kweiyang T. I.	14	234	2	30
Northwest T. I.			6	63

MEDICAL ADMINISTRATION

(5) Medical persons registered in the year:—1,929.

(647 Doctors; 10 dentists; 58 pharmacists; 330 nurses; 506 mid-wives; 378 dispensers.)

(6) Foreign medical persons registered in the year:—21.

(16 Doctors; 5 nurses.)

(7) Number of licenses issued for patent medicines in the year: 115.

(8) Number of passes issued for free import of emergency relief drugs in the year: 253.

(9) American Red Cross donations distributed through the Administration in the year: Seventeen varieties of drugs and bandages, among which the most used drugs are:

Acetylsalicylic acid　　　　　　9,181,520 tab.

Quinines bisulphate　　　　　　10,623,810 tab.

Emetin hydrochloride　　　　　　21,424 tab.

Boric acid　　　　　　　　　　14,817 lbs.

(10) Most used vaccines distributed to provincial and municipal governments by the Administration in the year:

Cholera vaccine　　　　　　　67,560 bottles

Smallpox vaccine　　　　　　　23,500 dozen

PREVENTIVE AND CURATIVE WORK

(11) Number of patients treated by hospitals in 1941

HOSPITALS	OUT-PATIENTS		Admitted In Wards	Total
	First Visits	revisits		
Central H. (Chungking)	12,214	18,989	2,907	34,110
Central H. (Kweiyang)	17,123	37,312	3,363	57,798
1st Northwest H.	9,244	11,100	739	21,083
2nd Northwest H.	11,025	21,472	1,214	33,711
TOTAL	49,606	88,873	8,223	146,702

N. B.—Work of the 1st Northwest Hospital commenced from April, 1941.

(12) Main services rendered by Highway Health Stations, Suburban Health Stations, and Health centers in 1941

HEALTH STATIONS AND CENTERS	PREVENTIVE INOCULATIONS			PATIENTS TREATED				Deliveries
	Smallpox	Cholera	Typhoid	First Visits	Re-visits	Emergency Calls.	In Wards	
Pingliang HWHS	9,054	10,775	950	8,051	12,211	180	409	128
Tingsi HWHS	27,101	33,396	3,832	12,060	19,585	249	96	201
Hanchung HWHS	10,571	7,971		7,376	9,098	102	218	78
Mienyang HWHS	9,391	15,429	18	20,965	40,082	201	135	264
Neikiang HWHS	5,427	13,256	5,199	18,765	50,672	580	197	151
Pichieh HWHS	4,596	12,639	366	7,146	12,511	97	7	50
Tungtze HWHS	11,777	19,038	1,342	14,270	30,227	694	399	155
Anshun HWHS	11,889	18,155		14,118	17,109	162	181	337
Machangping HWHS	18,525	19,889	4,696	10,691	15,954	226	116	146
Kutsing HWHS	9,042	12,566	496	8,205	9,709	223	788	211
HWanghsien HWHS	10,700	12,231		9,146	14,675	417	164	248
Kienking HWHS	14,446	19,231		9,413	25,111	8	1	25
ochih HWHS	7,364	4,446	5,188	30,861	42,117	712	10	174
HWHS	1,267	344	42	5,710	11,796	83	18	3
Omei HWHS	12	1,178		5,060	7,535	48	82	13
Puling HWHS		1,270		8,064	11,785	297	248	12
Chinmukwan SHS	5,083	4,712	305	10,221	19,727	228	208	156
Lao-in-yen SHS	16,707	13,642	46	13,640	74,761	438	61	209
Jingongpo SHS	667	654	849	4,820	16,935	140	46	39
Manchien SHS	3,528	5,125	1,006	4,255	13,915	113		77
Shemachang SHS	3,711	5,598	456	6,111	11,656	166	37	86
Sanshenmiao SHS	2,992	6,194	555	14,087	28,781	203	108	159
Yunshingchang SHS	4,097	3,983	317	10,034	17,739	31	10	43
Ya-an H. C.	2,689	4,293		7,548	21,126	143	218	49
Hweili H. C.	42			38	701	1	2	2
Sichang H. C.	1,343	2,502		5,620	6,075	29		81
TOTAL	192,021	248,517	25,663	266,670	541,593	5,771	3,759	3,097

N. B. —Work of the Hweili Health Center commenced from November.

ANTT-EPIDEMIC AND QUARANTINE SERVICE

（13）Main services rendered by the Anti-Epidemic Corps in 1941

Preventive Inoculations（persons）		Other Services	
Cholera	252,166	1st visit patients treated	237,146
Typhoid	13,416	Revisit patients treated	373,388
T. and. C.	678	Patients treated in wards	345
Smallpox	252,782	Deliveries	510
Plague	38,682	Persons deloused	2,589
Meningitis	837	Pieces of clothing deloused	10,703
Diphtheria	278	Drinking wells disinfected	37,995

（14）A. Work done by Quarantine Stations in 1941

STATIONS	Bus Passengers Inspected	Ship Passengers Inspected	Air Passengers Inspected	Tons of Ships Fumigated
Han-I-Yu		76,707	662	36,651
Teng-Yue	447,501			
Maen-Yun Sub-S.	31,438			
Waen-Ting	9,692			
TOTAL	488,631	79,707	662	36,651

（14）B. Clinical and preventive work done by Quarantine Stations in 1941

	Teng-Yue	Maen-Yun Sub-s	Waen-Ting	Han-I-Yu	TOTAL
CLINICAL WORK					
1st visit patients	828		2,248		3,076
Revisit patients	752		4,827		5,579
PREVENTIVE					
INOCULATIONS	5,324	1,677	1,504	3,907	12,412
Smallpox	2,942	517	157	55,251	58,867
Cholera	625	5	417		1,047
Plague	17				17
Dysentery	446				446
Diphtheria	335				335
Meningitis	389				389
T. and C.					

N. B.—(1) Maen-Yun Sub-Station established in July.

(2) Data of Waen-Ting include only November and December.

（15）Patients Treated by Anti-Venereal Diseases Clinics in 1941

PATIENTS	Kweilin	Enshih	Chuhsien	Sian	TOTAL
First visits	694	119	180	227	1,220
Revisits	3,246	642	470	1,049	5,407
TOTAL	3,940	761	650	1,276	6,627

MEDICAL SUPPLIES

（16）Drugs prepared by the Narcotics Bureau in 1941

Narcotics produced in 34 Varieties

Non-Narcotics produced in 61 Varieties

The Main products are：

Narcotics		Non-Narcotics	
Dover's powder	355,722 tab.	Tannic acid	261 1b.
Morphine HCl （powder）	9,778 gm.	Ammon. Chlor.	1,429 1b.
Morphine HCl （ampoule）	13,351 bxs.	Fld. Ext. glycerrh.	284 1b.
Morphine HCl （tablet）	552,250 tab.	Bland's pills	90,500 tab.
Cocaine Phosph. （powder）	6,010 gm.	Mag. Sulphate	774 1b.
Cocaine Phosph. （ampoule）	2,522 bxs.	Sodium sulphate	2,106 1b.
Cocaine Phosph. （tablet）	989,240 tab.	Brown mixture	1,061,956 tab.
Strychnine HCl	184,875 tab.	Aspirin	76,946 tab.

（17）Biological products made by Epidemic Prevention Burean in 1941

National Epidemic Prevention Bureau's production in 47 Varieties

Northwest Epidemic Prevention Bureau's production in 31 Varieties

The Main products are：

Vaccines, Sera and Anti-toxins	National E. P. B.	Northwest E. P. B.	TOTAL
Cholera	2,613,280 c. c.	1,626,640 c. c.	4,239,920 c. c.
Anti-plague	1,562,290 c. c.	20,000 c. c.	1,582,290 c. c.
Smallpox	1,624,171 cap.		1,624,171 cap.
Dysentery	33,790 c. c.		33,790 c. c.
T. A. B.	30,150 c. c.		30,150 c. c.
T. C.	7,670,080 c. c.	9,973,600 c. c.	17,643,680 c. c.
Anti-tetanus	23,160,000 units	8,203,000 units	31,363,000 units
Anti-anthrax		221,270 c. c.	221,270 cc.

Epidemic outbreaks: In the past several years ＝the following epidemics were found and controlled:

A. Plague

1. Fukien. —Plague has been endemic in Fukien province for more than 40 years and more than 30 *hsien* are known to have been infected at one time or another. In 1937, plague broke out in eighteen *hsien*, claiming about 4,000 lives. The most seriously affected *hsien* were: Weian, Futsing, Putien and Chinkiang. In 1938, sixteen *hsien* were affected with about 300 cases. The epidemic situation was comparatively serious in Yunchun, Putien, Sienyu and Yungan. In 1939, 873 cases were reported in nine *hsien*; in 1930, 466 cases in 23 *hsien*, and in 1941, 626 cases in 21 *hsien*. Between January and June, 1942, 55 cases were reported in eighteen *hsien*.

2. Chekiang. —Plague first broke out in 1938 in Chingyuan, southern Chekiang Near the Fukien border, the disease being believed to have spread to Chekiang from northen Fukien. It continued to appear in Chingyuan in 1939 and 1940, but only a a small number of cases were reported. In the winter of 1940, for the first time it occurred in Ningpo, eastern Chekiang, and Chuhsien, western Chekiang. Investigation revealed that prior to the outbreak, Japanese planes had dropped rice and wheat grains over the two places. In Ningpo, 97 out of 99 cases were fatal, and in Chuhsien all the 21 cases were fatal. In March, 1941, plague reappeared in Chuhsien, and from March 5 to December 31, THERE WERE 166 CASES OF WHICH 157 WERE FATAL. The rats in Chuhsien were infected, which meant that plague was enzootic among rats and might infect human beings when conditions should so favor. From Chuhsien, the disease spread to Iwu and Tungyang in October, 1941. In Iwu, 145 cases were reported between October and December, 19411, and in Tungyang, there were 71 cases from December, 1941 to the end of May, 1942.

3. Hunan. —Plague for the first time appeared in Changteh, western Hunan, on November 11, 914, a week after a Japanese plane had dropped grain and cloth wads. Up to the end of December, 1941, there were eight cases, and one more case appeared in January, 1942. In March, the disease reappeared and between March and July, 31 cases were reported. Plague-infected rats were discovered in Taoyuan in April and May, but no human cases were reported. Taoyuan is 22 kilometers by land and 45 kilometers by water from Changteh. Pneumonic plague broke out in Molinghsiang of Taoyuan *hsien* in May, 1942, resulting in sixteen deaths. It was discovered that a plague patient sneaked out from Changteh, developed pneumonic symptoms and infected his own family and neighbors. By means of strict quarantine, with the assistance of the military, the epidemic was controlled within two weeks.

4. Suiyuan and Ningsia. —Plague has been enzootic in the Ordos region for many years. In the winter of 1941 a pneumonic plague epidemic occurred in Wuyuan, Linho and Tengkow. Later it spread to northern Shensi and Shansi. Toward the end of March, 1941, the epidemic subsided. There were a total of 695 deaths including 540 in Suiyuan, 30 in Ningsia, 99 in Shensi and 26 in Shansi.

5. Kiangsi. —From northern Fukien plague spread to Kwangtse, in eastern Kiangsi bordering Fukien, in the spring of 1941. Excessive mortality among rats was first reported in February and March, and in April human beings were infected. Between April 12 and June 5, 1941, 34 cases was reported. One bubonic plague case—a patient who had escaped from Chuhsien in Chekiang—was found in Shangyao on June 7, 1941. No other case was reported.

6. Kwangtung. —Plague has been endemic on Hainan Island and in the Lienkiang and Suihsi districts for many years. Sporadic cases occurred in

1941 and 1942 in Lienkiang.

7. Yunnan. —Between February and July, 1940, 119 plague cases were reported in Loiwing and Wanting. Plague is known to be endemic in northern Burma and is liable to spread toward the Yunnan border. No cases occurred in 1941 and 1942.

B. Cholera

Cholera broke out in epidemic proportion in the coastal provinces in 1937, when more than 10,000 cases were reported. In 1938, it reappeared in two epidemic centers: in the East River region of Kwangtun province and around Tungting lake in Hunan. It gradually spread to other areas. In all, 1677 *hsien* and municipalities in nine provinces were affected. Of a total of 50,054 cases, 13,316 were fatal. In 1939, cholera spread to 278 *hsien* in fifteen provinces, and 34,995 cases were reported. Among the provinces affected were Sechwan, Hunan, Kiangsi, Kweichow, Yunnan, Shensi, Kwangtung, Hupeh, Kwangsi, Fukien, Kansu, Shansi and Chekiang.

In 1940, semi-isolated epidemic outbreaks were reported from the following provinces: (1) Szechwan: A mild winter in 1939 kept the cholera vibrios alive in northern Szechwan, resulting in the outbreak of sporadic cases throughout the spring. In the summer of 1940 the disease broke out in epidemic form again. Altogether ten *hsien* were affected, cases reported almost reaching 40,000. (2) Chekiang: 9,873 cases were reported in 25 *hsien*. (3) Fukien: 4,047 cases were reported in eighteen hsien. (4) Hunan: 103 cases were reported in nineteen *hsien*. (5) Kwangtung: 418 cases were reported in four *hsien*.

For the first time since 1937 cholera outbreaks subsided in 1941. In Kwangtung, 265 cases were reported in sixteen *hsien*, while in Hunan, 79 cases were reported in fourteen *hsien*. A few cases were reported in Fukien province.

Between January and September, 1942, 11,951 cases of cholera with 4,576 deaths were reported in 210 *hsien* in twelve provinces and one municipality. The cases did not include those in Chekiang were the figures were not yet compiled.

The epidemic reached its height in July when 4,605 cases and 1,494 deaths were recorded. In September, the cases decreased to 215 with 69 deaths.

The following table shows the cholera situation in the provinces affected:

PROVINCE	Number of *Hsien* Affected	Cases	Deaths	Mortality Percentage
Yunnan	45	4,564	1,875	41.08
Kweichow	26	1,906	355	29.11
Kwangsi	48	3,302	1,453	44.00
Kwangtung	21	420	171	40.71
Hunan	30	1,155	298	25.80
Szechwan	18	279	46	16.48
Kiangsi	10	181	71	39.22
Hupeh	5	108	82	75.92
Chungking City	1	33	25	75.75
Sikang	2	1		
Honan	1	1		
Chekiang	3			
Fukien	1	1		
TOTAL	211	11,951	4,576	38.28

Cholera spread to Kwangsi, Kwangtung and Yunnan from Hongkong and Burma. The disease appeared in Yunnan in May and reached its height in July when 1,623 cases with 448 deaths were recorded.

C. Other Diseases:

Dysentery is most prevalent in China and is an important cause of infant mortality and adult debility. It is, however, considered the least serious because it is common.

Typhus fever and relapsing fever are common among troops and in refugee camps. Delousing stations established in the last few years by the National Health Administration, the Army Medical Administration and the Chinese Red Cross Medical Relief Corps have helped to reduce the total incidence. A serious epidemic occurred in Hupeh in 1941.

Malaria is prevalent south of the Yangtze, especially in Yunnan, Kweichow, and Kwangsi provinces. In 1939, a Yunnan Anti-Malaria Commission was organized, and a second one was formed in Kweichow in 1940. Both commissions are carrying out a systematic control program on a relatively large scale. At the request of the Chinese Government a special medical mission was dispatched by the American Government to take charge of the malaria control work along the projected Yunnan-Burma railway. Assisting the sixteen American members of the mission were nine medical officers, nine sanitary engineers, six entomologists, 115 sanitary supervisors, and 116 sanitary inspectors detailed by the National Health Administration. Active work began in January, 1942, but ended in April owing to the spread of hostilities to Burma.

Diphtheria occurs in epidemic proportions in Kansu and Shensi. In other provinces in Free China, only sporadic cases were reported.

Smallpox appears in sporadic form in different provinces.

The following table show the number of communicable diseases reported in different provinces during 1941:

PROVINCE	Cholera	Typhoid	Dysentery	Typhus Fever	Relapsing Fever	Malaria	Smallpox	Diphtheria	Scarlet Fever	Cerebro-Spinal Meningitis	Plague
Chekiang		56	1,889		46	4,464	6	1	1		352
Anhwei		5	55		39	618	158	1			
Kiangsi		848	9,176	100	852	74,368	555	31	3	38	37
Hupeh		669	4,743	190	1,444	12,245	591	10		2	
Hunan		534	4,007	71	752	12,173	120	14	4	9	7
Szechwan	79	883	6,917	136	280	32,558	279	224	17	22	
Shansi	3	65	206	225	638	311	2	7	1		
Honan		3,748	10,963	1,426	2,878	15,323	987	450	511	277	
Shensi		1,413	3,400	1,061	2,874	3,996	122	133	109	36	
Kansu		423	1,283	283	422	308	200	913	39	4	
Fukien	5	335	1,524	30	277	15,102	1,774	22	3	328	626
Kwangtung		2,409	25,744	495	195	73,850	3,163	84	26	141	85
Kwangsi	265	1,452	19,365	185	4405	54,932	3,220	202	61	90	
Yunnan		571	6,121	108	528	29,159	328	36	60	48	
Kweichow		375	4,894	198	285	20,708	282	70	33	44	
Sikang		560	267	420	344	1,087	6	12			
Suiyuan		125	272	21	88	59	4	20	3		39
Ningsia		747	860	362	426	60	169	152	9	1	
TOTAL	352	15,218	101,686	5,320	12,808	351,431	11,966	2,382	880	1,040	1,146

[The Chinese Ministry of Information，China Handbook 1937 - 1943：A Comprehensive Survey of Major Developments in China in Six Years of war（《战时中国志》），New York：The Macmillan Company,1943，pp. 667 - 678.]

国民政府军政部防毒处"抗战八年来敌军用毒经过报告书"（节选）

（1945 年 10 月）

抗战八年来敌军用毒经过报告书

三十四年十月军政部防毒处编

〔上略〕

敌除调来大批化学部队，大量使用于各站场，并一再企图实施其细菌战。卅年十一月发现敌由大阪调来之卅一、卅二化学兵联队。其一队之建制内即有瓦斯细菌中队之编制。

敌用飞机施放细菌，始于廿九年十月廿七日，在宁波城郊播散麦子灰有跳蚤，二日后，该地即发现鼠疫，两星期内死亡五十余人。浙江衢县亦有毒菌之播散，计患鼠疫而死者□□人。此外，金华上空敌机散播白色粉状类似鱼子之物盾□□□及民众。两医院之检验，当中亦有类似鼠疫之□菌□□。

敌地不单使用毒菌，计有廿八年十月，调来上海之细菌化学家卅余人，领队为河源博士，其后转往晋、鄂等地专门指导用毒用菌事宜，又上海福民医院为细菌战之养所，其培养毒菌计有"鼠疫"、"霍乱"、"伤寒"、"白喉"、"□□"等五种。其使用方法为先制成雪茄烟色，分蓝黄颜色，等部队于退却时，即投于民房水井内，□□使用毒菌之组织，□"毒菌密谋队"，多由汉奸充当队员，廿八年四月间，曾有汉奸冒充难民，携带盛有毒菌之热水瓶，潜入后方活动，绥西亦发现类似之组织，名曰"毒菌队"。常德战役亦获有敌用毒菌之情报，然以施用方式不良，战地条件不适宜，未能□效，实为我军民之福也。

〔中略〕

抗战八年来敌在华各地使用毒菌毒物调查表

日/月/年	被毒区域	散布方式	用毒像征	中毒症状	伤亡情形	备考
5/4/27	宣城广德	飞机散布		天花□候传染甚速		
□	浙江绍兴柯□乡	大架飞机洒散	蛛绸状白丝,机过即散			三战区二八年情报
□	□□附近桥下□□	利用小贩□苏□无锡贩酒□售				三战区情报
□	峨哼	将毒样入食盐,利用盐贩由□□往返运输	盐荣绿色			化验后似含木生□,三战区情报
/	繁昌西北狮子山	投毒湖中	鱼介均死			三战区情报
/	马家坝	通毒于刀牌纸烟		重者吐血不止,轻者神经昏聩		三战区情报
4/10/29	衢州	飞机散播	麦子跳蚤	十日后发现鼠疫	十天死四十人	
5/10/29	诸暨	轰炸机一架撒	白色丝状物,无异臭			化验结果载防□半月刊一卷五六期合刊
11/29	宁波	飞机散播	麦子夹跳蚤		半月死五十余人	军医署闽浙办事处消息
12/29	金华	轰炸机二架散放	黄白色液,质隆如细面,落地经之不散			
12/29	广清域西南	飞机一架撒布	白纸筒内装□物,着地破烂,臭气逼人,纸条横飞		未伤人畜	军令消息

日/月/年	被毒区域	散布方式	用毒像征	中毒症状	伤亡情形	备考
11/29	金华	飞机施放	白烟,落下或白粉,又如鱼子			经金华民众两值院化验为鼠疫菌杆有杂菌
11/29	常德	飞机八架散放	麦蚤破布颗粒棉质纸等,物内□□鼠蚤	接触后即中毒死亡,为鼠疫症	死亡约二千余	六战区情报
4/11/29	南靖	飞机掷下	球形白色条□无数细□较蝶丝稍粗,落□树枝上□□将蛀打□或成粉			刘建绪代电
20/11/29	南靖	飞机掷下	梧桐花办甚多		五岁童子误食而死	
12/29	福建龙溪	飞机一架投下	□□落地无□,然毒弹□□蝶绸状□网丝□□□,化为蚊咬人出血中毒而死	传染甚速		闽省卫生处检验发现有旋糖麦芽糖□□酸,似为浓染热动性短杆菌
2/31	伊盟黄河右岸	撒于草滩水井中	毒粉	鼻孔流涕周身战栗		八战区傅副长官部情报
初/3/31	绥西丁江湾	病菌队四十余人投毒于水井河江中	水中起白泡沫	头□胃周身疼痛,轻症发热涕流战抖		军医署消息
3/31	绥西一带	播散鼠疫			已死二百余人	当局实行封锁焚烧,八战区傅副长官部情报

日/月/年	被毒区域	散布方式	用毒像征	中毒症状	伤亡情形	备考
5/31	湘乡旧省狗尾塘石板塘等地	飞机八架，□乡塘中	玻璃纸□内装黑小粒,着地即□去,纱落东腐黑稻草			湖南省防□司令部情报
7/31	广东陆丰	飞机七架,散布两种	一如虱蚊赤色,一似蜘蛛丝有粘质			七战区情报
9/31	宜昌沿头溪	飞机一架散下	类似白色纸片遍寻无着			兵工署转下
/	宜□□花乡过路滩石洋山等地	侦察机一架散下	初降如旧□叶,色黑映日光,刻□透明,白色之蛛网胶质,转瞬不见			兵工署转下
9/31	恩施	飞机一架投掷	类似蛛绸状胶质体			六战区情报
1/31	垣曲城内	强迫打针		断绝生育		八□□团军情报,似为□苗菌
1/32	江山南□家山二毛村七里岗	藉振济为名施散馒头	馒头边黑色	腹痛呕吐水泡	死三十余人	三战区情报,似系□菌一种
30/5/32	三斗坪	通毒于三一牌烟中				六战区情报
/						

［下略］

（上海档案馆 Y6-1-328）

二、浙江

浙江省卫生处长陈万里等关于敌机在金华散布颗粒状物
经检查确为鼠疫杆菌致上饶司令长官顾胜密电

（1940 年 12 月）

上饶司令长官顾胜密：

　　金华俭日敌机散布颗粒状物，经检查确定为鼠疫杆菌，详情及预防办法另呈。

浙江省卫生处长陈万里

军政部第二防疫大队长刘经邦

福建卫生处防疫专员柯主光

浙江省卫生处第二科长郑介发

浙江卫省试验所技正吴昌堂

同叩戌陷金印

（台北档案管理局 B5018230601/0029/803/0824）

军政部第四防疫分队长齐树功关于衢县鼠疫情况之报告

（1941 年 1 月 31 日）

军政部第四防疫分队长齐树功报告：

　　二十九年十月四日，敌机二架袭衢，在城区低飞盘旋，当其飞过水亭、川门一带时，掠屋顶而过，敌机上之飞行员每可看见柴家巷王学林家有金鱼缸一只，罗汉巷三号有水池一个，五号之有金鱼缸一只。待敌机去后，发现院中有小麦（普通小麦）、乌麦（较普通只小麦大，而其色黑紫）、粟米（黄色之小谷子）。及至查看金鱼缸，始发现有跳蚤，民众颇奇之。柴家巷阜成纸庄范经理深恐敌机散布毒物危害地方，乃用电话通知衢县防护团熊总干事俊川。熊总干事偕同李干事竺农于十月六日至柴家巷访范经理查询。伊三人同至王学林家中取得跳蚤二包，每包十只，因跳蚤系从金鱼缸沿搜集，业已死亡。一包送至县政府。一包送至省政府，由省政府给省卫生处化验,卫生处又送至化验所时已十月二十日。据卫生试验所化验报告,鼠疫杆菌未发育,而杂菌已发育。自敌机散布小麦、乌麦、粟米、跳蚤后,防护团熊总干事每隔数日必派员往柴家巷一带访问,其初之无异象。至十月底鸡鸭等忽发瘟死亡甚多,居民皆以为鸡鸭等因食敌机散布之麦米所至。至十一月二日,即在柴家巷发现第一例病人,罗汉巷、水亭街之相继发现,遂风声鹤唳在城区小流行矣,惟疫区迄未发现死鼠,故此次发生鼠疫之起因乃敌机散蚤所致也。

(台北档案管理局 B5018230601/0029/803/0824)

长官部卫生处处员方植民关于敌机散播疫菌与甬衢鼠疫情形之报告

(1941 年 1 月 31 日)

长官部卫生处处员方植民视察报告:

一、宁波方面:据浙省卫生处报告,鄞县区中山路二四八号至二六八号止、东后街一一八号至一三零号止、开明街六四号至九十号止,先后发生鼠疫。于十月三十日经该县中心卫生院检查断定,并由当地政府划定该地段为疫区范围。据查敌机即在发现鼠疫之前一周,于该疫区上空掷下小麦样物质。

二、衢县方面:由本处派员查城西天皇巷、柴家巷口起,向东转县西街罗汉井至柴家巷止,先后发生鼠疫,经于十一月十五日该县卫生院依据临诊报告,旋由省卫生院派员到衙检查确定。即划该地段为疫区范围,并经当地专员公署报告,敌机于十月四日于疫区中心上空散下谷类及小米等,其中且混有跳蚤,当由衢县防护团搜集是项跳蚤,汇呈全省防空司令部转送省府发交省卫生试验所化验,结果培养有杂菌发育。

三、金华方面:据浙江省卫生处调查,于十一月二十七日敌机在金华城区上空掷下白色物品。二十八日敌机又在该县南门外上空散布,有为鱼子状颗粒,送民众医院化验,并经该省卫生处长陈万里、军政部第二防疫大队长刘经邦、福建省卫生处防疫专员柯主光会同鉴定,确为鼠疫杆菌。

四、依据疫情推断:查此次鄞衢两县先后发生鼠疫,并无一般鼠疫流行病学上预发象征,如大量死鼠之发见等等,并该敌机散布病菌之地点与该两县鼠疫发生地互相一致,更可证明此次该两县发生鼠疫日期,与敌机散布日期之相距时间,适合鼠疫之潜伏时期。故此次浙省前后发现鼠疫为敌寇施行细菌战之开始,绝无疑义也。

(台北档案管理局 B5018230601/0029/803/0824)

军政部第四防疫分队长齐树功关于宁波鼠疫情形
致上饶第三战区长官卫生处长杨钧电

(1941 年 1 月 31 日)

上饶第三战区长官卫生处长杨钧鉴查:

宁波发现鼠疫,本队奉令前往协防情形,业经电呈在案。兹据前派宁波人员回队报告疫势已告平息等语,并附报告书乙份到队,除分报外理合将原书抄呈鉴核备查。

军政部第四防疫分队长齐树功

(台北档案管理局 B5018230601/0029/803/0824)

张学渠关于鄞县鼠疫防治经过之报告

(1941 年 1 月 31 日)

报告:

奉派往鄞县协助防治鼠疫,遵即偕同工作人员携带鼠疫疫苗等,于十七日到达鄞县府商洽协防办法,兹将是情述于次:

一、发生日期:查鄞县鼠疫之发生尚属首现,最初发生之日期为本年十月三十日。

二、发生地点:为开明街六十号之浆汁店。

三、患者第一例:为赖朱氏年二十一岁。

四、发生原因:据调查附近居民所得及一般推测,于十月三十日前三、四日,适敌机袭鄞。于开明街及东后街之连毗处(适该六十六号及其附近一带)投下物质及麦类。现该地点之麦已长成五寸余长,惟同时有否投下细菌或鼠蚤则难知。但嗣后是处即突然发生鼠疫患者。

五、蔓延情形：自十月三十日起开明街、东后街一带逐渐蔓延,经积极扑灭至十一月十五日始截止,发现患者嗣后,疫势之渐煞,已无蔓延。

六、疫区区域：(附图)甲、中山东路自二二四号至二六八号；乙、开明街自五九号至九八号；丙、东后街自一一八号至一四二号；丁、开明街自一号至二五号；戊、北太平巷一号。上列地点均互相毗连一处。

七、患死人数：自十月三十日起至十一月二十日止,先后染疫而死亡者达八十二人,全家死亡者七户；半数以上者六户,其由疫区逃出在外死亡者计八人。

八、鼠疫分类：鄞县所发生之鼠疫多系腺鼠疫及败血性二种,至于肺鼠疫尚未发现。

九、当地防治经过略情：自鼠疫发生后即由县政府会同宁波警察局于十二月四日将开明街一带疫区实行封锁,并开始收治病人、掩埋尸体、隔离疫区居民、挨户消毒。至六日正式成立鄞县防疫处,其组织(附表)分设技术室及防治、警备、总务、工务等四组。各组除总务组外,工务组下分工程队、掩埋队；警备组下分搜索队、警卫队、埋葬监视队；防治组下分消毒队、预防注射队、环境卫生队、检疫队、担架队及甲、乙、丙三部。隔离病院下分设治疗及消毒两室,甲部隔离病院设于疫区内,系收实症状显者之病人；乙部之设于疫区居民及有潜伏危险性者；丙部设于疫区外之马路对面,但被封锁交通线内者为收容疫区外之疑似病人。自十一月四日至十五日止,甲部隔离病院收容鼠疫患者共计者六十三名,其中死亡于甲部者共六十名。其他分队组则同时分别进行工作,并于每日上午九时半起由防疫处处长召开组长、队长及防疫会议。九日起至疫区附近住户及各学校注射预防疫苗。十日卫生署第十七医疗防疫队一行六人及省卫生处巡回医疗防疫队一行四人到甬协助,并设环境卫生股,由该队主持其事。十二日成立疫区善后委员会隶属防疫处,着手调查物资登记工作并设置疫区物品消毒处,另建消毒灶三座。十三日于疫区四周加筑水沟围墙。十七日设立防疫经费筹募会。二十日乙部隔离病院内收容之疫区居民注射后除无力谋生者、无家可归者送交善后委员会设法设置外,已一律发给出院证明书准予出院。

十、防治鼠疫之当地机关团体车位及经费与人员:甲、县政府;乙、卫生院;丙、警察局;丁、与疫区直接有关之县东唐塔湖东三镇公所;戊、城区十一镇联合办事处;己、防疫团救护大队;庚、动员委员会,以上各单位共同组织鄞县防疫处,由县长俞济民兼处长。人员方面,除各机关团体调用外并临时雇用,以及招收防疫队员男七名、女三名,以短期之训练充用,总计动员约二百余人。其经费准备为五十万元,除当地少数筹募与省府补助一万元外,多数则电由上海旅沪宁波同乡会筹募设法。

十一、协助机关团体单位,计有甲、卫生署第十七医疗防疫队派员;乙、省卫生处巡回医疗防疫队派员;丙、军政部第四防疫队派员。

十二、疫区外:因疫区内患者私自逃出后或死亡之地点,房屋封闭及消毒或焚烧情形(如表)。

患者住后房屋封闭地点	西大路 297 号	东渡路中华袜厂	白鹤桥王隘村	太阳弄 63 号
患者死亡姓名	陆金友	陈康瑞	葛顺官	周洪生
年龄	28	20	25	14
发病地点	东大路	东渡路中华袜厂	东大路宝昌祥广货店	太阳弄 63 号
死亡地点	西大路 297 号	开明巷张大献诊所	白鹤桥王隘村	甲部隔离病院
死亡日期	11 月 1 日	11 月 3 日	11 月 3 日	11 月 4 日
封闭房屋消毒日期第一次	11 月 5 日	11 月 5 日	11 月 5 日	11 月 5 日
封闭房屋消毒日期第二次	11 月 12 日	11 月 15 日	11 月 16 日	11 月 16 日
结果	再加以清洁大扫除后开封,使其家属或亲戚住入。	再加以清洁大扫除后开封,使其家属或亲戚住入。	再加以清洁大扫除后开封,使其家属或亲戚住入。	再加以清洁大扫除后开封,使其家属或亲戚住入。
患者住后房屋封闭地点	善卫乡六村蔡家槽	东渡路 91 号	甲营巷 44 号	南郊路恒丰戊厂附近
患者死亡姓名	蒋雪校	陈炳然	林小狗	袁梅信

续表

封闭房屋消毒日期第二次	11月16日	11月16日	11月12日	11月12日
年龄	24	29	18	31
发病地点	开明路久和祥烟店	东渡路中华袜厂	东大路宝昌祥	东大路协新布店
死亡地点	甲部隔离病院	甲部隔离病院	甲部隔离病院	甲部隔离病院
死亡日期	11月4日	11月6日	11月6日	11月6日
封闭房屋消毒日期第一次	11月6日	11月6日	11月5日	11月5日
结果	再加以清洁大扫除后开封,使其家属或亲戚住入。	再加以清洁大扫除后开封,使其家属或亲戚住入。	因房屋破烂不堪付之焚毁。	再加以清洁大扫除后开封,使其家属或亲戚住入。
患者住后房屋封闭地点	三板巷35号	义和渡	偃月街39号	西门外源源里
患者死亡姓名	陈银根	胡贤庆	柴定祥	蒋阿宝
年龄	18	7	20	47
发病地点	东大路宝昌祥	开明街70号	东大路265号	东大路宝昌祥
死亡地点	甲部隔离病院	义和渡	甲部隔离病院	甲部隔离病院
死亡日期	11月7日	11月7日	11月8日	11月8日
封闭房屋消毒日期第一次	11月5日	11月8日	11月6日	11月5日
封闭房屋消毒日期第二次	11月12日	11月14日	11月12日	11月12日
结果	再加以清洁大扫除后开封,使其家属或亲戚住入。	再加以清洁大扫除后开封,使其家属或亲戚住入。	再加以清洁大扫除后开封,使其家属或亲戚住入。	再加以清洁大扫除后开封,使其家属或亲戚住入。
患者住后房屋封闭地点	施家弄4号	西门外源源里35号	慈溪庄桥	大沙泥街28号

续表

患者死亡姓名	朱再生	蒋徐氏	孔阿升	应全兴
年龄	26	36	16	16
发病地点	东后街 142 号	东大路宝昌祥	东大路宝昌祥	开明路 82 号
死亡地点	甲部隔离病院	甲部隔离病院	甲部隔离病院	甲部隔离病院
死亡日期	11 月 12 日	11 月 12 日	11 月 14 日	11 月 15 日
封闭房屋消毒日期第一次	11 月 5 日	11 月 5 日	11 月 11 日	11 月 12 日
封闭房屋消毒日期第二次	11 月 12 日	11 月 12 日	11 月 12 日	11 月 14 日
结果	再加以清洁大扫除后开封,使其家属或亲戚住入。	再加以清洁大扫除后开封,使其家属或亲戚住入。	再加以清洁大扫除后开封,使其家属或亲戚住入。	再加以清洁大扫除后开封,使其家属或亲戚住入。
患者住后房屋封闭地点	西门外源源里 35 号	镇后孔浦桥永法巷 46 号	奉化金北乡孔□二保二甲	
患者死亡姓名	蒋小毛	冯云生	蒋阿华	
年龄	17	18	17	
发病地点	东大路宝昌祥	东大路元泰酒店	东大路振昌祥	
死亡地点	甲部隔离病院	甲部隔离病院	奉化	
死亡日期	11 月 16 日	11 月 12 日	11 月 14 日	
封闭房屋消毒日期第一次	11 月 12 日	11 月 12 日	11 月 12 日	
封闭房屋消毒日期第二次	11 月 14 日	11 月 17 日	11 月 21 日	
结果	再加以清洁大扫除后开封,使其家属或亲戚住入。	再加以清洁大扫除后开封,使其家属或亲戚住入。	再加以清洁大扫除后开封,使其家属或亲戚住入。	

十三、现今之城区处置与善后:现今由善后委员会加紧消毒工作,将疫区物资可保留者,经消毒后予以发还,并将无主物移藏一处保管待领,至疫区房屋由会议决定最迟在十一月三十日下午三时全部焚毁,以绝后患,为救济疫区之种种损失,业经组织防疫经费筹募委员会设法筹措,眼前流离失所

之疫区内居民由抚恤股着手安置,对于恢复市面一节,亦正在拟定办法中。

十四、鄞县防疫处之结束:鄞县防疫处对此次防治鼠疫之设谋得力,于短期内不使十分蔓延,实为难能可贵。该处因日用经费浩大,而工作方面多数已告完毕,早现休止状态,故由会议决定十二月五日结束,其未办法办理完毕之如环境、卫生、工作、建筑新屋问题及隔离病院未出院病人等等事项,均缩小归并卫生院,另组小单位接收办理。

十五、协助经过:甲、每日上午列席鄞县防疫委员会议并必要时参加意见;乙、按照会议决定关于鄞县驻军防疫注射方面由本队负责办理后,经向各驻军主管官分类接洽,计发给陆军第一九四师鼠疫七十瓶、宁波防守司令部九十瓶、陆军第九军五十瓶、税警第四区二瓶、浙江省第六区保安司令部三十瓶、鄞县团管区二瓶,共计发出六十公撮装鼠疫菌二百四十四瓶;丙、实地勘察及各处调查工作;丁、供献鄞县防疫处关于鼠疫之补助意见,已由该处会议决定交卫生院及建设科作参考;戊、往慈溪调查,因鄞县疫区内有患者二人逃往慈溪结果死亡,因恐波及该地,当即前往该县府调查结果,除该两患者已死亡外,并未传染及第三者发现,至该县之预防注射事则由鄞县府供给菌苗注射于调查完毕后仍返鄞工作。

十六、结束离鄞:因鄞县疫势平息工作亦告完毕于十二月三日返队。

谨此报告祈核。

职张学渠

(台北档案管理局 B5018230601/0029/803/0824)

军政部第二防疫大队长刘经邦关于浙江衢县鼠疫调查情况致顾祝同呈

(1940 年 12 月 2 日)

报告:

窃职于十一月二十三日事因浙江衢县民众发生鼠疫,奉钧座电召来饶面商防治事宜,遵即当晚抵饶,次日前来面谒请示一切进行办法,职以事关重大,除急电饬驻衢第四分队协助防止外,于十一月二十七日协同钧部卫生处方视察植民前往疫区视察实情,并参加扩大防治鼠疫会议防治办法多项予以改进,业经分别切实办理疫势,不致扩大,兹已公毕。谨将所有经过详情编具报告书一份。随文送请鉴核。右报告谨呈司令长官顾。

军政部第二防疫大队长刘经邦印呈

（台北档案管理局 B5018230601/0029/803/0824）

军政部第二防疫大队长刘经邦视察浙江衢县鼠疫报告书

（1940 年 12 月 2 日）

一、衢县鼠疫之来源

兹据该卫生院调查报称于十月下旬有突患急病死亡者一人,查该患者系由宁波近日来衢,惟因当时未获报告,但又未经检查,事隔多日,真相难明,故该死者是否患有鼠疫无从证实。嗣后于十一月十二日续有发现,经显微镜检查之初步鉴定,确为鼠疫无疑。又据称十月四日敌机袭衢时,曾散布小包粉物于罗汉井一带,经检查后,包内发现跳蚤十余,当即送浙江卫生处试验所检验。因此跳蚤已死,未获结果,故衢县鼠疫之来源是否来自宁波,抑或敌机散布病菌尚难臆断。

二、疫况

十一月十二日,该县城区西北之柴家巷三号发见第一病例后,疫势日渐蔓延附近一带,罗汉井、水亭街等地,居民续有发见。截止二十八日先后共计死亡十六人,经查□□五人系患他病而死,其余十一人则均死于鼠疫。兹将发病地点及死亡情形列表于后,现经实施防止后,自十五日迄今数日以来,尚无新患者。

患者姓名	年龄	性别	发病地点	起病日期	死亡日期
吴士英	8	女	柴家巷 3 号	11 月 12 日	11 月 15 日
廖氏	40	女	罗汉井 5 号	11 月 13 日	11 月 17 日
吴凤娥	25	女	罗汉井 7 号	11 月 16 日	11 月 17 日
许秋□	16	男	水亭街 54 号	11 月 16 日	11 月 21 日
黄权	20	男	罗汉井 5 号	11 月 17 日	11 月 20 日
黄权之甥	20	男	罗汉井 5 号	11 月 17 日	11 月 20 日

续表

患者姓名	年龄	性别	发病地点	起病日期	死亡日期
江春梅	22	女	水亭街 55 号	11 月 18 日	11 月 19 日
陈隆森	15	男	柴家巷 5 号	11 月 20 日	11 月 22 日
冯氏	51	女	罗汉井 5 号	11 月 20 日	11 月 23 日
郭恒富	9	男	水亭街 54 号	11 月 20 日	11 月 23 日
江柏林	16	男	弄溪坊 13 号	11 月 25 日	11 月 25 日

三、防治情形

患者之处置:区内发生患者由保甲长报告,防疫委员会立即派员前往予以隔离,并于身故后监督埋葬死者,家庭之居屋皆由硫磺熏蒸消毒。

1. 患者家属之处理:患者之家属均分别予以隔离,惟疫区内一般民众多先搬移,未能办理澈底,现经严饬该区保甲长从速追回处理。

2. 疫区:兹划柴家巷、水亭街、罗汉井为中心区疫予以严密封锁之,外围加设警戒线,派与当地军警守岗,监视内外人民,绝对禁止任意出入,并在警戒线内及外围附近民众均施行预防注射。

3. 衢县防治鼠疫委员会之成立:自该县发见鼠疫后,即由鲁专员召集卫生院、浙赣铁路医院、军政部第四防疫分队、航空站医务所及当地行政机关成立防治鼠疫委员会,并有浙省卫生处陈处长率领工作人员来衢参加分组,负担为应实施之工作。

4. 防止办法之改进:查该县自鼠疫发见后,虽有防疫委员会之设,然各组工作未能联系周密,殊多不合且以疫区内民众多数逃居乡间。职鉴于为此,处置未臻澈底,仍有蔓延之危险,至为堪虞。防止设施实有急需改进之必要,当于防治鼠疫会议席上提出下列数项:

(1)从速分设患者及家属隔离室,俾便分别予以严密之隔离。

(2)缩小疫区封锁线,惟须格外加紧封锁,在中心疫区外改为警戒线。

(3)从速健全防治委员会之组织并分配工作联合办公,以免紊乱。

(4)严饬当地保甲长负责报告患者及死亡,以便随时处置。

(5)患者房应拆成火弄并严密封闭。

（6）消毒室设置宜即加以改善。

（7）已逃区内民众从速招回予以隔离检疫。

（8）举行扩大卫生宣传运动俾使民众更为注意。

（9）疫区外围施行普遍预防注射。

上述各项经防会议决，分别由各组工作人员及当地行政人员、保甲长等限于三日内实施完成，并严饬当地行业中西医生随时报告病例，违者则予以相当惩处，刻已按条切实施行，疫势可不致扩大。嗣后一切情形，当饬第四分队随时据报，再行转呈。复查此次鄞县衢县先后发生鼠疫发病均极迅速，并无一般鼠疫流行病学上先行预发之象征，大量死鼠之发见等等，且据调查所得，鄞县于发之前一周，敌机曾在疫区掷下小麦，衢县于十月四日在现在疫区中心亦掷下谷类及小麦，其中且混有跳蚤。是项跳蚤曾由县防护团搜索呈全省防空司令部转送省府发交卫生处化验，但期间转辗投递到处，已在十月三十日后经培养仅已杂菌发育，未能证明该病细菌。敌此种行动适于两县鼠疫发见地点相一致，依照科学的并客观的推论，该两县鼠疫之所以发生，似与敌机散布是项物质，有极重大之关连且证明最近敌基在金华掷下鼠疫杆菌之举动，又可得一敌机施行细菌战之证明。

敌人用心既已，为此毒辣吾人，为求安全并安定后方，抗战胜利起见，非加紧防制对策不可。而此次防疫工作之有效推动，加强行政方面之力量较重于技术上之防治，是实为事势上，以必然为此，除组织调查团分散各处详细调查外，谨会同浙江省卫生处处长陈万里呈准浙江省黄主席分别施行。兹将办法附列于后：

一、电呈中央通电世界各友邦主持正义，暴露敌寇此种惨绝人寰之战争，并通令全国研究对策注意防范。

二、分电卫生署、军医署、卫生医疗机关转饬所属一体严密防范。

三、电请卫生署转饬各生物学研究并制品机关大量制造鼠疫疫苗，以便分发应用。

四、应行办理之事项各次

1. 灌输全省防空人员、各级行政人员、军警等防疫知识及搜索毁敌机掷下之可疑物品,切实遵行,由省卫生处编辑教材分发应用。

2. 加紧卫生倡导,各级学校尤应以防疫常识为中心课题,以便发动学生进行民众宣传,并发布各种小册图画以及其他倡导印刷品。

3. 严密户籍行政,切实办理死亡登记,厉行传染病报告并得依照传染病预防条例,另订紧急处置办法加强执行。

4. 通令各县速即准备隔离病室,以便随时可以收容病人。

5. 通令各县训练警察消毒知识时出发消毒教材,由省卫生处订定并派员指导。

6. 通令各县赶即准备石灰硫磺以便使用。

7. 省卫生处组织防疫队数队经常出发轮流工作,并指导训练各县人员。

8. 加强各县卫生机构。

9. 扩大卫生运动,切实改进各处环境卫生。

军政部第二防疫大队长刘经邦印

(台北档案管理局 B5018230601/0029/803/0824)

军医署驻闽浙办事处处长钱云蒸等关于敌机在金华
播散毒菌案致上饶第三战区司令长官顾祝同电

(1940 年 12 月 7 日)

上饶第三战区司令长官顾钧鉴:

查上月养俭等日,敌机袭金,施放白烟,播散颗粒状物,经本城民众医院检查主任沙士升报告含有毒菌等情;当派一等军医正舒琦驰赴该院查验并饬会同沙主任士升、鲁医师介易布置特别设备,将检体培养,负责研究去复。兹据报告以研究所得颇似鼠疫杆菌,前未除饬仍应继续研究外,理合检同原报告一份,随电送请鉴核。

军医署驻闽浙办事处处长钱云蒸
副处长徐承伟

(台北档案管理局 B5018230601/0029/803/0824)

金华民众医院检查主任沙士升等关于敌机施放毒菌案之报告

（1940 年 12 月 7 日）

报告：

查最近敌机施放毒菌，琦等奉令研究，兹将详细检查情形报告如下：

甲、肉眼可见：检得之材料系微黄色，虾子样之颗粒其大，约三分之二耗有黏性，取一粒放置于预滴一、二滴生理食盐水或蒸馏水之载物玻片上则浮于水面，经六、七秒钟即显著膨胀，较原形大三、四倍，呈白色，二、三分钟后逐渐分解为细微之薄膜片（在摄氏十五度室温操作）。

乙、显微镜观察：

一、弱扩大检查：取一小颗粒以五、六十倍扩大检查，则颗粒大如一分之铜币，呈浓淡不匀之黄色。不正圆形内有强折光体之由滴状物。

二、涂抹检查：取上述膨胀之膜片作涂抹标本，以百念倍扩大检查有细小之折光体，放大百倍时使可见杆状之菌体。

三、悬滴检查：制悬滴标本以六百倍镜检查可见显著之分子运动（Brownian movement）。

四、染色检查以 Toddlers 美蓝染色体染色乙千三百五十倍油浸检查为两滴钝圆形，青蓝色之杆菌散处或二、三个连续大小不一，两端浓染，中间淡染如呈空泡形（日昨报载有"芽胞"实系此空泡之误）。

五、龙胆紫（gentian violet）染色检查亦为两端浓染，中间淡染，呈淡紫色之杆菌间有均匀着色者。

六、革兰氏（gram's）染色呈阴性，间有数个呈阳性之杆菌，视野颇美丽。

七、培养 Organ 科面培养，于上月二十九日下午七点摄氏三十一度孵卵器内至三十日下午七时取出检视，二试验管中仅一管发育内二个集落呈灰白色，大小约二、三耗。又以此集落菌作涂抹标本，以 gram's 染色而为纯阳性之杆菌，与未培养之细菌染色鉴别完全不同，可知 gram's 染色呈阴性之细菌并未发育。

参考文献：

1. *Practical Bacteriology* E. R. Stitt

2. *Approved Laboratoryteehrue* G. A. Korman

3. *Chemical Diagram by Laboratory Method* G. C. Jah

4. 近世微生物及免疫学(商务出版)

参考上述文献所记载(甲)(乙)两项之检查所得,颇似鼠疫杆菌,惟经培试验仅有 gram's 染色阳性之杆菌发育,现仍继续培养及动物试验,将来结果容当续报。又以上各种检查呈机,上月三十日浙江省政府卫生处长陈万里带同随员数人来院参观,上云对鼠疫杆菌确似并携去可检材料一份。谨此报告,伏祈鉴核。谨呈

处长钱、副处长徐

金华民众医院检查主任沙士升印

金华本城医师鲁介易印

军医人员训练班微生学教官舒琦印

(台北档案管理局 B5018230601/0029/803/0824)

蒋介石关于调查敌机投散毒菌案致航空委员会主任周至柔令

(1941 年 2 月 4 日)

令航空委员会主任周至柔:

三十年一月二十日防消辛蓉字第 157 号呈一件。为据浙江省防部报告敌机投散白色烟雾,疑系毒菌,呈送检体,经检验办理情形报请鉴核示遵由呈暨附件均函,业分会兵工署、卫生署会同协助研究并饬与该部会商派员前往该地详细调查矣。仰即遵照为要。此令。

委员长蒋

(台北档案管理局 B5018230601/0029/803/0824)

蒋介石关于协助研究敌机投散毒菌并广为

宣传防疫防毒注意事项致兵工署卫生署令

(1941 年 1 月 20 日)

令兵工署、卫生署:

案据航空委员会三十年一月二十日防消辛蓉字第 157 号呈据浙江全省防空司令宣铁吾云云叙至,谨将本案办理经过呈请鉴核等语,附呈华西大学

试验报告原文一件,据此除分行外,合行令仰该署会同卫生署中央防疫处、兵工署化学研究所协助研究,并商同航委会派员前往该地详细调查,收集可靠之研究资料,并将防疫防毒应行注意事项广为宣传,使民众知所戒备以利空防为要。此令。

委员长蒋

(台北档案管理局 B5018230601/0029/803/0824)

航空委员会主任周至柔关于化验毒物经过致蒋介石呈

(1941 年 1 月 20 日)

案据浙江全省防空司令宣铁吾二十九年十一月感俭两日先后来电,以敌机两架在该省金衢二县散布白色烟雾,事后发现鼠疫,故风声鹤唳,疑敌机所散白雾即系鼠疫霉菌,请鉴核示遵等情;当经电饬将敌机散发烟雾时,天气风向各点及事后发生疫病,经医检查之纪录详报并设法搜集毒物检体寄呈,以凭研究在案。旋据该司令同年十一月三十日呈称:"查迩来敌机在金华上空时,有施放白色烟雾情事。本月二十八日上午十时许,敌机三架窜抵金华,一架在城郊外投小型炸弹二枚,其余二架又放白烟,二分钟后向北逸去。其白烟降下如细雨。事后在大桥溪滩一带发现类似鱼子之颗粒,其粘染着性极强,放入水中即行溶化。据当地医师检验,疑系杆状毒菌,除令该县防护团严加防范外,理合检同该项毒物备文呈送钧会,予以化验,并恳将化验结果、防御方法详细饬知"等情,并附小瓶一内藏鱼子形之检体数粒。据此,当以本会试验设备不全,未能施以化验,特送请华西大学医学院分细菌与化学两部,代为试验。关于化学部分,因检体过少不能着手,仅作霉菌之试验。经施以霉菌培养法,详细审慎检验结果,除枯草杆菌外,竟毫无病原菌之孳育现象(附抄呈该据原报告),是否因检体采取及寄递之手续不合细菌培养要求,以致原来病原菌失其生活条件,致培养无所检获,不敢臆断。嗣经集合该校暨齐鲁大学霉菌学教授共同研讨,佥以方令科学昌明在试验室内新的发现,未始全无此。感系敌人一化学上新的发现,因浙省滨海距敌国较近,乃以吾国人民供其试验,亦属可能。致其效果如何?则有待于今后之证明。本会职掌全国防空事宜,自应预加防范,以免今后发生可能之恶果,除令饬浙江全省防空司令部,随时注意,设法尽量搜集该项检体寄呈。以凭赓续研究,并分别电知各全省防空司令部,各战区严加注意外,谨将本案办理经过呈请鉴核,并请令饬中央防疫触及兵工署化学研究所协助研究,派员前往该地详细调查,俾能收集可靠之研究资料,并将防疫防毒应行注意事项广为宣传,使民众所戒备,以利空防而收实效,是否有当? 敬请鉴核示遵。

谨呈总长何转呈委员长蒋

航空委员会主任周至柔

(台北档案管理局 B5018230601/0029/803/0824)

军令部关于敌机在金华投掷黄色颗粒之检验经过致外交部电

(1941 年 2 月 14 日)

外交部勋鉴:

二十九年十二月铣欧 5736 号代电敬悉,查本案经于二十九年十二月马二信电黄主席、顾长官饬属办理去复,旋据浙江全省防空司令宣铁吾防消虞电节称:"敌机感俭两日在金华上空施放黄色颗粒,经检呈航空委员会请求化验"等情前来,复由本部密函航空委员会虞二月六日防消辛 345 号函复开:"查本会于上午十一月二十九日起,迭接浙江全省防空司令宣铁吾先后来电以敌机两架在该省金衢二县散布白色烟雾,事后发现鼠疫故风声鹤唳,疑敌机所散白雾即系鼠疫霉菌,请鉴核示遵等情;当经电饬将敌机散发烟雾时,天候风向各点及事后发生疫病,经医检查之纪录详报并设法搜集毒物检体寄呈,以凭研究"。去后,旋据该司令同年十一月三十日呈复在案,并附来小瓶一内藏鱼子形之检体数粒。据此,当以本会试验设备不全,未能施以化验,特送请华西大学医学院分细菌与化学两部代为试验。关于化学部分,因检体过少不能着手,仅作微菌之试验,经施以微菌培养法详细谨慎检验,结果除枯草杆菌外敬毫无病原之孳育现象(附抄录该校原报告一件)是否因检体采取及寄递之手续不合细菌培养要求,以致原来病菌失其生活条件,致培养无所检获,不敢臆断。除令饬浙江全省防空司令部随时注意,与浙省卫生当局合作以科学方法尽量搜集该项检体寄呈以凭继续研究外,并将本案办理经过呈报委员长蒋核示在案。惟倭寇残暴成性,自其军事失利以来疯狂轰炸,迄未收效乃不惜灭绝人性施用细菌,希图造成我国境内普遍之疫疠而陷我无辜人民于死亡与恐怖,以逞其兽欲。敌人此种惨毒行为,自应公诸世界以促起全人类对敌人残暴兽性之认识等由。除函请仍将继续研究之结果函告外,相应先行检同华西大学试验报告原文一件,并电复查照为荷。

军令部删二信渝

(台北"国史馆"020 - 990700 - 0050)

俞飞鹏关于敌机在金华投掷鼠疫杆菌并鄞衢两县鼠疫疫情致蒋介石呈

(1941 年 2 月 23 日)

军事委员会委员长蒋钧鉴:

案奉钧会办四渝第 5097 号办四渝(二)麻代电,以据报去年十一月间敌机飞袭金华播散鼠疫病菌,除已饬交有关部会迅即会商统筹整个有效防止办法外,希饬属注意防范等因。查浙江鄞、衢两县发生鼠疫及敌机飞袭金华一带播散颗粒状物,经镜检为鼠疫杆菌一案。前据第二防疫大队队长刘经邦暨第五防疫分队队长齐树功等先后电报到部,当经本部卫生处商由战时防疫联合办事处邀集卫生署、军医署等有关机关开会研讨,签以敌机直接散布鼠疫杆菌较少可能。本案应俟其培养检查及动物接种得有结果,再行会商一面电饬各该队会同各有关地方卫生机关加紧防治,仍将检查结果电复以凭核办。去后,旋据复称鄞县至戌刚止,死居民 82 人;衢县至亥微止,死居民 23 人。尔后均无新发患者。敌机所投颗粒,因递送时间过久,培养结果除杂菌发育外,不能检得鼠疫杆菌及其他原菌,因亦未施动物结种,惟此项鼠疫发生均极迅速并无一般鼠疫流行病学上先行预发之象征及大量死鼠之发现,且鄞、衢两县鼠疫发生之前,均经敌机投掷小麦谷类及跳蚤等物,疫区亦与上项投掷物散布区域一致。此项培养检查虽因传递时间过久,未有结果,然证以上情似不难判定系敌机散布病菌等情;前来复经本部卫生处商由战时防疫联合办事处推派该办事处主任委员容启荣驰往浙江实地调查,以昭详慎在案。奉令前因，除俟据容主任委员调查确实，会商整个有效防范办法再行呈核外，理合先将防治浙江鼠疫暨调查敌机散播病菌经过情形呈复鉴核。

职俞飞鹏丑梗子防印

（台北档案管理局 B5018230601/0029/803/0824）

卫生署署长金宝善关于衢县鼠疫疫情案致军委会蒋委员长电

（1941 年 4 月 30 日）

军事委员会委员长蒋钧鉴：

本署三十年四月十一日卅防第5015号防卯真代电密陈关于衢县再度发生鼠疫一案，经奉钧会本年四月十八日办四渝字第18155号办二二巧代电令知在案。谨将自本年四十一日以后续获关于衢县鼠疫疫情分陈如下：

（一）福建省卫生处处长陆涤寰处长佳（九日）电称："衢县七日起疫势似减定，佳（九日）开防疫大会举行全城大扫除，熏蒸工作，封锁鼠粮，改善房屋等积极防疫事项。"

（二）浙江省卫生处陈万里处长灰（十日）电称："本处已派防疫队在衢工作，钧署第十七医防队已到达。陆处长灰（十日）回闽，留灭鼠工程员三人在衢工作。"

（三）又据陈万里处长文（十二日）电称："省拨衢防疫费五万元决加防疫机构，本处派员会同鲁专员负责办理"各等情。

除分别严饬加紧防治扑灭外，谨续电陈，敬祈鉴察。

卫生署长金宝善叩防卯陷印

（台北档案管理局 B5018230601/0029/803/0824）

卫生署署长金宝善关于衢县、义乌鼠疫疫情案致行政院电

（1941 年 11 月 5 日）

行政院院长蒋、副院长孔钧鉴：

查关于浙江衢县发生鼠疫一案截至本年六月止，所有疫情经过业经于本年七月一日以卅防9478号防午东代电续报钧院鉴察在案。谨将自本月七日以后所获有关各方面所报疫情各节，摘要电陈如下：

（一）本署医疗防疫队第四队大队长周振七月十二电："六月份鼠疫经检验证实者，病人四例，尸体七例共十一例，内肺鼠疫三例，死鼠证实为疫鼠者二十四只。七月上旬检验无阳性病例，死鼠证实为疫鼠者三只，疫势消灭。"

（二）军政部第四防疫分队七月十一日电："本月上旬发现疑似鼠疫，一人已死，疫鼠未发现。拆地板天花板及氰化钙灭鼠等工作已完成一四七四户，约占衢县五分之一，现仍在积极进行中。"

（三）本署医疗防疫队第一防疫医院电称："职院七月十四日迁衢。"

（四）本署医疗防疫队第四队大队长周振八月二十一日电："七月份无证实病例与尸体，疫鼠二十只。八月一日至十八日无病例，证实尸体七例，疫鼠十一只。"又九月一日电："八月份衢县鼠疫无新病例发现，尸体检验阳性者一例，死鼠检验一八七只内疫鼠十六只，活鼠八五只均阴性，印度蚤指数一点一。本月份训练完毕者有第一防疫医院一防十六队工作人员及保甲长及宪兵等。"及九月十二日电："衢县鼠疫七月起，无病例发现，惟疫蚤日增，城区挨户注射自微（午）日起齐行。"再该大队长十月一日电："九月衢县无鼠疫病例，死鼠三六九只内疫鼠二十只，活鼠一五九只内均无鼠疫，印度蚤指数二点一。自十月起在衢各队院男医助员均称调卫生工程队，先做灭蚤灭鼠工作，医护员作家庭访视，推进宣传及调查环境卫生"等情。

此外，并据报浙江义乌亦发生鼠疫，其疫情如下：

（一）浙江省卫生处十月九日电："义乌发现死鼠及嫌疑患者正检验中。"又十月十二日电："义乌鼠疫确定已死七人，病四人现正设法防治。"

（二）军政部第四防疫分队十月十一日电："义乌北街门牌六号及其对门六九号发现腺鼠疫，业经本队检验证实已死四人，病两人，死鼠□□□□病人及其家属已分别隔离留验。第一病例二日发病，六日死亡，其家属将尸体用被包裹送诸暨。"

（三）本署医疗防疫队第四路大队长周振十月十三日电："义乌鼠疫迄元（十三日）已死六人，死鼠续发现。十三日晚，本署医疗防疫队工程队队长过基同偕医防十六队工作人员启程前去，详情续呈。"

（四）浙江卫生处长陈万里十月十六日电："职本日抵义乌派柯主光技正

在该县主持。"

（五）本署医疗防疫队第四路大队长周振十月二十日电："义乌鼠疫迄十六日,死十二人。本署专员伯力士博士已于十八日赴义乌指导一切。"

（六）军政部第四防疫分队十月十五日电："义乌鼠疫及疫鼠已证实死十二人,发现死鼠五十二只。十月二十四日封锁疫区内有民众约三百人等"各等情,除分电各有关机关暨令饬本署在浙办理防疫人员通力协助防治扑灭,并加发大批鼠疫疫苗及血清及化学应用药品 Sulfathiazole 等外,谨续电陈,敬祈鉴察。

卫生署署长金宝善叩防戌微印

（台北"国史馆"014 - 011105 - 0009）

卫生署署长金宝善关于续陈义乌及金华鼠疫疫情案致行政院电

（1941 年 11 月 15 日）

行政院院长蒋、副院长孔钧鉴:

查本署于本年十一月五日以卅防 15468 号防戌微代电呈报浙江衢县、义乌两地鼠疫疫情及防治经过一案计邀钧鉴,谨再就各方所获义乌及金华两地鼠疫疫情续陈如下:

（一）本署医疗防疫队总队部十月二十五日电称："顷据本部第十六队电报义乌鼠疫删前死十二人,正极力扑灭中。"

（二）浙江省卫生处处长陈万里十月二十三日卫六三方字第 1894 号酉9923 礼方代电称："查义乌发生鼠疫后,处长为求明了疫区实际情形并其策动义乌附近各县共同防范起见,当经于十月十五日率同本处科长王毓榛技正、方植民技佐、魏月仙本处省会卫生事务所主任、医师陈世昌等出发至义乌、金华、兰溪、浦江等县视察,并指导一切防治工作及在金华、兰溪两县各开防制鼠疫卫生展览会,历时七日,于同月二十日返省。"所有各该县视察及指导经过情形,兹扼要报告如次:

（1）义乌疫区为该县城区北门街一带稠城镇第十三保,全保人口计有二五九人。据卫生院调查所得,最初发展之鼠疫病人为北街第六号居民,名为郦寇明,男性,年龄二十四岁,浙赣铁路义乌站卖票员,于十月二日发病,六日死达,人数截至十五日止计有十一人。十六、十七日均无新病人发现,惟死鼠经检验阳性者仍陆续有发见。全保人数除已死亡十一人并留验者五人外,余于该县举行隔绝疫区交通以前迁避在外,已严饬该县府责成保长务须将迁避在外之人数详细调查登记并饬于十七日晚举行全城户口密查,期能发觉一有疫区居民迁徙而来者即予追回留验。一面并将原有隔绝交通之区域向外扩大,重行划定区域,隔绝交通已示严密。灭鼠工程分三组于十七日起从新划定区域,自外向疫区进行工作,预防注射亦已普遍实施,并派员指导中学生担任宣传工作,处长到县后出席该县防疫委员会会议一次,指示如何健全机构、如何联系工作,以为当前关于防疫上之必要措施等等,并曾召集全城保长谈话。现在该县担任防疫技术上工作之单位,除本处由技正柯主光率领之临时第二防疫队一部分人员暨该县卫生院人员外,尚有钧署第四医疗防疫大队过工程师基同,第十六医疗防疫队人员,军政部第四防疫分队人员等。

(2)在金华参加第四区专员公署召集之防疫会议一次,召集城区医师谈话一次,并向城区保甲长暨三民主义青年团服务队人员谈话各一次,指示该县应迅即筹款设置隔离病舍及留验所。所有人员编制暨设备标准均已由处订定交县遵办,不日即可设置完成。该县二十日举行全城清洁检查并指导该县须有医师参加工作,期能一发现鼠疫之疑似病人,即予隔离及施行其他必要之工作。又指定该县福音医院派检验员一人至义乌见习鼠疫之检验工作,极短期间内见习完毕回县,再另由本处派检验员一人帮同检验城区所有收集之死鼠。万一如有染疫之鼠可获早期发现,并及早开展防治工作,以杜蔓延也。如宣传工作,本处曾假该县县政府于十七、十八两日举行卫生展览会,参观者数千人。

(3)十九日在兰溪由该县县长召开该县放疫委员会会议并邀集当地医师谈话,处长出席指导一切,诸如筹集防疫经会、设置隔离病舍、留验所,举行全城清洁运动,收买死鼠,检验鼠类健全防疫机构等工作,均有决议短期内即可实施。当日,本处卫生展览会即在该县举行,民众极为注意,一日间参观者即有二十人。

(4)浦江于十八日由该县县长召开全县防疫会议,本处方技正出席指导,确筹防经费筹设隔离病舍及留验所,组织疫情报告网推动环境卫生,据点宣传工作,派医随时盼查病例等诸类工作。该县各界深感鼠疫之严重性,均当表接受短期内务可一一实施并祈鉴核。

(三)十一月八日据本署医疗防疫队总队部呈阅,医疗防疫队第十六队查称:"义乌六日发现鼠疫。"

(四)浙江省卫生处处长陈万里十一月六日电称:"义乌疫情截至微(五日)止,疫死十八人,治愈三人,金华方岩均已进行死鼠检验。本省保安处电敌由沪运疫菌至杭有转运浙东散放企图。"

(五)十一月十日据本署医疗防疫总队部转报:"医防第十六队调义乌工作,于十月十四日到达。"

(六)浙江省卫生处陈处长万里十一月八日电称:"据报金华发现疫鼠,已派柯技正商洽防范"各等情。

除分别严饬浙江省卫生处及本署医疗防疫队切实与军政部防疫大队合作,竭力防堵扑灭并续发大量防治器材外,谨电呈,敬祈鉴察。

卫生署署长金宝善防戌删印

(台北"国史馆"014 - 011105 - 0009)

卫生署署长金宝善再陈义乌疫情及派员前往指导防疫工作致军委会蒋介石呈

(1941 年 11 月 26 日)

军事委员会委员长蒋钧鉴:

本署三十年十一月十五日卅防第 16036 号防戌删代电密报防治义乌鼠疫疫情各节计邀钧詧,谨再将所获各方疫情续陈如次:

(一)据本署医疗防疫队总队部本年十一月十五日渝二字第 1088 号转呈第十六队队长林伯璋十月二十日报告称:"本队于十四日到达义乌,十五日开始工作。据查本月二日先有火车站职员郑寇明突感急性疾病,六日即死。复查五日靠近火车站北门一带之六十九号、四十四号等住户共计患者十人,均告死亡。十一月经伯力士(本署外籍专员派往浙江协助防疫工作)将检验物检查结果确断为鼠疫。十三日离十五里许之乡村死一人,十三日北门附近又死一人,至今未有续发。惟死鼠常有发现且有扩大疫区之势,经检验结果多数均系疫鼠,该县已于十二日成立一防疫委员会,系县长亲自主持且将北门一带严密封锁。本队及过工程师到达后即积极预防注射及灭鼠灭蚤等工作,省方并派柯主光来义,浙江省卫生处陈处长亦于十六日抵义视察,军政部亦派员在此协助伯力士,于十八日亦已到达。此间工作,本队工作迄今二十日为止,经注射者已有一千六百人"等情;复据该总队同日渝二字第1110号代电转据第四路大队部过工程师基同十月二十日电称:"最近义乌鼠疫在九月底发现死鼠首例,病人在十月八日发现至二十日止,共死十一人。二十四日续发现五例内败血型一例、腺疫一例,疑似三例死,四例一例病危。疫区现已封锁并组队在疫区内折毁天栅、地板,毁灭鼠巢,并于二十四日已开始用氰化钙灭鼠,分为十区,预计二十天完毕。全城实行大扫除及清洁检查、预防注射火车已未在义乌靠站等情。"

（二）据战时防疫联合办事处呈阅军政部第四防疫分队十一月二日电称:"义乌鼠疫十月二十四日死二人,二十八日死一人,检验均阳性,七月车站发现疫鼠一头等语入。据伯力士专员报告节至十月二十四传染共达二十二人,均严重。"以上疫情已由战时防疫联合办事处通报各有关机关注意防范,除另由本署加发大量防治器材并转饬加紧防治勿任蔓延,及将办理情形随时报署,再行转陈外,谨电钧鉴。

卫生署署长金宝善叩防戌寝印

（台北档案管理局 B5018230601/0029/803/0824）

徐安纶关于填送防痨工作调查表案致浙江省卫生处电

（1946 年 12 月）

浙江省卫生处代电:

各县卫生院鉴,准卫生署防痨设计委员会十一月卅日检送各有关县市拟办防痨工作调查表一份到处。除分电外,合亟抄发是项调查表一份,电仰转发各公私医院分别填明呈送二份来处,以凭存转为要。

处长徐安纶卫（卅五）三亥铣印

附抄发各有关县市拟办防痨工作调查表一份。

浦江卫生院霍乱情形调查报告表

（1946 年 9 月 12 日）

姓名	性别	年龄	住址	发病日期	经过症状	治愈或未愈	死亡	日期	备考
郑永华	女	13	玄鹿乡旧山郑	九.四	吐泻大便呈米泔汁液,腓肠肌痉挛等征	未愈			
郑氏	女	74	仝	九.五	仝	未愈			
郑小钟	女	32	仝	九.六	仝	未愈			
郑志甫	男	7	仝	九.一	腹痛吐泻,大便如米泔汁,眼窝陷没,皮肤厥冷,口唇作紫蓝色,脉搏不能触知,病人旋即陷入极深之昏睡,过数小时即因心脉麻痹而死。		死	九.一	
郑春水	男	34	仝	九.一	仝		死	九.一	
赵永昌	男	5	圣云乡下泉	九.一〇	吐泻物呈米泔汁。体温下降,脉搏沉细,腓肠肌痉挛等征。	未愈			正在隔离治疗中
吕黄氏	女	53	圣云乡下泉	九.一〇	仝	未愈			仝
张陈氏	女	33	圣云乡下泉	九.一〇	仝	未愈			仝
方郑氏	女	53	圣云乡下泉	九.二	腹痛,吐泻,大便如米泔汁。眼窝陷没,皮肤厥冷,口唇呈紫蓝色,脉搏不能触知。病人旋即陷入极深之昏睡,过数小时即因心脉麻痹而死。		死	九.二	

续表

姓名	性别	年龄	住址	发病日期	经过症状	治愈或未愈	死亡	日期	备考
张若森	男	10	圣云乡下泉	九.二	仝		死	九.二	
刘氏	女	54	圣云乡下泉	九.三	仝		死	九.三	

（浦江县档案馆 L02 - 1 - 858）

浙江省卫生处关于乐清县鸿桥发现疑似鼠疫病人案致卫生部电

（1947 年 8 月 28 日）

南京卫生部钧鉴：

本省乐清县鸿桥发现疑似鼠疫病人二例，已派医防大队严防，谨电鉴核。

浙江省卫生处未俭三印

（台北"国史馆" 028 - 040000 - 0242）

左吉、吴云鸿关于温州、瑞安、乐清鼠疫疫情致卫生部电

（1947 年 9 月 2 日）

南京卫生部部长周钧鉴：

据本处第二检疫站本年八月十四日代电先后报称："以准温州公立传染病院八月十三日函报收容腺鼠疫患者一例，名潘岩弟，驻该县东门陡门头海棠理发店，已派员前往消毒并接种。又浙江省医疗防疫大队第一医疗防疫队函送瑞安县城内八月二日腺鼠疫患者蒋物时一例，乐清县虹桥镇八月七日腺鼠疫患者冯林氏一例疫情报告表各一份。该两地已由浙医防队派员常川防治各。"等情；除月终汇案填表呈报外，谨先电呈鉴核。

职左吉公出

技正吴云鸿代申冬

（台北"国史馆" 028 - 040000 - 0242）

卫生部关于温州发现肺鼠疫请加紧防治案致浙江省卫生处电

（1947 年 10 月 1 日）

杭州浙江省卫生处：

前据该处卫三午微电以："温州发现肺鼠疫五例,经镜检确实。"等情；业经转饬本部东南鼠疫防治加紧防治,并转饬各检疫站注意检疫在案。兹据东南鼠疫防治处称："案经饬据本处驻浙江温州第二检疫站云云,理合呈复仰祈鉴核。"等情；合行电仰知照。

卫生部防(36)申东印

（台北"国史馆" 028 - 040000 - 0242）

关于永嘉发现鼠疫案致卫生部呈

（1947 年 11 月 21 日）

卫生部钧鉴：

永嘉十一月十七日、二十日鼠疫各一例,死一。防处二十一日。

（台北"国史馆" 028 - 040000 - 0242）

卫生部关于兰溪首次发现鼠疫请严密防治案致东南鼠疫防治处、浙江省卫生处电

（1947 年 11 月 26 日）

东南鼠疫防治处、浙江省卫生处：

关于兰溪发现鼠疫,前据浙省卫生处,该处电据经指示在案。顷接兰溪卫生院及浙江省医防大队第二队电报："案内前情；并称已组设防疫会积极防治。"等情。查兰溪住钱塘江上游首次发现鼠疫,倘不及时遏止,蔓延堪虞,应即转饬所属严密协同防治,并将疫情随时报部。除分电浙省卫生处、东南鼠疫防治处外,合亟电仰遵照为要。

卫生部防(36)戌寝印

（台北"国史馆" 028 - 040000 - 0242）

卫生部关于永嘉发现鼠疫请注意防治并将疫情汇报事宜致浙江省卫生处电

（1947 年 11 月 26 日）

浙江省卫生处：

　　顷据东鼠疫防治处廿一日电报称："永嘉十一月十七日、二十日发现鼠疫各一例，死一。"等情；仰转饬注意防治并将疫情报部为要。

卫生部防（36）戌寝印

（台北"国史馆" 028－040000－0242）

浙江省兰溪县卫生院长江本进、浙江省医疗防疫大队
第二医防队医师兼代队长王天恒关于兰邑鼠疫案致卫生部呈

（1947 年 12 月 3 日）

南京卫生部周部长钧鉴：

　　兰邑死鼠甚多，病人继续发现，居民陈恒弟、周樟汝二人患本病已入隔离室治疗。除加紧防治外，特电呈报。

　　浙江省兰溪县卫生院长江本进、浙江省医疗防疫大队第二医防队医师兼代队长王天恒赚印仝叩

（台北"国史馆" 028－040000－0242）

浙赣铁路局局长侯家源关于兰溪发生鼠疫疫情案致卫生部电

（1947 年 12 月 15 日）

南京卫生部公鉴 O 密：

　　据本路金华诊所亥文（十二月十二日）电称："兰溪发生鼠疫，截至十二月八日止患者共十一人，死三人，住院医治者九人，经检验结果均属阴性，八日后幸未再发。"等情；特电请查照。

浙赣铁路局局长侯家源叩亥删（十五日）总文（5104）

（台北"国史馆" 028－040000－0242）

查良钟关于兰溪暂无病例致卫生部电

(1947 年 12 月 18 日)

南京卫生部 O 密:

兰溪八日后无新病例。职等二十日去上饶,二十四日赴南昌。

职良钟叩十八日

(台北"国史馆" 028 - 040000 - 0242)

浙赣铁路局关于兰溪、上饶、沙溪疫情案致卫生部电

(1947 年 12 月 18 日)

南京卫生部公鉴 O 密:

据本局金华诊所亥铣电称:"(一) 兰溪本日前患者九人;(二) 本日新患者无;(三) 本日前死亡者三人;(四) 本日死亡者无。"又据上饶诊所亥篠电称:"(一) 上饶本日前患者无;(二) 本日新患者无;(三) 本日前死亡者二十一人;(四) 本日死亡者无。沙溪十五、十六两天均无新患者。"等情。谨电请察照。

浙赣铁路局叩亥皓(十九日)总医五一八四号

(台北"国史馆" 028 - 040000 - 0242)

浙赣铁路局关于兰溪疫情案致卫生部电

(1947 年 12 月 22 日)

南京卫生部公鉴 O 密:

据本局金华诊所亥巧电报疫情:"兰溪(一) 本日前患者九人;(二) 本日新患者无;(三) 本日前死亡三人;(四) 本日死亡者无。"等情。谨闻。

浙赣铁路局亥养(廿二日)总医五二四九号

(台北"国史馆" 028 - 040000 - 0242)

东南鼠疫防治处关于兰溪鼠疫并严密防治案致卫生部部长呈

(1947 年 12 月 23 日)

南京卫生部部长周钧鉴:

浙江兰溪鼠疫字十二月八日后,迄未发现新病例。综计该县自十一月十六日至三十日止,共发现鼠疫患者廿三例,死亡五例。除令本处第二检疫

站及第六巡回队严密防治,期迅速清外,敬电鉴核。

卫生部东南鼠疫防治处(36)亥梗印

（台北"国史馆"028－040000－0242）

浙江卫生处关于永嘉疫情致卫生部电

（1948 年 3 月 19 日）

南京卫生部 O 密：

永嘉县十六日鼠民一阳性。

浙江卫生处寅皓(十九日)叩

（台北"国史馆"028－040000－0242）

长兴卫生院关于发现天花致卫生部电

（1948 年 4 月 16 日）

南京卫生部：

卯删发现天花三例,验实报。

省浙江长兴卫生院叩

（台北"国史馆"028－040000－0242）

浙江省卫生处关于永嘉、乐清、瑞安、兰溪应修正疫情统计报表
数字案致卫生部电

（1948 年 4 月 24 日）

卫生部长周钧鉴：

防 37 字第 5735 号代电暨附浙江省三十六年度鼠疫统计审核表。均奉悉。查表列永嘉十一月中旬鼠疫患者施黄氏一例,本处以未接该地卫生机关之通知及报告无案可稽。乐清六月下旬鼠疫患者计郑氏一例,据省医防大会呈送传染病调查表内查有其名,然仅凭临床诊断未经镜检确实,且未送鼠疫病例纪录表,故未列入。至于瑞安与兰溪疫情统计报表数字应修正各点,已遵电修正。奉电前因,理合电复,仰祈鉴核。

浙江省卫生处卫三卯回叩

（台北"国史馆"028－040000－0242）

卫生部关于乐清县疫情报告不准确需补报案致浙江省卫生处电

（1948 年 7 月 1 日）

浙江省医疗防疫大队卅七年六月七日技字第 1815 号代电及附件。均悉。查前据乐清县卫生院报告本年五月间乐清东联乡亦发现鼠疫患者七例（小东洋四例、连桥三例），死亡六人，并经镜检证实。龙门乡尚有吴乃姆一名，于五月十二日起病，十五日治愈等情；惟报告内均无此项纪录，该队对于疫情调查殊欠详画，又报告中未述及工作实施日程。合行电仰知照并查明补报为要。

卫生部(37)巳东印

（台北"国史馆"028－040000－0242）

东南鼠疫防治处处长左吉关于乐清、瑞安疫情报告表案致卫生部部长电

（1948 年 8 月 5 日）

南京卫生部部长周钧鉴：

案据本处温州第二检疫站温检(卅六)字第 98 号呈称："案准浙江省医疗防疫大队第一医疗防疫队防字第一零一号公函为乐清虹桥镇发现鼠疫病例，已死一人。该地自本年三月以来，陆续发现大量死鼠。"检附调："查纪录暨瑞安县一至六月份收至鼠疫患者统计表各一份，请查照。"等由；"除乐清虹桥已派职站技士赵倬前往翔实查报外，理合抄同报告表、统计表各一份备文呈报鉴核备查。"等情；附表。据此，除令饬该站严加注意外，理合抄同原表，谨电鉴核。

卫生部东南鼠疫防治处处长左吉未防（微）

乐清县虹桥镇
六月份下旬鼠疫病例报告表

日期	姓名	性别	年龄	详细地点	诊断	结果	备考
25	计郑氏	女	50	乐清县虹桥镇七门第 11 号	腺鼠疫	死	

瑞安县一至六月份鼠疫患者统计表

月份	病型	性别	患数	治愈	死亡	共计
一	腺	男	2	2		10
	腺	女	2	2		
	肺	女	4	3	1	
	败血	男	2			
二	腺	女	1	1		2
	败血	男	1	1		
三	腺	男	4	1	3	5
	肺	女	1	1		
四		男	13	3	10	22
		女	9	6	3	
五		男	3	2	1	8
		女	5	5		
六		男	3	1	2	5
		女	2	1	1	

驻在地：浙江瑞安

（台北"国史馆" 028-040000-0242）

卫生部关于乐清虹桥镇发现鼠疫病例须积极防治案致浙江省卫生处电

(1948 年 8 月 20 日)

浙江省卫生处:

　　据本部东南鼠疫防治处八月五日榕(卅六)防字第 942 号代电:"以转据报乐清虹桥疑似发现鼠疫病例,已死一人。该地自本年三月以来,陆续发现大量死鼠,除饬严加注意外,检同报告表谨电核。"等情;合亟电仰注意并转饬该县卫生院及医防队积极防治,以杜蔓延。并应据照规定填报疫情报告为要。

卫生部防(36)未哿印

(台北"国史馆" 028 - 040000 - 0242)

三、湖南

军医署长卢致德关于敌机在常德空投鼠疫杆菌
并发生疫情案致军委会委员长呈

(1941 年 11 月 28 日)

重庆军事委员会委员长蒋钧鉴:

　　三十年十一月十九日侍秘字第 10123 号戌皓侍秘代电奉悉,遵查本署前准第六战区司令长官部卫生处兼该战区兵站总兼部卫生处陈处长立楷戌删电称:"本月支日,敌机一架在常德低空投散谷麦及絮状物。经当地广德医院显微镜检查,及腹水培养发现类似鼠疫杆菌。至十二日晨发现民众患者一名,在广德医院治疗,十三日死亡。经血片检查及尸体解剖,将脾脏抽出液,以寒天培养,均现鼠疫杆菌。十四日晚该死者之邻居又发现患者一名,血液及鼠蹊淋巴液镜检亦发现同样杆菌。"等语;当经会同卫生署分别派遣防疫及细菌检验专员暨防疫队悉带防治鼠疫材料,过日前往常德协助防治,详细检验具报,并会衔卫生署于本月二十二日以卫(30)戌渝字第 801730 号戌养代电,将派员防治常德鼠疫情形暨拟防制敌机散播鼠疫实施办法报请鉴核在案。至于敌机在桃源投散含有病菌颗粒一节,本署尚未据报。除已分电前往常德之第六战区司令长官部卫生处兼该战区兵站总监部卫生处晨处长立楷就近派遣细菌、检验专员,过日前往桃源实地调查检验具报并设法预防外,谨电呈复,伏乞鉴核备查。

军医署长卢致德卫渝

(台北"国史馆"001－134223－00001－000)

关于宣布敌寇暴行希与卫生署商洽办理案致宣传部王部长电

(1941 年 12 月 15 日)

宣传部王部长:

据湖南薛主席真电,称上月支辰在本省常、桃散播颗粒,常德因以发生鼠疫,先后染疫民众二十二人,死十五人,经各方细菌专家、医师会同研究检验,证实敌机所播确系鼠疫杆菌。惟此疫性烈,随时爆发堪虞,除饬密防治,期绝根株外,理合电恳宣布敌寇暴行并通饬一体严防等语;除防治鼠疫办法业经行政院规定有案,并电复外,关于宣布敌寇暴行一节,希与卫生署商洽办理为要。

中亥删侍秘

(台北"国史馆"001－134223－00001－000)

卫生署署长金宝善关于常德疫情及确为敌方所为致军委会委员长呈

(1942 年 1 月 3 日)

军事委员会委员长蒋钧鉴:

案查此次常德发生鼠疫,本署先后据报证实病例已有八人,所有疫情业经编呈第十二号鼠疫疫情紧急报告送请鉴核在案。兹据本署派往常德防疫外籍专员伯力士博士(Dr. Pollitzer)自常德艳电称:"常德鼠疫按情况证据确敌方所为,最后疫情发现于哿(十二月廿日)日,惟迄今无疫鼠发现,仍须继续考查详情,另行快函呈报"等情,除俟详函到署另电呈报钧会外,谨先电陈,敬祈鉴詧为祷。

卫生署署长金宝善叩防子江印

(台北档案管理局 B5018230601/0029/803/0824)

王诗恒《常德鼠疫及其防治措施》①

（1942 年）

Report on plague in Changteh and measures for its control by

Wang Sze Heng

Acknowledgment

I must express my sincerest gratitude to Dr. R. Pollitzer for his invaluable encouragement and advice in this work and his kindness in giving me permission to use his data. I am also much indebted to Dr. C. J. Chen for his constant encouragement and suggestions made on this paper.

S. H. Wang

July 20th, 1942

PART ONE: Study of Rats, Fleas, and Human Cases of Plague in Changteh

A. History of the Outbreak

B. Study of Human Plague

C. Study of Rodents

D. Study of Fleas

E. Discussion of Study

PART TWO: Detailed Discussion of Measures for the Control of Plague

A. Measures in Plague-infected Districts

B. Measures around foci of Infection

---

① 1942 年,王诗恒作为贵阳医学院学生被派遣参加了常德防疫,事后她用英文将防疫经过写成毕业论文,当时在常德指导鼠疫防疫的国际红十字会防疫专家伯力士(R. Pollitzer)进行了指导。论文是最完整的关于常德细菌战鼠疫的流行病观察报告,现存于中国第二历史档案馆。

SUMMARY

REPORT ON PLAGUE IN CHANGTEH AND MEASURES

FOR ITS CONTROL

PART ONE

Study of Rats，Fleas，and Human Cases of Plague in Changteh

A. History of the outbreak：

We are engaged in the fighting of a bacteriological warfare，the terrible pest first introduced into this province of Hunan by the enemy. In the early morning of November the 4th, 1941，one Japanese airplane flew very low over the city of Changteh and dropped some unshunked rice and cotton pieces at Kwan-mia Street（关庙街）and Chi-n Lane（鸡鹅巷）which are near the center of the city. These things were collected and sent to the local hospital（Kwangteh Hospital）for analysis. Smear from them showed some Gram-negative bipolar-stained bacilli very suggest of B. pestis together with some sort of Gram-positive bacilli. Culture also done and the same sort of Gram-negative bacilli were found. But animal experiment with rabbits failed to show any result while white mice and guinea pigs were unobtainable at that time. On November the 11th it was said among the people that many dead rats were found at Kwan-mia Street and Chi-n Lane and several people there died of acute illness in one or two days. Unfortunately no rats were sent to the hospital for examination and no such sick people came to the hospital until the morning of November the 12th 1941 when a girl from Kwan-mia Street，acutely ill，was brought to the Kwangteh Hospital by her mother. Blood smear from her showed the presence of bipolar-stained bacilli. She died in the next morning，only thirty six hours from the onset of her illness. Post-mortem examination was done and revealed the case to be even more suspicious of plague. Three more cases，one dead body and two patients, were examined and found to be positive for the same sort of bacilli on Nov. 13th and 14th. It was not until Nov. 24th when the fourth patient who came into our hands gave us a chance to prove the existence of plague by successful animal inoculation of guinea pigs. No doubt the first four cases must be plague and probably also some of those who died of acute illness shortly before Nov. 12th. The existence of plague was scientifically proved. As there is no written record of plague infection ever existed in Hunan and the sudden appearance of many dead rats and rapidly dying patients at places where suspicious plague-infected rice and cotton were dropped and exactly at an interval of time quiet consistent with the incubation period of plague undoubtedly confirmed the enemy as the introductory agent of this plague exploded in Changteh. A study of the 18 human cases and 23 dead bodies of plague, of the 1879 examined rats and of the 3536 fleas collected form the examined rats during the period of Nov. 12,1941 – Jun. 30,1942.

B. Study on Human Plague:

The first case we encountered was a 12-year-old girl from Kwan-mia Street sent to the Kwangteh hospital on Nov. 12th. She presented a typical clinical picture of septicemia plague and plague bacilli more demonstrated in number-right the peripheral blood on first day of admission and numerous in number before death. Two more cases of plague (Tab. I case No. 2 + 3) both of typical of the both bubonic type, were seen on Nov. 13th and 14th and both died soon afterwards. In the morning of Nov. 14th a doctor in the Red Cross Unit stopped a coffin on the way and seen the dead body for post-mortem examination as soon as he found the history suspicious. B. pestis was again demonstrated in smears taken from liver and spleen (Tab. I case No. 4). On Nov. 24th a bubonic case of plague was reported and examined and the diagnoses of plague was made both clinically and bacteriologically. Dr. W. K. Chen(陈文贵) was then in Changteh and he performed guinea pig inoculations which afterwards proved to be positive. The existence of plague was then definitely confirmed. Orders and therefore sent out that all sick and dead must be reported and examined. In this way we obtained our case on record in Table Ⅰ. Patients who are suspicious or definitely proved to be suffering from plague are immediately sent to the Isolation Hospital out side of East Gate and contacts segregated for close watch. Partial post-mortem examination was done with the dead bodies instead of a complete one as the latter was more dangerous and aroused more general resentment of the people. Those □ (推测为 considered) suspicious or definitely positive for plague were at first burned but later this method was abandoned because of the strong objectors of the people. Such dead bodies were then buried in public cemetery especially for this purpose instead of being burned. Of course there must be many cases which we missed since no quarantine station or guard were installed during the first few months and intelligence service was poorly organized. The people also tried every means to hide the sick and the dead in order to avoid of being quarantined or examined post-mortem. There are only 2 cases in December (Tab. Ⅰ＋Ⅲ), and one in January, none in February, and two in the last third of March. In April the incidence of human plague suddenly shoot up. 20 out of the total 39 cases examined in April were found to be definitely positive and three suspicious. Among the positive ones there was one 5-year-old boy (Tab. Ⅰ case No. 11) who had sudden □ (推测为 onset) of high fever with rigidity of neck and soon fell into somatic (推测为 comatose) condition. Cerebrospinal fluid withdrawn was clear but slightly under pressure and microscopically no definite organisms were found, while his blood smear was definitely positive for B. pestis. This might be a case of plague meningitis. There are two female cases (Tab. Ⅰ Case No. 16＋17) from one Chen family. One was of the bubonic type with septicemia and another had tender glands at groin and later developed secondary pneumonic plague. They both died soon after admission. For the rest of the cases refer to Tab. I.

The first patient was treated with sulfanilamide together with general symptomatic treatments, while the other cases during the early months were mostly seen too late to allow any treatment. Since March we had got sulfathiazole and began to treat patients with it, a new treatment first tried in India. Up to then all the patients who came into the hospital died and this made the people even more reluctant to be sent there when they got sick. Since April 11th we had five cases who finally did recover and left the hospital in good condition through sulfathiazole treatment. Among these five there was one pneumonic patient(Tab. I Case No. 18) and four bubonic patients(Case No. 23 24 27 31) of which two came from one family (Case No. 23 24), that patient suffering from primary pneumonic plague is a single man who serves as a reporter in the local newspaper. He was admitted on the third day after onset of disease. Fortunately no more pneumonic patients □red（推测为 occurred）in the same place. No case of septicemic has so far been cured. There has been no bad effect of sulfathiazole in our trial extent slight and passing hematuria in few instances, and some patients even tolerated more than 200 tablets.

There were 5 cases in May, 2 in first half of July and no case since then. A detailed record of the human cause and analysis of the cases with regard to age and sex locality and types of the cases can be seen in Table II A. B. C. and the map.

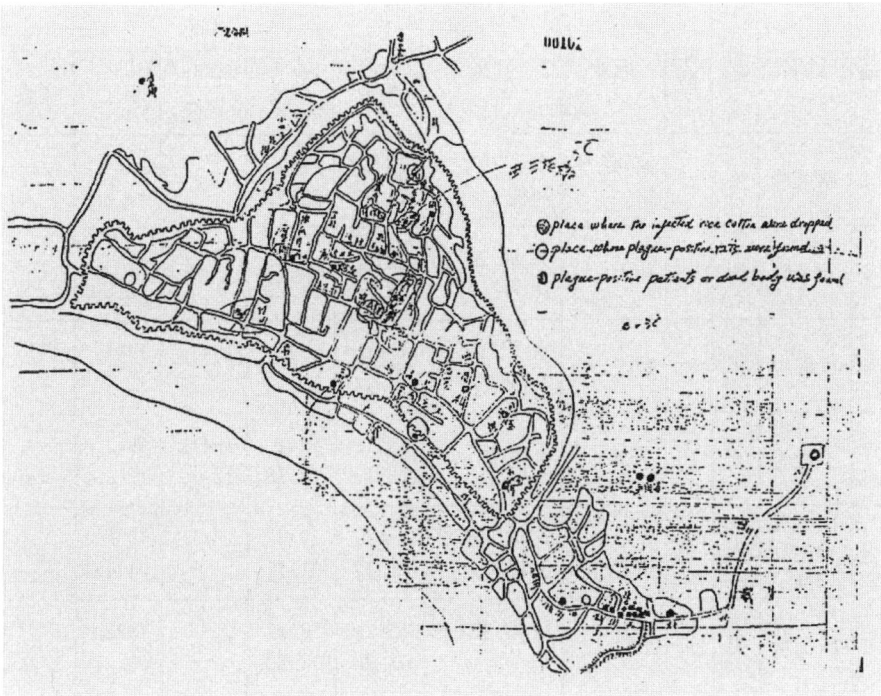

Place where the infected rice cotton were dropped

Place where plague-positive rats were found

Plague-positive patients or dead body was found

Table Ⅰ Detailed Record Of Hunan Plague In Changteh Nov. 12, 1941 - June. 30, 1942

序号	姓名	性别	年龄	职业	住址	时间				
						报道	病发	送往医院	死亡	痊愈
1	蔡桃儿	女	12		关庙街蔡洪盛号	1941.11.12	1941.11.11	1941.11.12	1941.11.13	/
2	徐老三	男	25	工人	北门内皂角湾	1941.11.14	1941.11.12	1941.11.14	1941.11.14	/
3	聂述生	男	58	商人	启明镇（府庙街）	1941.11.13	1941.11.12	/	1941.11.13	/

序号	姓名	性别	年龄	职业	住址	时间				
						报道	病发	送往医院	死亡	痊愈
4	蔡玉珍	女	27	家庭主妇	东门内长清街	1941.11.13	1941.11.12	/	1941.11.24	/
5	龚超胜	男	28	仆人	关庙前街18号	1941.11.24	1941.11.23	/	1941.12.20	/
6	王瑞生	男	38	铜匠	东门内永安街	1941.12.14	1941.12.13	1941.12.14	1941.12.14	/
7	王贵秀	女	15	小贩	三板桥	1941.12.19	1941.12.18	1941.12.19	1941.12.20	/
8	胡嫂	女	30	仆人	关庙街杨家巷	1942.01.13	1942.01.11	/	1942.01.13	/
9	向玉新	男	50	小贩	华严巷52号	1942.03.26	1942.03.20	/	1942.03.26	/
10	陈孔绍	男	52	保长	关庙街湖南旅社	1942.03.28	1942.03.22	1942.03.28	1942.03.28	/
11	陈维礼	男	5		皂果树(道门口义成烟店)	1942.04.02	1942.03.30	1942.04.02	1942.04.05	
12	蒋家祖	男	45	小贩	北门内长巷子32号	1942.04.03	1942.04.01	/	1942.04.02	/
13	邓乐群	男	32	记者	卫门口县党部	1942.04.07	1942.04.05	1942.04.06	1942.04.12	/
14	杨梅青	男	8	学生	五铺街(启明镇)	1942.04.07	1942.04.01	/	1942.04.06	/
15	张金斗	男	15	公务员	府坪街军稽查处	1942.04.09	1942.04.01	/	1942.04.06	/
16	陈云	女	33	家庭主妇	法院西街34号	1942.04.09	1942.04.06	1942.04.09	1942.04.11	/

续表

序号	姓名	性别	年龄	职业	住址	时间				
						报道	病发	送往医院	死亡	痊愈
17	陈淑钧	女	14		法院西街34号	1942.04.11	1942.04.06	1942.04.09	1942.04.11	/
18	葛大亮	男	27	记者	三间岗	1942.04.13	1942.04.09	1942.04.11	/	1942.05.19
19	余罗氏	女	26	家庭主妇	三板桥	1942.04.14	1942.04.10	/	1942.04.12	/
20	毛仁山	男	60		五铺街115号	1942.04.15	1942.04.11	/	1942.04.12	/
21	周黄氏	女	74	家庭主妇	法院西街32号	1942.04.17	1942.04.11	/	1942.04.14	/
22	马保林	男	54	泥瓦匠	五铺街（启明镇）	1942.04.17	1942.04.15	/	1942.04.17	/
23	杨彼得	男	18	学生	五铺街90号	1942.04.17	1942.04.13	1942.04.17	/	1942.05.14
24	杨珍珠	女	20	学生	五铺街90号	1942.04.17	1942.04.14	1942.04.17	/	1942.05.19
25	陈华山	男	51	商人	五铺街106号	1942.04.18	1942.04.14	/	1942.04.17	/
26	袁罗氏	女	17	家庭主妇	清平乡4保	1942.04.18	1942.01.30	/	1942.04.18	/
27	谢建隆	男	32	记者	山间岗	1942.04.19	1942.04.16	1942.04.18	/	1942.05.21
28	唐珍秀	女	17	仆人	北门神巷子三圣宫	1942.04.19	1942.04.13	/	1942.04.19	/
29	李祝氏	女	68	家庭主妇	北正街33号	1942.04.19	1942.01.30	/	1942.04.19	/

续表

序号	姓名	性别	年龄	职业	住址	时间				
						报道	病发	送往医院	死亡	痊愈
30	黄周氏	女	49	家庭主妇	大河街	1942.04.20	1942.04.13	/	1942.04.19	/
31	杜玉甫	男	26	商人	下南门	1942.04.25	1942.04.24	1942.04.25	/	1942.05.18
32	梅张氏	女	49	家庭主妇	岩桥	1942.04.25	1942.04.17	/	1942.04.24	/
33	李泉婆	女	53	农民	五铺街79号	1942.04.30	1942.04.21	/	1942.04.29	/
34	李刘氏	女	37	家庭主妇	五铺街39号	1942.05.02	1942.04.30	/	1942.05.03	/
35	陈正陆	男	46	木匠	五铺街101号	1942.05.02	1942.04.22	/	1942.05.02	/
36	王保元	男	54	小贩	阴阳桥	1942.05.07	1942.05.05	/	1942.05.07	/
37	李丁氏	女	26	家庭主妇	双忠街22号	1942.05.09	1942.05.05	/	1942.05.07	/
38	顾卢氏	女	51	家庭主妇	孙祖庙41号	1942.05.10	1942.05.04	/	1942.05.07	/
39	戴氏	女	33	家庭主妇	五铺街妇训所隔壁	1942.05.17	1942.05.15	1942.05.17	1942.05.18	/
40	龙春生	男	51	商人	四铺街启明镇5保2甲4户	1942.06.03	1942.05.22	/	1942.06.02	/
41	赵丁生	男	13	商店学徒	三铺街10号同泰祥铁店	1942.06.13	1942.06.13	1942.06.15	1942.06.15	/

Patients（Underlined With Red Pencil）Altogether 18　　　Dead Bodies Altogether 23

Table Ⅱ　Analysis Of Human Plague In Changteh（Nov. 12. 1941 – June. 30. 1942）

A.　Incidents Of Human Plague Relative To Age

Age \ Month/Sex	11 男	11 女	12 男	12 女	1 男	1 女	2 男	2 女	3 男	3 女	4 男	4 女	5 男	5 女	6 男	6 女	总计 男	总计 女
0 – 9											2						2	
10 – 19		1	1								2	3				1	3	5
20 – 29	2	1									2	2	1				4	4
30 – 39			1			1					2	1		2			3	4
40 – 49											1	2	1				2	2
50 – 59	1								2	2	1	1	1	1			7	2
60 – 69											1	1					1	1
70 – 79														1				1
Total	3	2	2			1			2	2	11	9	3	4	1	1	22	19

B.　Types Of Cases

Month \ Types/Sex	Bubonic Plague Male	Bubonic Plague Female	Septicemic Plague Male	Septicemic Plague Female	Pneumonic Plague Male	Pneumonic Plague Female	Suspicious Type Male	Suspicious Type Female
11	2			2			1	
12	1	1						
1		1						
2								
3	1		1					
4	7	3	3	3	2	3	1	2
5	1		2	2				
6	1		1					
Total	13	5	7	7	2	3	2	2
Total	18		14		5		4	

C. Incidence Of Human Plague In Relation To Locality

区	Street Name	11 男	11 女	12 男	12 女	1 男	1 女	2 男	2 女	3 男	3 女	4 男	4 女	5 男	5 女	6 男	6 女	Total 男	Total 女
城区中心部	关庙街	1	1				1			1								2	2
	长清街		1															0	1
	华严巷									1								1	0
	府坪街											1						1	0
	法院西街												3					0	3
	卫门口											1						1	0
城东区	府庙街	1																1	0
	永安街			1														1	0
	五铺街											6	1	1	2			7	3
	岩桥												1					0	1
	三铺街															1		1	0
	西围墙															1		1	0
城南区	大河街												1					0	1
	下南门											1						1	0
	双忠街														1			0	1
城北区	皂角湾	1																1	0
	三板桥				1								1					0	2
	长巷子											1						1	0
	神巷子												1					0	1
	北正街												1					0	1
	孙祖庙														1			0	1
	阴阳桥													1				1	0

续表

Street Name (Month / Sex)		11 男	11 女	12 男	12 女	1 男	1 女	2 男	2 女	3 男	3 女	4 男	4 女	5 男	5 女	6 男	6 女	Total 男	Total 女
郡乡	皂角树											1						1	0
	山间岗											2						2	0
	清平乡												1					0	1
Total																		23	18

Time	Patients			Dead Bodies			Total Cases of Plague	
	Total examined	Positive	Suspicious	Total examined	Positive	Suspicious	Positive	Suspicious
11.12 - 11.30		2	1		2	0	4	1
12.1 - 12.15		1	0		0	0	1	0
12.16 - 12.31		1	0		0	0	1	0
Total for Dec.		2	0		0	0	2	0
1.15		0	0		1	0	1	0
1.15 - 1.31		0	0		0	0	0	0
Total for Jan.		0	0		1	0	1	0
2.1 - 2.15	1	0	0	0	0	0	0	0
2.16 - 2.28	0	0	0	0	0	0	0	0

Time	Patients			Dead Bodies			Total Cases of Plague	
	Total examined	Positive	Suspicious	Total examined	Positive	Suspicious	Positive	Suspicious
Total for Feb.	1	0	0	0	0	0	0	0
3.1 – 3.15	0	0	0	0	0	0	0	0
3.16 – 3.31	1	1	0	3	1	0	2	0
Total for March	1	1	0	3	1	0	2	0
4.1 – 4.15	9	5	0	6	6	3	1	1
4.16 – 4.30	10	4	0	10	5	3	7	3
Total for Apr.	19	9	0	20	11	0	20	0
5.1 – 5.15	2	1	0	4	4	0	5	0
5.16 – 5.31	1	1	0	0	0	0	1	0
Total for May	3	2	0	4	4	0	6	0
6.1 – 6.15	3	1	0	5	1	0	2	0
6.16 – 6.30	5	0	0	3	0	0	0	0
Total for Jun.	8	1	0	8	1	0	2	0

C. Study of Rodents:

Some of the rodents notably rats are well-known reservoirs of plague infection for men. The study of rats is therefore absolutely necessary during a plague epidemic. In Changteh no rats were examined until December 1941 when Dr. R. Pollitzer, the plague specialist, arrived at the city. Since then the rats have been properly studied by him. It has been so arranged that every man had to furnish weekly three rats, dead or alive, one dollar flea for the every one rat. But of course short of the difficulty for the rat collection was great and often there were not enough rats for study. Therefore the figures we have got for the percentages of the infected rodents was not absolutely accurate, but anyhow they can give us rough idea of the epizootic condition and it does seem to correspond with the epidemic. There were altogether 1879 rats examined during the period of December 24th 1941 to June 30th 1942(Tab. Ⅳ) of which 415 were found to be positive and 139 suspicious. The average percentages for the months January February and March were 20 percent but in April it shot up to 44. 40 percent, while from May it again declined. For detailed date please refer to Table Ⅳ and Chart. ⅠA. B. The daily percentages of infected rate together with the number of the same in April are plotted in Chart. Ⅱ. The distribution of the infective rats is roughly spotted on the map and tabulated on Table Ⅴ.

It should be state that the microscopic findings do not correspond persistently to the microscopic findings in the rats. Sometimes rats proved to be positive microscopically do show grows pathological changes of the organs such as subcutaneous congestion enlargement and congestion of spleen and liver and enlarge gland often even with the typical sign of effusion of pleural cavity. But others are positive only microscopically without any visible changes seen in the dissecting room. It is usually during the active phase of the epizootic that we often find gross changes in the rats.

Table Ⅳ　Record Of Rodents Examined In Changteh (Dec. 24. 1941 – June. 30. 1942)

Time	Numbers of Rodents examined				Number found positive				Number found suspicious				Percentage of rodents infected			
	a	b	c	d	a	b	c	d	a	b	c	d	a	b	c	d
12.24 – 1.1 & 1.30 – 1.31	28	30	1	59	□	□	□	5								8.47%
2.1 – 2.15	15	37	2	54	7	6	0	13	1	3	0	4	46.67%	16.22%	0.00%	24.07%
2.16 – 2.28	53	52	9	114	2	15	2	19	4	1	1	6	3.77%	28.85%	22.22%	16.67%
Total for Feb.	68	89	11	168	9	21	2	32	5	4	1	10	13.26%	23.60%	18.18%	19.05%
3.1 – 3.15	100	231	48	379	4	68	2	74	12	16	7	35	4.00%	29.44%	4.17%	19.53%
3.16 – 3.31	94	300	37	431	15	89	3	107	10	23	8	41	15.96%	29.67%	8.11%	24.83%
Total for Mar.	194	531	85	810	19	157	5	181	22	39	15	76	9.79%	29.57%	5.88%	22.35%
4.1 – 4.15	52	189	12	253	17	98	3	118	4	13	2	19	32.69%	51.85%	25.00%	46.64%

续表

Time	Numbers of Rodents examined				Number found positive				Number found suspicious				Percentage of rodents infected			
	a	b	c	d	a	b	c	d	a	b	c	d	a	b	c	d
4.16 – 4.30	20	69	19	108	3	36	2	41	0	2	0	2	15.00%	52.17%	10.53%	37.96%
Total for Apr.	72	256	31	359	20	134	5	159	4	15	2	21	27.78%	52.34%	16.13%	44.29%
5.1 – 5.15	10	40	10	60	2	8	3	13	2	3	2	7	20.00%	20.00%	30.00%	21.67%
5.16 – 5.31	14	79	59	152	1	7	8	16	1	10	6	17	7.14%	8.86%	13.56%	10.53%
Total for May	24	119	69	212	3	15	11	29	3	13	8	24	12.50%	12.61%	15.94%	13.68%
6.1 – 6.15	12	50	66	128	2	2	1	5	0	1	2	3	16.67%	4.00%	1.52%	3.91%
6.16 – 6.30	18	87	38	143	0	3	1	4	2	1	4	5	0.00%	3.45%	2.63%	2.80%
Total for June	30	137	104	271	2	5	2	9	2	2	6	8	6.67%	3.65%	1.92%	3.32%
Total for Above Months	416	1162	301	1879				415				139				22.09%

a. Rattus Norvegicus　b. Rattus Rattus　c. Mice　d. Total

Table Ⅴ Distribution Of Plague-Positive Rodents In Changteh

Districts	No. Infected	First-Infected Rats Found On
关庙街 鸡鹅巷	24	1. 30
大河街	1	2. 20
	2	2. 26
	2	2. 27
康德医院附近	1	2. 27
	2	2. 28
		□
Total	32	

Districts	No. Examined	Found Positive
关庙街 鸡鹅巷	395	96
康德医院附近	95	21
大河街	116	23
救急院	115	14
西门	12	1
北门	105	26
城外	2	/
Total	840	181

D. Study of Fleas：

Fleas is the most important vector among the insects in the spread of plague infection. It is even more dangerous than the rats because it seldom dies of plague itself and the period for its infectivity is rather long. During the plague epidemic，it is essential that we make a thorough study of the fleas as to their infectiousness, the percentage and indices of different species of fleas especially of the cheopea index and percentages for the fleas (Xenopsylla cheopis) of Indian are especially dangerous epidemiologically in two respects, firstly is that the stomachs of the Indian fleas are more liable to the tendency of producing blockage at the junction the ante-stomach and the stomach proper when infected with B. pestis because there are more teeth at the inner wall along the junction; secondly is because the larvae of this flea species do not feed in blood but on rice so X. cheopis are usually more abundant in the rice shops and store houses and by this means the infection of plague is easily spread from one place to another along with the transportation of rice.

The collection of fleas from dead rodents is by combing the hair of the rodents with anatomical forceps when the animals are placed in a basin of water and then remove the fleas to a petri-dish or glass jar containing alcohol. From live rodents the fleas are collected by placing the cloth bags containing the entrapped rodents into an air-tight container in to which some chloroform is poured to anesthetize both the animals and the fleas. Take out bags after about ten minutes and pick out the fleas carefully with forceps. This may enable the calculation of cheopis indices. A tray half filled with oil placed little below the ground or floor level at night time with a dim light nearly recommended for the collection of fleas in the household, especially in the household of infected area, for study. With facilities at hand, animal experimentation by rubbing a mixture of crushed fleas to the skin of guinea pigs should be done in order to □（推测为 test）if the fleas are infected for the infective of fleas may often be the herald of pest before the infection among the rodents are discovered. Even when the infection in rodents apparently subsides the infection among the fleas may still lags behind for months.

In our data the number of fleas collected is very small. This is mostly due to the fact that most of the rodents examined are dead ones and some even much decomposed so that many of the fleas must have already made their escape when the animals came in to our hands. Although the campaign for trapping live rats has been tried, still no very satisfactory result were obtained from figures on Table Ⅵ and curves of chart Ⅲ, we observe the rarity of Indian fleas and the predominance of the European fleas mainly (Ceratophyllus anisus). It was only in the second half of June when we get a relatively high percentage of the Indian fleas. In fact these 10 Indian fleas were collected from one live Rattus norvegicus at east end of the city. The number of human fleas and rat fleas (Pulex irritans and Ctenocephalides felis respectively) collected from the rodents are too small to be of any significance. The cheopis indix cannot be calculated with our insufficient data.

E. Discussion:

Plague as an infective disease in men is not so simple a process of direct transmission of the causative agent to the victim. The factors involved in the whole process may be diagrammatically represented as such:

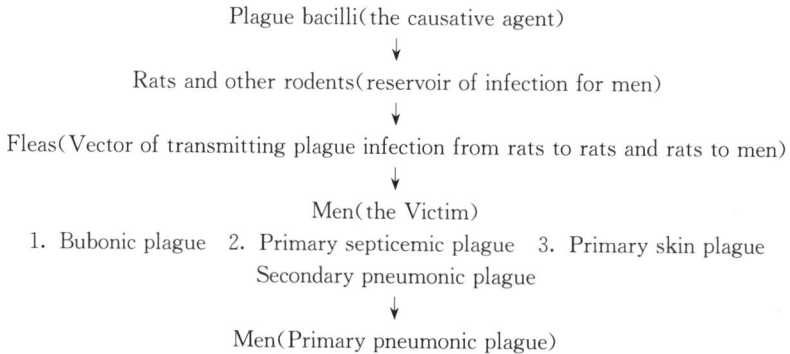

Plague bacilli(the causative agent)

↓

Rats and other rodents(reservoir of infection for men)

↓

Fleas(Vector of transmitting plague infection from rats to rats and rats to men)

↓

Men(the Victim)

1. Bubonic plague　2. Primary septicemic plague　3. Primary skin plague

Secondary pneumonic plague

↓

Men(Primary pneumonic plague)

It is evident that the rice and cotton pieces dropped down by the Japanese airplane must contain infected fleas of plague. Rice is a favorable food for the rats and naturally they come to contract the disease easily. From the first infected rats more rats are infected through the fleas vectors. As a result more fleas infected. Rats die of the plague, but fleas usually not so the latter come to bite men when they cannot find enough rat hosts and thus the epidemic is started. So epidemic in human being always follows an epizootic in rodents.

Of the rodents we studied a greater percentage of the infected rats is of the Rattus rattus species. As R. rattus usually live in the houses and come into easy contacts with human being, the situation must be considered more serious. Chart Ⅳ and Ⅴ show the relation of human cases with number and percentage of infected rats respectively. It will be seen that epidemic sets in when the percentage of infection in rodents is above 20 percent. Since May the epidemic and epizootic both began to come down. In first half of still get sporadic of June case although already the weather was rather hot. This indicated the rat plague must be more serious than our findings, as only insufficient number of animals were examined. In second half of June the low incidence of rat pest and □ □（推测为 sporadic cases）encountered showed the expected off-season has really set in. Various factors are responsible for the spontaneous decline of plague in summer. Most important among them is that the fleas are less infective during the hot season than under the condition of temperature and humidity prevailing in spring and autumn. The number and humidity pre species of fleas prevailing on the rodents is also of great importance.

At the beginning of an epizootic the rodents have no immunity toward the infection and so are very susceptible. As time goes on they gradually develop immunity and such immunity can pass on to their young. How long can this immunity last is not yet clear but it is usually lost when the epizootic ends. In the spot map we can see the distribution of the infected rats in Changteh is rather wide. This must be due to the travelling of the infected rats in the city and the travelling of people and patient carrying infected fleas with them. New rats may also be brought to the place by ships and trains and this is why susceptible rodents can be constantly present during an epizootic.

Our data on fleas show the marked rarity of the Indian fleas. This must not mean that we have really very few Indian fleas in Changteh. The failure to get more X. cheopis must be due to the fact that we have not succeeded to get rats from every corner of the city especially in the rice shops and store houses. The fact that one spear (推测为 sewer) rat gave us 10 X. cheopis can prove this conjecture to be no without ground. The increase in cheopis index often foretells a coming outbreak of plague.

The demonstration of B. pestis in the bubonic juice of bubonic patients and in the bloody sputum of patients of pneumotic is usually very easy, but it is not so easy to demonstrate the bacilli in the peripheral blood of septicemic patients unless not long before death. So the early diagnosis of septicemic plague should be made with more close observation and wisdom. It is always wiser to suspect a case earlier than diagnose a case of plague too late.

It must be emphasized here that the five cases which recovered under treatment are those that have been inoculated with plague vaccine. Though it is a pity that anti-plague vaccination cannot absolutely protect men against the disease, still it can render the patient to be more resistant the infection and make mild the gravity of the disease so there will be enough time for treatment.

From Table II we see that sex and age play no special role in the infection of plague. But no children under five years of age are the victims of plague in our record on Table I.

The new chemotherapy with sulfathiazole is preferred to anti-plague serum is because the former is more convenient to use and with less untoward effects. During an epidemic the demand for the serum is great and often it is not possible to get enough amount of serum because the manufacture and transportation are difficult, especially during this wartime China.

And serum has it is time limit for effectiveness. But sulfathiazole tablets can be compactly packed up for transportation and if kept well will not deteriorate. When that during is along with sodium bicarbonate precautions as to an egg-free and low-protein(animal protein) diet and force fluid are observed, the toxic effects such as the production of sulphohemoglobinemia and renal damage can be avoided. The results of treatment with sulfathiazole in our patients is quiet encouraging, Sulfathiazole itself is not bacteriological, but it renders the body more resistant toward the infection. It was 69 - 70% chances of cure especially with early diagnosed bubonic patients. With septicemic type the chances for cure is doubtful. Now we give 2 - 4 Gm. (4 - 8 tablets) for initial dose to be followed by 1 Gm. Every 2 - 4 hours according to the gravity case. The treatment is continued as long as the patient is in a serious condition unless appearance of a hematuria makes it necessary to reduce the dosage or to stop the treatment. Sodium bicarbonate 1. gm. is given twice daily.

The hearts of the plague patients are especially weakened by the toxin so care must be taken not to let the patient overexert his or her heart. At least one week's rest in bed is absolutely necessary when he or she recovers. During illness cardiac stimulants or tonic are often recommended. This will make the chance for recovery even greater.

SECOND PART
Measures for the Control of Plague

Hunan is a rather important province in nowadays China. It is not only a key to the southwestern provinces of China through its river ways, highways and railways, but is also a province well-known for its production of rice and cotton, especially those districts around Dong Ting Lake(洞庭湖)

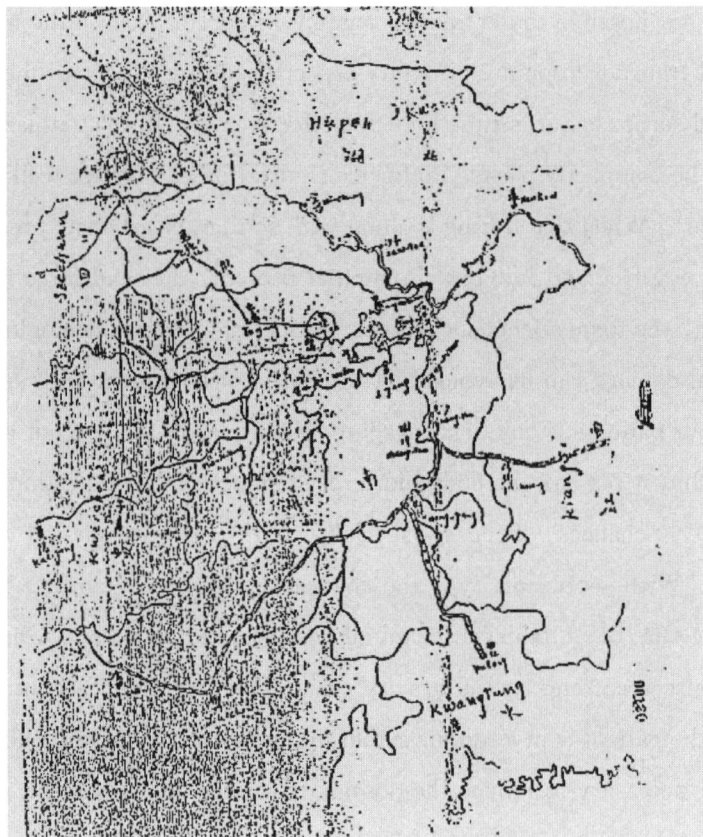

such as Anhsiang(安乡)，I-Yang(益阳)，Hansu(汉寿)，Nahsien(南县)
and Changteh. Though Changteh itself is not the most important hsien for
the rice and cotton production，it nevertheless serves as a strategic way in
the transportation of such goods into the other provinces，as this city is
well communicated with others by several ways:

A. Westward to Ta-Yung(大庸) and He-fu(鹤峰) and Ung-shih(恩
施) in Hupeh then to Wan-hsein in Szechwan.

B. By water through the Yuan-river(沅水) to Yuan-ling(沅陵) and
then by highway to Yong-Seu(永顺)，Ung-shih and Wan-hsein(万县).

C. From Yuan-ling by highway westward to Kweishow(贵州) through
Tse-kiang(芷江).

D. Through Tong-ting Lake there are three important ways：

1. Southeastwards through the Hsiang-river to Changsha.

2. Northeastwards through Yangtze down to Hankou.

3. Northwestwards through Yangtze up to San-sze(沙市) and then to Yi-chang(宜昌) and Wan-hsien.

From Changsha connections can easily be made through railways to Kwangtung，Kianpee (推测为 Kiangsi).

As mentioned above，fleas，especially the Indian fleas，can be easily carried along with the transportation of cotton and rice. And with such facilities in communication，rats and patients can easily escape from the infection districts. It is therefore manifest that the seriousness of the plague epidemic in Changteh lies not alone in the condition inside that city but in the great danger of its spread into the other districts and provinces nearby. So measures for its control must be strictly carried out. The writer tries to discuss in detail all the measures which should be carried out in order to control the spread of the disease，some of which measures have already been put into practice in Changteh. The general scheme of the whole work is based on Dr. Pollitzer's plan：

Scheme of the preventive work of plague：

Ⅰ. In plague-infected districts
  A. General measures：
    1. Public health propaganda
    2. Mass inoculation
    3. Campaign against rats
      a. Destruction
        Ⅰ) Slaying　　　Ⅲ) Poisoning
        Ⅱ) Trapping　　Ⅳ) Fumigating
      b. Major rat-proofing
      c. Minor rat-proofing
      d. Food protection
      e. Cleanness (Disposal of rubbish)

    4. Intelligence and laboratory services

    5. Administrative measures

        a. Epidemic-preventive committee and the technical committee

        b. Regulation for shops, store houses and places of public assemblies, etc.

B. Measures in infected foci:

    1. Hospitalization of patients

    2. Contact isolation

    3. Destruction of fleas and rats followed by rat-proofing

    4. Disposal of the dead

    5. Evacuation (Closing of houses)

    6. Burning of houses

Ⅱ. Measures round foci of infection:

A. Quarantine measures.

    1. Control of passengers and their luggage.

    2. Control of rice and cotton

    3. Control of thorough-going traffic

    4. Control of boats and ships

B. Preventive measures in adjacent cities.

    1. Propaganda

    2. Anti-rat measures based upon survey of rats and fleas.

    3. Laboratory and intelligence services.

    4. Preparations for

        a. Inoculation campaign

        b. Staff, supplies and buildings for anti-plague work.

    5. Committees

    6. Quarantine measures for incoming passengers and goods, especially those from the infected districts.

These measures are to be discussed fully one by one:

A. General measures for Infected Districts:

1. Public health propaganda:

The importance of public health propaganda need not be mentioned here. It is only with the understanding and cooperation of the people that we can hope to achieve the measures to be carried out. As plague in a disease chiefly in the poor people, the ordinary way of propaganda by means of newspaper, posters, pamphlets and speeches in public assemblies is not sufficient as the poor often can not read or are too busy for work to have any leisure time in reading or attending meetings. House to house propaganda done at a convenient time to the people is best recommended for this purpose. Attention must be paid to the building of the houses as regards rat-proofing, presence of double partitions, ceilings and floors and the way the people keep their food. See and inquire if any dead or sick rats are around. Make a brief note of each house inspected and classify them. Give advises as to rat-proofing, rat-destruction and food protection and other general ideas of plague and its preventive measures. Explain everything as simple as possible and in a sincere manner. These houses should be reinspected after one week to see if any improvement has been made. If not readvise them and inspect for the third time few days later. If still nothing has been done, then the sanitary engineers must carry out compulsory measures for the shops and the store houses.

2. Mass Inoculation

As discussed above in the first part, anti-plague vaccination cannot absolutely protect the people from getting the disease. But before any better preparation for immunization is available, this vaccination is still recommended on a large scale as it can lessen the chance for infection and alter the gravity of the disease even if the person unfortunately contracts the disease. From immunological point of view, one injection of the vaccine is not enough to produce full protection of the body against the germs, another injection should be given to serve as a stimulus to the first and so will enhance the immunity.

The way of inoculating people at the strategic ways of the city is not very convenient for people would not come for the second injection. House to house inoculation is the only way we may expect good result and is strongly recommended. This must again be lane at a convenient time for the family members, usually at evening times or noon time. The Bao-chang(保长) and Xia-chang(乡长) should be □(推测为 made) to help in this campaign. Very care must be taken as to the aseptic of the technic so that people will have no pretext to escape the inoculation and no rumor of whatever sort will be spread out. The people ought to be told of the possible reactions to occur. Certificates are to be given at end of the second or third injection with date of injection carefully written on it.

Strictly speaking no people should be excluded from the mass inoculation. But in the hope of lessening resistance from the people, three groups of people may be excluded:

(a) Small children under age of two years old.

(b) The seriously ill, especially such with chronic diseases, like tuberculosis, heart and kidney troubles, etc. Person with acute diseases should be inoculated after they have recovered.

(c) The pregnant women.

The pregnant women must unfortunately also be listed in the three groups of people as the native people usually have great traditional prejudice against inoculating the pregnant. If anything is happened to that woman, which is most likely that abortion or miscarriage be resulted due to causes other than the injection, then the people will blame us. If there is no objection of the family toward inoculating the pregnant, we must try every means to inoculate her.

The immunity obtained by vaccination does not last long, usually not longer than three to six months. It is therefore necessary to repeat the inoculation at the end of that period if plague is still persisting in that place. In Changteh so far such inoculations have been carried out at all the medical institutions in the city and at all the quarantine stations established at the six city gates and at Loh-lou-kow and Huang-mo-kan of the river ways. Up to May only 28. 6 percent of the population, including on the army, has been inoculated (Table Ⅷ). This figure shows but a very small fraction of the population is protected. House to house inoculation is to be started in early August in anticipating an Autumn outbreak.

It is clear that inoculation will only confer a passing protection but will not eradicate plague. Consequently it must be combined with an energetic anti-rat campaign.

3. Campaign against Rats:

a. Destruction of rats—This can be achieved through four different ways, namely, slaying, trapping, poisoning and fumigating. Slaying is very simple but rather dangerous with infected ones. Trapping, needs special technic. The trap and the biscuit or meat placed inside must all be free from any smell of the human hand, for the rats are very clever animals. Flame the trap each time before use and the hands of the one in handling this business must be dusted with earth before he holds the trap or place in the food piece. The house members must be told to keep their food away from the rats in the nights when the traps are set □ （推测为 and） to place the trap with the entrapped victim into the cloth bag given to them when any rat is trapped. They should not touch or move the trap otherwise.

Poisoning is best achieved by barium carbonate, for this is very poisonous to rats but innocuous to men and other domestic animals. Mix barium carbonate with flour in the proportion of one to four parts. Water is added into the mixture to make into small balls of one inch diameter. The balls must then be dipped in melted paraffin or candle wax or must be quickly fried in animal or vegetable oil. Afterwards they must be handled and distributed with the aid of chopsticks but must not be touched with the fingers. For first two or three nights better try with non-poisonous flour balls in order to have an idea of how much barium carbonate is needed in that household and whether rats will come to eat them or not. The advantage in using barium carbonate is that when the rats ingest it, some sort of gastroenteritis is developed which will cause them to feel extremely thirsty and so go out of the houses to search for water. Consequently they die outside.

This method is again not very good during active phase of the epidemic.

For fumigating the best chemical is calcium cyanide powder, called cyanogen commercially. This will liberate hydrocyanic acid slowly in moist air so is more safer than the use of gas of hydrocyanic acid directly. It can ever kill fleas. This is the best way for rat-destruction during epidemic but is rather expensive, for practical use the powder is put into a specially designed pump the nozzle of which is inserted into the rat holes carefully sought out. Seal the hole around the nozzle so that no leakage of the liberated gas will result. While one person is pumping, the other worker must look around the house in order to detect any leakage from other holes which may communicate with the one being handled. Block any leakage as soon as discovered and if necessary spread tear-gas, 50cc. for 1,000 cubic foot of space, to prevent the people from going into the house when there is leakage. For solidly built houses this method is very safe and active, and people may come back after one or two days. Even no evacuation of the people in needed if they be intelligent enough to be award of any danger. For house less solidly built and with too many rat holes, this method is more dangerous and less effective. For the hay thatched mud houses this method is absolutely inapplicable. Only experts are allowed to handle this method.

b. Major Rat-proofing: Rat destruction should be considered only a temporary method against rats. This must be followed by rat-proofing. From experience we know that rats usually multiply more rapidly after a massive rat-destruction action due to a better living condition for those that survive the action, because they have more food and more comfortable place to live in. So the houses must be so built that no rats can hide and live in them. The sanitary engineers should make designs for the new houses. Before the building of any new house, the owner must report the police which in turn will report the Epidemic Prevention Bureau for orders.

c. Minor Rat-proofing: The poor class of people cannot afford to rebuild new houses. In order to attain rat-proofing aims, those houses should be altered such as the removal of double partitions, floors and ceilings and the blockage of rat holes. In this way the rats will have no more hiding places. Here again the sanitary engineers should look after such matter.

d. Food protection: Protection of food against rats is the most efficacious way to extinguish rats from the households. Foods can be easily well-kept in the native kongs if tin cans or other secure containers are not available, the most important point which usually is neglected by the people is to clean up the table right after the evening meal instead of letting it stand uncleaned throughout the night. If this precaution is not taken, then rats will have a hearty meal in the night and of course they would like to come again. On the other hand, if they can find no food they will naturally disappear from the household.

e. Cleanness: Cleanness of the houses and streets must be observed. Broken furniture must not be kept in the corners or attics so that rats will have no places for hiding. In fact such furniture will never be used again, so better persuade the people to use them as fire wood. Things to be piled up such as firewood, boxes, etc. should be placed on platforms some distance from the wall.

Rubbish must be poured into the public rubbish boxes well-covered up before dark. Sanitary parades in regular intervals, eg. every one or two months, may be organized.

These above five measures against rats in fact are the most important of all the anti-plague measures listed above. During this quiescent season it is the best time for carrying out a massive rat destruction and proofing movement so that there is yet hope to avoid the expected coming outbreak in Autumn.

4. Intelligence and Laboratory Services:

The police, the Paochang and Kia-chang should be asked to cooperate in getting the intelligence reports. The sick and dead must be reported as early as possible and examined by the medical men. We should also try our best to get the understanding and sincere cooperation of other practitioners and the native Chinese doctors so that they will report us any case coming into their hands. It is only by such well-organized intelligence service that we can get hold of most of the cases, if not all. Emphasis is again laid on the importance of early reporting of the sick so that there will be time for the sick to recover under treatment and for the prevention of the spread of the disease of any actual case exists. Each practitioner should have a diagnostic book recording the name, address, date of onset of disease and other significant dates and the chief symptoms and signs of the patients. Inspectors should be sent out at regular intervals to see their record book and if any suspicious case is present further findings regarding the case must be done.

A simple laboratory where diagnosis of cases by microscopic studies can be made and a nearby room or shed where rodents can be examined together with some experimental animals is enough to meet the need. A post-mortem room for the examination of human dead bodies must be also available.

5. Administrative Measures:

The Epidemic Prevention Committee should consist of some local chiefs together with other men doing the administrative side of work, while the technical committee consists only of the medical staff and the sanitary engineering men. It is the technical men who must direct the whole planning and carrying out of the work, not the men doing administrative work.

The technical men must be prompt, energetic, honest and strong-minded. Drastic measures and due punishments must be strictly carried out, especially at the beginning, so that the people will give in.

Regulations should be made for shops and store houses regarding rat-proofing and the proper way of food storage. During pneumonic outbreaks all public assemblies ought to be stopped.

B. Measures in the infected foci:

1. Hospitalization of the patients

Hospitalization is good for the patient on the one hand as he can get good nursing care, proper diet, absolute rest in bed and immediate specific treatments, and on the other hand chances for spreading the infection will be stopped.

2. Contact isolation:

The contacts of pneumonic patients must be segregated for watch for one week. Their temperature, pulse rates and respiratory rates are taken twice daily. Any slight elevation in temperatures or quickened pulse rate should be taken as suspicious and must be at once isolated from the rest of the contacts and treatment started immediately when condition gets worse. The contacts of the bubonic plague patients have no absolute need for isolation, but still it is better for them to evacuate temporarily as they may contract the disease if they stay in the same house longer for chances of being bitten by infected fleas are great. Care must be taken not to let any contact escape, especially those of the pneumonic contacts.

3. Destruction of rats and fleas:

Destruction of rats must be carried out along with the killing of fleas, for if rats alone are killed while the fleas left behind, the latter will come to bite men instead. The homes of the bubonic patients should be sprayed with kerosene oil emulsion to kill the fleas and the rats should also be searched and killed. For the home of the pneumonic patients there is no need to disinfect the room by formalin and sulphur, but the floor and the bed soiled by the bloody sputum which is very infectious should be washed with boiling water(100 ℃) and then sprayed with lime. Beds are bestly burnt away. Sheets and beddings should either be burnt or boiled. Alcohol is the best disinfectant here but too expensive. After disinfection the rooms are closed till the contacts come back after one week. Rat-proofing measures are to be followed.

The isolation hospital and the contact isolation camps must be freed from rats and insects such as fleas, lice and bed-bugs. Before admission to the ward or camp, the patients and the contacts must be deflead. Perform delousing if necessary.

4. Disposal of the Dead:

The dead should be burnt which is the safest way. But because of the strong objection of the people toward cremation, we now provide a special cemetery for burying the suspicious or positive cases. The coffin ought to be made of solid material, and lime is spread inside. The ground level of the cemetery ought to be higher, for the dead must be buried to the depth of six feet. When after one hot season, the coffin may be transferred to other places for burial if the family members wish to.

5. Evacuation of the Neighboring Houses:

Evacuate people in the houses adjacent to those where patients are discovered. Better move the people to a public building specially prepared for this purpose. During evacuation, the houses should all be freed from rats and fleas or improved through sanitary engineering measures when necessary. Period for those people to come back is judged according to the active spreading of the infection. If possible the evacuated people should stay away from their houses until the plague season is over.

6. Burning of Houses:

This method is best applied at the beginning of the epidemic when only few of the houses are infected. All windows and doors must be closed and any hole or ditch communicating the house with outside must be blocked before the houses are set on fire. Such precaution is necessary in order not to let a single rat escape from the focus. When epidemic has reached its full swing, the burning of houses is not applicable as too many houses have to be burnt since they are built very close together. The burning of the whole city must be carefully considered, it should not be done unless absolutely necessary, that is when quarantine measures cannot be carried out and the neighboring districts are in great danger to be infected. A secure wall necklacing the whole city must be first built before the city can be safely burnt.

Ⅱ. Measures Round Foci of Infection:

A. Quarantine Measures:

Quarantine itself cannot extinguish epidemic, but is a measure to prevent the spread of the infection into neighboring districts. This is a very troublesome measure but must be strictly carried out.

1. Control of Passengers and their Luggage:

It is hard to detect patients in the incubation period. If such people, especially of the pneumonic type, are allowed to travel to other place, a new epidemic will be resulted. One instance is the Moo-ling-haiang(莫林乡)，lung pest epidemic at end of May 1942 introduced by one man who came to Changteh shortly before that epidemic for some business transaction and unfortunately contracted plague infection. He went back to that country, a subdistrict of Taoyuan when he was yet in the incubation period. The result is that all five in the family, including himself, died and also eleven others who came into contact with them. It is lucky that this outbreak of lung pest is different from ordinary lung plague by the □（推测为 absence）of the usual vehicle of infection，namely bloody-sputum and cough in the latter cases. So finally the epidemic is chocked by itself spontaneously.

Contacts of the bubonic patients when let loose is not so dangerous, but their luggage must be deflead.

It is a rule that every patient suffering from pneumonic plague and every contact with them must be carefully sought out and isolated. During a pneumonic outbreak no passenger is allowed to pass unless after several days of quarantine. Even the trains and ships and buses must be stopped when necessary.

2. Control of Rice and Cotton：

No grains or cotton produced or stored in the infected districts are allowed to export. Suppose goods passing the infected districts during transportation from one place to another must not be allowed to disload there and have to leave there before night fall，otherwise the goods will be detained for quarantine.

3. Control of Boats and Ships：

This is very important as boats usually serve as a means of carrying rats from one place to another. Boats are not allowed to come near to the banks of the infected cities after dusk and before dawn. They should be ordered to anchor at a distance at least twenty feet away from the bank. During night times, the deck communicating the boat with the bank must be taken away. Any communication with the land after dark is achieved by small junks.

B. Measures in Adjacent Cities:

These will not be discussed here. They are to be carried out more or less according to those discussed above.

SUMMARY

1. The plague outbreak in Changteh, Hunan, was introduced by the Japanese by dropping plague-infected rice and cotton on Nov. 4th, 1941 from an airplane.

2. Study of human plague during the period of Nov. 12, 1941 to June 30, 1942 is presented and discussed. Five out of the 17 positive and one suspicious patients recovered. 20 dead bodies were found to be positive and 3 suspicious. The following points are noted:

a. The diagnosis of bubonic and and primary pneumonic plague is comparatively easy during the epidemic but in septicemic cases B. pestis is often not demonstrable in the peripheral blood in early stage of the disease.

b. Early treatment with large doges of sulfathiazole if such treatment in combine with good general treatment and adequate nursing, 60 – 70 percent of the bubonic patients may be cured and it will even be possible to save some patients with primary pneumonic plague. So far no confirmed cases of septicemic plague has been cured. We have not met with serious toxic effects when giving sulfathiazole.

c. Immunity resulting from anti-plague vaccination does not always give complete protection but is apt to modify the disease into a milder form and reduce the mortality of people who contracted plague after having been inoculated.

3. 1879 rats and mice were examined with the medium percentage of infection reaching 44. 40 in April. When the infection in rodents is above 20 percent, an epidemic in humans is apt to set in.

4. 3536 fleas collected from the examined rodents are studied and rarity of X. cheopis was observed.

5. Measures for the control of plague are fully discussed.

(中国第二历史档案馆 372(2)-16)

常德鼠疫及其防治措施
致　谢

我谨向伯力士博士致以最诚挚的谢意,感谢他在本研究过程中给予的宝贵指导与持续鼓励,并慷慨惠允我使用其研究数据。同时,我要特别感谢 C. J. Chen 博士在论文撰写期间提供的专业建议与不懈支持。

王诗恒
1942.7.20

第一部分　常德地区鼠疫传播的鼠类、跳蚤及人类感染案例研究

A. 鼠疫暴发的历史

B. 人类鼠疫病例研究

C. 啮齿动物的研究

D. 跳蚤的研究

E. 研究分析与讨论

第二部分　鼠疫防控措施的深入探讨

A. 鼠疫感染区的措施

B. 疫情发生区域周边的应对措施

总结

第一部分　常德地区鼠疫传播的鼠类、跳蚤及人类感染案例研究

A. 鼠疫暴发的历史

我们正陷入一场细菌战。敌人首先将这种可怕的生物武器投放在湖南

省。1941年11月4日清晨，一架日军飞机低空飞过常德城市上空，在临近市中心的关庙街和鸡鹅巷投下一些米粒和棉絮。这些物品被收集后送往当地的广德医院进行分析。从这些样本的涂片检测中，观察到一些革兰氏阴性两极染色杆菌，极具鼠疫耶尔森菌（B. pestis）的特征，同时还发现了一些革兰氏阳性杆菌。细菌培养后也发现了相同类型的革兰氏阴性杆菌。然而，针对兔子的动物实验未能获得有效结果，且当时无法获取小白鼠与豚鼠等实验动物。11月11日，民间传出在关庙街、鸡鹅巷发现大量死老鼠，一两天内就有多人因急性病死亡。然而，没有老鼠被送往医院进行检查，也没有相关患者前来就诊。直至1941年11月12日上午，关庙街一名重症女童由其母亲送往广德医院急诊，方有此类型病例就诊记录。她于次日早晨去世，距她发病仅36小时。验尸结果表明，该病例极有可能为鼠疫。11月13日和14日，又对另外3例病例（1具尸体和2名患者）进行了检查，结果发现同种杆菌。直到11月24日，第4位患者的收治为我们提供了确认鼠疫存在的机会。我们通过对豚鼠的成功动物接种得以证实鼠疫的存在。现有证据充分证实，前4例确诊病例均为鼠疫感染病例，且不排除11月12日前因急性病症死亡的其他病例亦属鼠疫感染。鼠疫的存在已被科学证实。由于湖南从未有过鼠疫感染的文字记录，而在疑似携带鼠疫的米粒和棉花掉落的区域，大量老鼠突然死亡，并且接连出现迅速病逝的患者，其发病时间与鼠疫的潜伏期完全吻合。这一系列迹象无疑证明，敌方故意将鼠疫引入常德。

我们对1941年11月12日至1942年6月30日期间收集的样本进行了分析，包括18例鼠疫患者病例、23例因鼠疫而病逝的患者的尸体、1879只受检鼠类样本以及从这些鼠类身上采集的3536只跳蚤。

B. 人类鼠疫病例研究

我们遇到的第一例病例是一名来自关庙街的12岁女孩，她于11月12日被送往广德医院。她表现出典型的败血性鼠疫的临床特征，入院首日即在外周血中检测到大量鼠疫杆菌，临终前其数量更为显著。另外两例鼠疫病例（表1，病例编号2和3），均为典型的腺鼠疫类型，分别于11月13日和14日被发现，并很快死亡。11月14日上午，红十字会医疗队的一名医生在途中拦下一口棺材,并对遗体进行了尸检。通过从肝脏和脾脏采集的涂片检测,再次确认了鼠疫耶尔森菌(B. pestis)的存在(表1,病例编号4)。11月24日,一例腺鼠疫病例被报告并接受检查,鼠疫的确诊在临床和细菌学上均得以确认。当时陈文贵博士(Dr. W. K. Chen)正在常德,他进行了豚鼠接种实验,随后结果呈阳性。因此,鼠疫的存在得到了最终确认。于是便要求所有病人和死者必须上报和接受检查。这样我们就得到了表1中记录的情况。所有可疑或确诊鼠疫患者被立即送往东门外隔离医院,而与患者有接触史的人则被隔离接受严密监测。对于死亡病例,进行了部分尸检,而非完完全全解剖,因为后者风险更大,并且会引起更普遍的民众抵触情绪。起初,那些疑似或确诊鼠疫的尸体被火化,但由于民众的强烈反对,这一做法后来被废除。为此,这些尸体被埋葬在公墓中而非被火化。当然,由于最初几个月内没有设立检疫站或警戒措施,且情报系统组织不善,许多病例很可能被遗漏。此外,为了避免被隔离或接受尸检,民众也千方百计隐瞒病患和死亡病例。12月仅记录了2例(见表1和表3),1月1例,2月无病例,3月下旬又出现2例。4月,人类鼠疫的发病率突然激增。在4月检查的39例病例中,有20例被确认为阳性,另有3例为疑似病例。在确诊病例中,有一名5岁男童(表1,病例编号11),他突然出现高烧,并伴有颈部僵硬,随后迅速陷入昏迷。提取的脑脊液清澈,但压力略高,显微镜检查未发现明确的病原体,而其血液涂片检测结果呈鼠疫耶尔森菌(B. pestis)阳性。这可能是一例鼠疫性脑膜炎病例。在陈姓家族中,有两名女性病例(表1,病例编号16和17)。其中一人患有腺鼠疫并伴有败血症,另一人最初腹股沟淋巴结肿大,随后发展为继发性肺鼠疫。两人均在入院后不久死亡。其余病例详见表1。

　　首例患者接受了磺胺类药物治疗,同时辅以一般的对症治疗。然而,在鼠疫初期的几个月中,大多数病例因发现过晚,已无法进行有效治疗。自3月起,我们开始使用磺胺噻唑(Sulfathiazole)进行治疗,这是一种最早在印度试验的新疗法。在此之前,所有送往医院的患者均未能生还,这使得人们在患病后更加不愿前往医院就诊。自4月11日起,我们一共有5例患者通过磺胺噻唑治疗最终康复，并以良好状态出院。在这 5 名康复患者中，其中 1 例为肺鼠疫患者（表一，病例编号 18），其余 4 例为腺鼠疫患者（病例编号 23、24、27、31）。其中，两名腺鼠疫患者（病例编号 23、24）来自同一家族。患有原发性肺鼠疫的患者是一名单身男子，在当地报社担任记者。他在发病第 3 天被收治入院。幸运的是，在同一地点后再未发现新的肺鼠疫病例。至今尚无败血性鼠疫病例被治愈。在临床实践中，磺胺噻唑并没有出现副作用，仅有少数病人出现轻微且短暂的血尿，有些患者甚至可以耐受 200 余片药物。

5 月份有 5 例病例，7 月上半月有 2 例，此后无病例报告。详细的感染病例记录及按年龄、性别、地域、病例类型的病例分析见表 2A、B、C。地图如下。

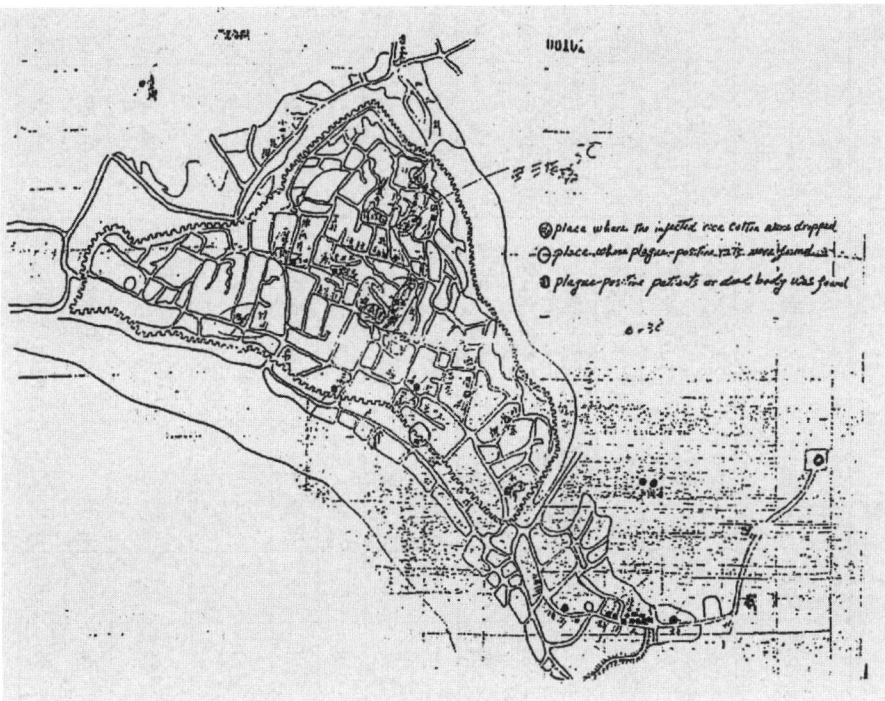

注释：被感染稻棉掉落处

发现患鼠疫老鼠出

发现鼠疫患者或尸体处

表 1　1941 年 11 月 12 日至 1942 年 6 月 30 日常德鼠疫患者详细记录表

序号	姓名	性别	年龄	职业	住址	时间				痊愈
						报道	病发	送往医院	死亡	
1	蔡桃儿	女	12		关庙街蔡洪盛号	1941.11.12	1941.11.11	1941.11.12	1941.11.13	/
2	徐老三	男	25	工人	北门内皂角湾	1941.11.14	1941.11.12	1941.11.14	1941.11.14	/
3	聂述生	男	58	商人	启明镇(府庙街)	1941.11.13	1941.11.12		1941.11.13	/
4	蔡玉珍	女	27	家庭主妇	东门内长清街	1941.11.13	1941.11.12	/	1941.11.24	/
5	龚超胜	男	28	仆人	关庙前街18号	1941.11.24	1941.11.23	/	1941.12.20	/
6	王端生	男	38	铜匠	东门内永安街	1941.12.14	1941.12.13	1941.12.14	1941.12.14	/
7	王贵秀	女	15	小贩	三板桥	1941.12.19	1941.12.18	1941.12.19	1941.12.20	/
8	胡嫂	女	30	仆人	关庙街杨家巷	1942.01.13	1942.01.11	/	1942.01.13	/
9	向玉新	男	50	小贩	华严巷52号	1942.03.26	1942.03.20	/	1942.03.26	/
10	陈孔绍	男	52	保长	关庙街湖南旅社	1942.03.28	1942.03.22	1942.03.28	1942.03.28	/
11	陈维礼	男	5		皂果树(道门口义成烟店)	1942.04.02	1942.03.30	1942.04.02	1942.04.05	/
12	蒋家祖	男	45	小贩	北门内长巷子32号	1942.04.03	1942.04.01	/	/	/
13	邓乐群	男	32	记者	卫门口县党部	1942.04.07	1942.04.05	1942.04.06	1942.04.02	/
14	杨梅青	男	8	学生	五铺街(启明镇)	1942.04.07	1942.04.01	/	1942.04.06	/

续表

序号	姓名	性别	年龄	职业	住址	时间				
						报道	病发	送往医院	死亡	痊愈
15	张金斗	男	15	公务员	府坪街军稽查处	1942.04.09	1942.04.01	/	1942.04.06	/
16	陈云	女	33	家庭主妇	法院西街34号	1942.04.09	1942.04.06	1942.04.09	1942.04.11	/
17	陈淑钧	女	14		法院西街34号	1942.04.11	1942.04.06	1942.04.09	1942.04.11	/
18	葛大亮	男	27	记者	三间岗	1942.04.13	1942.04.09	1942.04.11	/	1942.05.19
19	余罗氏	女	26	家庭主妇	三板桥	1942.04.14	1942.04.10	/	1942.04.12	/
20	毛仁山	男	60		五铺街115号	1942.04.15	1942.04.11	/	1942.04.12	/
21	周黄氏	女	74	家庭主妇	法院西街32号	1942.04.17	1942.04.11	/	1942.04.14	/
22	马保林	男	54	泥瓦匠	五铺街(启明镇)	1942.04.17	1942.04.15	/	1942.04.17	/
23	杨彼得	男	18	学生	五铺街90号	1942.04.17	1942.04.13	/		1942.05.14
24	杨珍珠	女	20	学生	五铺街90号	1942.04.17	1942.04.14	/		1942.05.19
25	陈华山	男	51	商人	五铺街106号	1942.04.18	1942.04.14	1942.04.17	1942.04.17	/
26	袁罗氏	女	17	家庭主妇	清平乡4保	1942.04.18	1942.01.30	1942.04.18	1942.04.18	/
27	谢建隆	男	32	记者	山间岗	1942.04.19	1942.04.16	1942.04.18		1942.05.21
28	唐珍秀	女	17	仆人	北门神巷子三圣宫	1942.04.19	1942.04.13	/	1942.04.19	/
29	李祝氏	女	68	家庭主妇	北正街33号	1942.04.19	1942.01.30	/	1942.04.19	/

续表

序号	姓名	性别	年龄	职业	住址	报道	病发	送往医院	死亡	痊愈
								时间		
30	黄周氏	女	49	家庭主妇	大河街	1942.04.20	1942.04.13	/	1942.04.19	/
31	杜玉甫	男	26	商人	下南门	1942.04.25	1942.04.24	1942.04.25	/	1942.05.18
32	梅张氏	女	49	家庭主妇	岩桥	1942.04.25	1942.04.17		1942.04.24	/
33	李泉婆	女	53	农民	五铺街79号	1942.04.30	1942.04.21	/	1942.04.29	/
34	李刘氏	女	37	家庭主妇	五铺街39号	1942.05.02	1942.04.30	/	1942.05.03	/
35	陈正陆	男	46	木匠	五铺街101号	1942.05.02	1942.04.22	/	1942.05.02	/
36	王保元	男	54	小贩	阴阳桥	1942.05.07	1942.05.05	/	1942.05.07	/
37	李丁氏	女	26	家庭主妇	双忠街22号	1942.05.09	1942.05.05	/	1942.05.07	/
38	顾卢氏	女	51	家庭主妇	孙祖庙41号	1942.05.10	1942.05.04	/	1942.05.07	/
39	戴氏	女	33	家庭主妇	五铺街妇训所隔壁	1942.05.17	1942.05.15	1942.05.17	1942.05.18	/
40	龙春生	男	51	商人	四铺街启明镇5保2甲4户	1942.06.03	1942.05.22	/	1942.06.02	/
41	赵丁生	男	13	商店学徒	三铺街10号同泰祥铁店	1942.06.13	1942.06.13	1942.06.15	1942.06.15	/

注:患者共计18人,尸体共计23具

表2　1941 年 11 月 12 日至 1942 年 6 月 30 日常德鼠疫情况分析表

A. 鼠疫感染与年龄关系表

月份 / 年龄	11 男	11 女	12 男	12 女	1 男	1 女	2 男	2 女	3 男	3 女	4 男	4 女	5 男	5 女	6 男	6 女	总计 男	总计 女
0—9											2						2	
10—19			1	1							2	3				1	3	5
20—29	2	1									2	2		1			4	4
30—39				1		1					2	1		2			3	4
40—49											1			2	1		2	2
50—59	1								2	2	1	1	1	1			7	2
60—69											1	1					1	1
70—79												1						1
总计	3	2	2			1			2	2	11	9	3	4	1	1	22	19

B. 鼠疫类型表

月份 / 类型	流行性淋巴腺鼠疫 男	流行性淋巴腺鼠疫 女	鼠疫并发败血症 男	鼠疫并发败血症 女	鼠疫并发肺炎 男	鼠疫并发肺炎 女	可疑病例 男	可疑病例 女
11	2			2			1	
12	1	1						
1		1						
2								
3	1		1					
4	7	3	3	3	2	3	1	2
5	1		2	2				
6	1		1					
总计	13	5	7	7	2	3	2	2
	18		14		5		4	

C. 鼠疫感染与活动地区关系表

街道名称		11男	11女	12男	12女	1男	1女	2男	2女	3男	3女	4男	4女	5男	5女	6男	6女	总计男	总计女
城区中心部	关庙街	1	1				1			1								2	2
	长清街				1													0	1
	华严巷									1								1	0
	府坪街											1						1	0
	法院西街												3					0	3
	卫门口											1						1	0
城东区	府庙街	1																1	0
	永安街			1														1	0
	五铺街											6	1	1	2			7	3
	岩桥												1					0	1
	三铺街															1		1	0
	西围墙															1		1	0
城南区	大河街												1					0	1
	下南门											1						1	0
	双忠街														1			0	1
城北区	皂角湾	1																1	0
	三板桥				1								1					0	2
	长巷子											1						1	0
	神巷子												1					0	1
	北正街												1					0	1
	孙祖庙														1			0	1
	阴阳桥													1				1	0

续表

街道名称		11 男	11 女	12 男	12 女	1 男	1 女	2 男	2 女	3 男	3 女	4 男	4 女	5 男	5 女	6 男	6 女	总计 男	总计 女
郡乡	皂角树											1						1	0
	山间岗											2						2	0
	清平乡														1			0	1
总计																		23	18

时间	患者			尸体			鼠疫总计病例	
	共检查	确诊	可疑	共检查	确诊	可疑	确诊	可疑
11.12—11.30		2	1		2	0	4	1
12.1—12.15		1	0		0	0	1	0
12.16—12.31		1	0		0	0	1	0
12 月总计		2	0		0	0	2	0
1.15		0	0		1	0	1	0
1.15—1.31		0	0		0	0	0	0
1 月总计		0	0		1	0	1	0
2.1—2.15	1	0	0	0	0	0	0	0
2.16—2.28	0	0	0	0	0	0	0	0
2 月总计	1	0	0	0	0	0	0	0
3.1—3.15	0	0	0	0	0	0	0	0
3.16—3.31	1	1	0	3	1	0	2	0
3 月总计	1	1	0	3	1	0	2	0
4.1—4.15	9	5	0	6	6	3	1	1
4.16—4.30	10	4	0	10	5	3	7	3
4 月总计	19	9	0	20	11	0	20	0
5.1—5.15	2	1	0	4	4	0	5	0
5.16—5.31	1	1	0	0	0	0	1	0

时间	患者			尸体			鼠疫总计病例	
	共检查	确诊	可疑	共检查	确诊	可疑	确诊	可疑
5月总计	3	2	0	4	4	0	6	0
6.1—6.15	3	1	0	5	1	0	2	0
6.16—6.30	5	0	0	3	0	0	0	0
6月总计	8	1	0	8	1	0	2	0

C. 啮齿动物的研究

一些啮齿动物,尤其是老鼠,已被确认为人类鼠疫感染的主要宿主。因此,在鼠疫流行期间,对老鼠的研究至关重要。直到1941年12月,鼠疫研究专家伯力士抵达常德时,常德地区才开始对老鼠进行检测。自此,他对老鼠进行了系统研究。根据安排,每人每周必须提供3只老鼠(无论是死的还是活的),1美元1只跳蚤或1只老鼠。然而,老鼠的收集工作面临诸多困难,往往难以获得足够的样本进行研究。因此,我们所得到的啮齿动物的感染比例并非绝对精确,但至少可以大致反映动物疫情的状况,并且似乎与人类鼠疫疫情相吻合。1941年12月24日至1942年6月30日期间共检测老鼠1879只(表4),其中415只老鼠明确感染鼠疫,139只老鼠疑似感染鼠疫。1月、2月和3月的平均感染比例为20%,但4月急剧上升至44.40%,而从5月开始又有所下降。详细数据见表4、图1A和B。4月份每日的感染比例及感染鼠数量已绘制在图表2中。此外,感染鼠的分布已大致标注在地图上,并整理在表5中。

需要说明的是,显微镜下的检测结果并不总是与解剖老鼠时的肉眼观察结果一致。有时,显微镜检查呈阳性的老鼠确实表现出明显的病理变化,例如皮下充血、脾脏和肝脏的肿大及充血、淋巴结肿大,甚至伴有典型的胸膜腔积液。然而,另一些老鼠则仅在显微镜下检测呈阳性,而解剖时未见任何可见的病变。通常,在动物疫情的活跃阶段,我们更容易在老鼠体内观察到显著的病理变化。

表 4　常德地区啮齿动物检验记录（1941 年 12 月 24 日—1942 年 6 月 30 日）

时间	啮齿类动物检查数				确诊数				可疑数				受感染啮齿类动物占比			
	a	b	c	d	a	b	c	d	a	b	c	d	a	b	c	d
12.24—1.1 & 1.30—1.31	28	30	1	59	□	□	□	5								8.47%
2.1—2.15	15	37	2	54	7	6	0	13	1	3	0	4	46.67%	16.22%	0.00%	24.07%
2.16—2.28	53	52	9	114	2	15	2	19	4	1	1	6	3.77%	28.85%	22.22%	16.67%
2月总计	68	89	11	168	9	21	2	32	5	4	1	10	13.26%	23.60%	18.18%	19.05%
3.1—3.15	100	231	48	379	4	68	2	74	12	16	7	35	4.00%	29.44%	4.17%	19.53%
3.16—3.31	94	300	37	431	15	89	3	107	10	23	8	41	15.96%	29.67%	8.11%	24.83%
3月总计	194	531	85	810	19	157	5	181	22	39	15	76	9.79%	29.57%	5.88%	22.35%
4.1—4.15	52	189	12	253	17	98	3	118	4	13	2	19	32.69%	51.85%	25.00%	46.64%
4.16—4.30	20	69	19	108	3	36	2	41	0	2	0	2	15.00%	52.17%	10.53%	37.96%

续表

时间	啮齿类动物检查数				确诊数				可疑数				受感染啮齿类动物占比			
	a	b	c	d	a	b	c	d	a	b	c	d	a	b	c	d
4月总计	72	256	31	359	20	134	5	159	4	15	2	21	27.78%	52.34%	16.13%	44.29%
5.1—5.15	10	40	10	60	2	8	3	13	2	3	2	7	20.00%	20.00%	30.00%	21.67%
5.16—5.31	14	79	59	152	1	7	8	16	1	10	6	17	7.14%	8.86%	13.56%	10.53%
5月总计	24	119	69	212	3	15	11	29	3	13	8	24	12.50%	12.61%	15.94%	13.68%
6.1—6.15	12	50	66	128	2	2	1	5	0	1	2	3	16.67%	4.00%	1.52%	3.91%
6.16—6.30	18	87	38	143	0	3	1	4	2	1	4	5	0.00%	3.45%	2.63%	2.80%
6月总计	30	137	104	271	2	5	2	9	2	2	6	8	6.67%	3.65%	1.92%	3.32%
以上月份总计	416	1162	301	1879				415				139				22.09%

a. 沟鼠　b. 屋顶鼠　c. 小鼠　d. 总计

表 5　常德患鼠疫啮齿动物的分布

地区	感染数目	首例感染发现日期
关庙街 鸡鹅巷	24	1. 30
大河街	1	2. 20
	2	2. 26
	2	2. 27
康德医院附近	1	2. 27
	2	2. 28
		□
Total	32	

地区	检查数目	确诊数
关庙街 鸡鹅巷	395	96
康德医院附近	95	21
大河街	116	23
救急院	115	14
西门	12	1
北门	105	26
城外	2	/
总计	840	181

D. 跳蚤的研究

跳蚤是鼠疫传播过程中最重要的昆虫媒介,其危险性甚至超过老鼠,因为跳蚤本身很少因鼠疫而死亡,且其携带鼠疫病菌的传染期较长。在鼠疫流行期间,对跳蚤的传染性、不同种类跳蚤的感染比例及指数进行深入研究至关重要,尤其是关注克氏指数(cheopea index)及跳蚤感染率。印度鼠蚤(Xenopsylla cheopis)在流行病学上尤其危险,主要有两个方面的原因:其一,当其感染鼠疫耶尔森菌(B. pestis)时,印度鼠蚤的前胃(ante-stomach)与真正的胃(stomach proper)交界处更容易发生阻塞,这是因为该交界处内壁上有更多的齿状结构,增加了阻塞的可能性,从而提高了其传播能力。其二,该种跳蚤的幼虫并不以血液为食,而是以米粒等谷物为主要食物,因此印度鼠蚤通常大量存在于米店和粮仓,并且随着大米的运输,鼠疫极易从一个地方传播到另一个地方。

对于死亡啮齿动物的跳蚤收集,通常采用解剖镊子梳理动物毛发,同时将其放置在装有水的盆中,以便跳蚤浮出,随后将跳蚤转移到盛有酒精的培养皿或玻璃瓶中进行保存。对于活体啮齿动物的跳蚤收集,则需将装有被捕获动物的布袋放入密封容器内,并倒入氯仿以麻醉动物和跳蚤。大约 10 分钟后取出布袋,并用镊子小心收集跳蚤。这一方法有助于计算克氏指数。在家庭环境,特别是疫区家庭,可使用一种简单的方法来收集跳蚤:在地面或地板下方稍低处放置一个半满油的托盘,并在夜间于附近设置一盏微弱的灯光以吸引跳蚤。这种方法有助于跳蚤的研究和监测。若实验条件允许,应进行动物实验,即将压碎的跳蚤混合液涂抹在豚鼠皮肤上,以测试跳蚤是否携带鼠疫病菌。这是因为鼠疫在跳蚤之间的传染往往早于啮齿动物之间感染的暴发。因此跳蚤的感染可以成为鼠疫流行的先兆。即使啮齿动物的感染情况表面上明显有所缓解,跳蚤体内的病菌仍可能持续存在数月,延续疫情风险。

在我们的数据中,所收集的跳蚤数量相对较少。这主要是因为大多数被检查的啮齿动物已死亡,其中一些甚至严重腐烂,导致许多跳蚤在样本送达前已逃逸。尽管曾开展活鼠捕捉行动,但结果仍然不尽如人意。根据表 6 的统计数据及图 3 的曲线分析,可以观察到印度鼠蚤(Xenopsylla cheopis)数量稀少,而欧洲鼠蚤(主要为横滨角叶蚤 Ceratophyllus anisus)占据主导地位。直到 6 月下旬,印度鼠蚤的比例才有所增加。事实上,这 10 只印度鼠蚤均来自城东地区捕获的一只活体褐家鼠(Rattus norvegicus)。此外,从啮齿动物体表采集到的人蚤(Pulex irritans)和鼠蚤(Ctenocephalides felis)数量极少,不足以提供有统计意义的结论。因此,由于数据不足,无法计算克氏指数。

表6　1941年11月12日至1942年6月30日常德检查跳蚤统计表

时间	发现跳蚤数目（按种类计数）						跳蚤感染比例				
	a	b	c	d	e	f	a	b	c	d	e
12.24—1.1 &1.30—1.31	7	47	50	0	0	104					
2.1—2.15	2	109	20	0	1	132					
2.16—2.28	4	162	41	0	0	207					
2月总计	6	271	61	0	1	339	1.77%	79.94%	17.79%	0	0.29%
3.1—3.15	26	□	90	0	0						
3.16—3.31	11	□	150	1	0						
3月总计	37	1444	240	1	0	1722	2.15%	83.74%	14.25%	0.06%	0
4.1—4.15	0	607	222	0	0	829					

续表

时间	发现跳蚤数目（按种类计数）						跳蚤感染比例				
	a	b	c	d	e	f	a	b	c	d	e
4.16—4.30	1	137	128	2	0	268					
4月总计	1	744	350	2	0	1097	0.09%	66.7%	32.05%	0.15%	0
5.1—5.15	0	□	17	0	0						
5.16—5.31	1	□	66	0	0						
5月总计	1	133	85	0	0	219	0.46%	60.73%	38.51%	0	0
6.1—6.15	0	10	6	0	0	16					
6.16—6.30	10	6	19	0	0	35					
6月总计	10	16	25	0	0	51	19.60%	31.37%	49.03%	0	0
上述月份总计	62	2608	811	3	1						

a. 印鼠客蚤　b. 横滨角叶蚤　c. 缓慢细蚤　d. 有人蚤　e. 猫栉首蚤　f. 总计

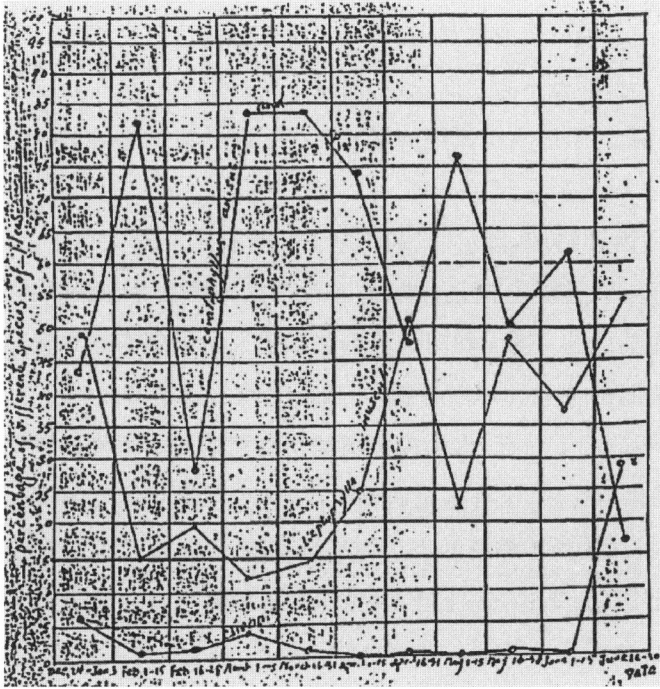

注释:□ 折线下半段，印鼠客蚤比例突然增加，是因为在该市城区东部捕获了一只活的褐家鼠，采集到了10 只印鼠客蚤。

图 3　在啮齿动物身上收集到的不同种类跳蚤的百分比

E. 研究分析与讨论:

人间传播的鼠疫并非简单地直接从病原体到人，现将整个传播过程所包括的各个要素概略如下:

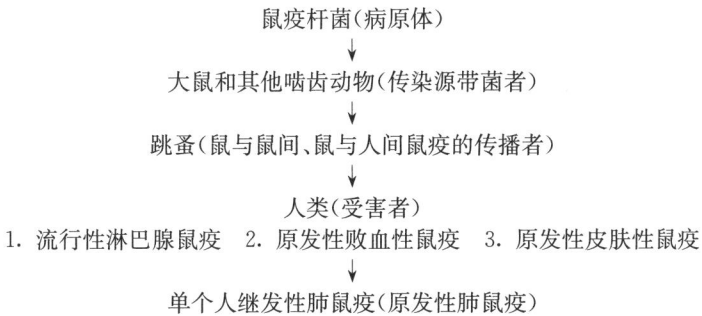

鼠疫杆菌(病原体)
↓
大鼠和其他啮齿动物(传染源带菌者)
↓
跳蚤(鼠与鼠间、鼠与人间鼠疫的传播者)
↓
人类(受害者)
1. 流行性淋巴腺鼠疫　2. 原发性败血性鼠疫　3. 原发性皮肤性鼠疫
↓
单个人继发性肺鼠疫(原发性肺鼠疫)

显然，日军飞机抛洒的米粒和棉絮中一定含有感染鼠疫的跳蚤。大米是老鼠的理想食物，因此老鼠很容易因摄食受污染的大米而感染鼠疫。首批感染的老鼠会通过跳蚤这一媒介将鼠疫进一步传播给其他老鼠,导致更多老鼠染病。同时,随着感染鼠的增加,被感染的跳蚤数量也随之增加。当老鼠因鼠疫大量死亡时,跳蚤不会立即死亡,而是因缺乏宿主而转而叮咬人类,从而引发人间疫情。因此,人类鼠疫的暴发往往紧随啮齿动物的鼠疫流行之后。

在我们研究的啮齿动物中,感染鼠疫的老鼠中黑家鼠占据更高比例。由于黑家鼠通常栖息在人类居住的房屋内,并容易与人类接触,因此这一情况必须被视为更严重的威胁。图4和图5分别展示了人类鼠疫病例与感染鼠数量及感染比例之间的关系。可以看到,当啮齿动物的感染率超过20%时,人类疫情随之暴发。自5月起,人类疫情与动物疫情均开始下降。尽管6月上半月的天气已相当炎热,仍有零星病例出现,这表明鼠间鼠疫的实际严重程度可能被低估,因为所检测的啮齿动物数量有限,不足以全面反映疫情状况。进入6月下旬,鼠疫感染率下降,且零星病例的减少进一步表明预期的鼠疫淡季确实已经到来。鼠疫在夏季自然衰退的原因涉及多个因素,其中最重要的因素是:在夏季的高温环境下,跳蚤的传播能力较弱,其感染力低于温度与湿度均适宜的春秋两季。另外,啮齿动物体表跳蚤的种类、数量及湿度条件也对鼠疫的流行产生重要影响。

在传染病流行之初,啮齿动物对感染没有免疫力,因此非常容易受到感染。随时间推移,它们逐渐产生免疫力,并能将其传递给后代。这种免疫力能持续多久尚不清楚,但通常在流行病结束后就会消失。从点图中我们可以看到常德地区感染老鼠的分布相当广泛。这是城市中感染的老鼠、人们和携带感染跳蚤的患者的流动的结果,也有可能是新的老鼠随轮船和火车来到此地,这就是为什么在鼠疫流行期间易感啮齿动物会不断出现。

我们的跳蚤数据显示,印度跳蚤极为罕见。然而,这并不表明常德地区的印度跳蚤数量确实稀少。未能捕获更多东方鼠蚤的原因,或许在于我们尚未能成功从城市的每个角落,尤其是米店和仓库中捕获老鼠。实际上,仅一只褐家鼠就为我们提供了10只东方鼠蚤,这一事实足以证明上述推测并非空穴来风。克氏指数的上升,往往是鼠疫即将爆发的前兆。

鼠疫杆菌通常较易在腺鼠疫患者的淋巴结脓液和肺鼠疫患者的血性痰液中被检测到。然而,在败血性鼠疫患者的外周血液中,除非是在临终前不久,否则检出该菌往往较为困难。因此,败血性鼠疫的早期诊断更需依赖细致入微的观察和审慎的判断。在鼠疫诊断中,宁可及早怀疑病例,也不可因迟疑而错失最佳救治时机。

必须明确指出,这5例康复的患者均曾接种过鼠疫疫苗。尽管该疫苗无法使人体完全免疫鼠疫,但它能够增强患者的抵抗力,从而减轻病情的严重程度,使医护人员有自购的时间进行治疗。

从表2可见,性别与年龄对鼠疫感染的影响并不显著。然而,表1的记录显示,目前尚未发现5岁以下儿童感染鼠疫的病例。

新型药物磺胺噻唑相较于抗鼠疫血清更受青睐,主要因其使用便捷且副作用较少。在鼠疫流行期间,血清的需求量极大,然而由于生产和运输的困难,尤其是在战时的中国,往往难以及时获得充足的血清供应。

血清存在有效期,而磺胺噻唑片则因其紧凑包装而便于运输,且在妥善保存下不易变质。治疗过程中,若能严格遵循碳酸氢钠的使用规范,如采用无蛋、低动物蛋白饮食并及时补充液体,便可有效避免硫血红蛋白血症和肾损伤等毒性反应。在临床治疗中,磺胺噻唑的疗效显著。尽管该药物本身并不直接杀菌,但它能显著增强机体的抗感染能力。特别是在早期确诊的腺鼠疫患者中,治愈率可达69—70%,但对于败血性鼠疫患者,治疗效果则较差。目前,我们的治疗方案为初始剂量2—4克(4—8片),随后根据病情严重程度,每隔2—4小时追加1克。若患者未出现血尿等严重情况,则按此频率持续用药;若出现血尿,则需减少剂量或终止治疗。同时,每日分两次服用1克碳酸氢钠。

鼠疫患者的心脏功能因毒素影响而明显削弱,因此应特别注意避免患者心脏负担过重。在康复期间,至少需要卧床休息一周,以确保身体恢复。在病程中,通常建议使用强心剂或滋补剂,以此提高康复的概率。

第二部分　鼠疫防控措施的深入探讨

湖南是当今中国的重要省份之一。它不仅通过水路、公路和铁路连接

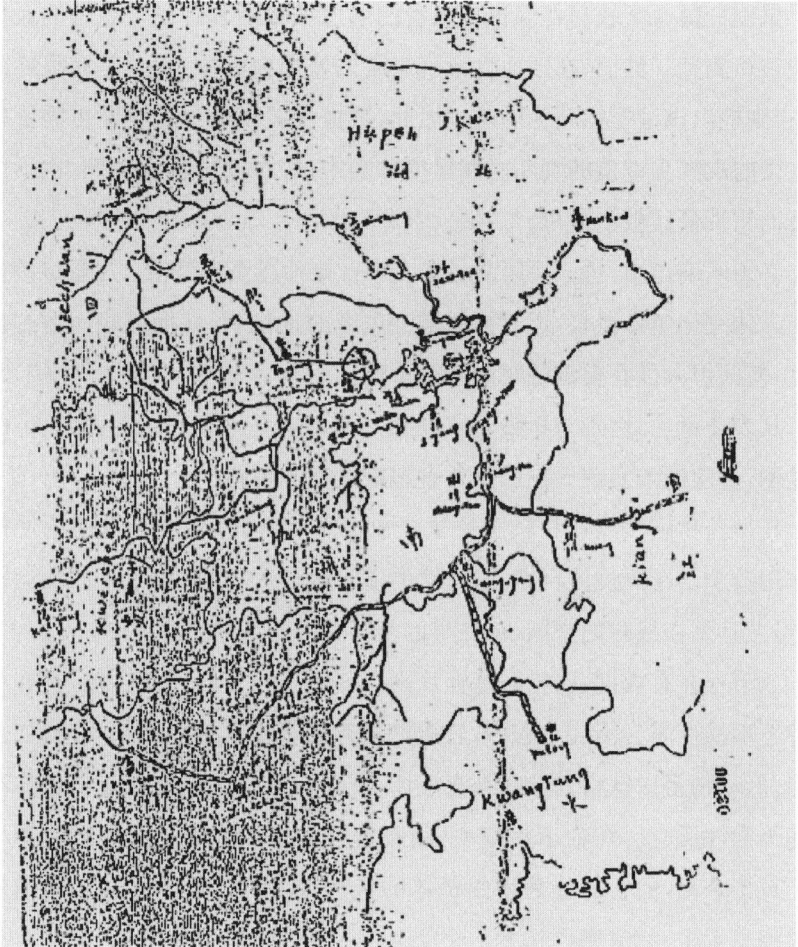

中国西南各省,发挥着交通枢纽的关键作用,同时也是全国著名的稻米和棉花产区,尤其是洞庭湖周边的安乡、益阳、汉寿、南县和常德等地。虽然常德本身并非主要的稻米和棉花生产县,但其地理位置十分重要,是这些农产品输往外省的重要交通枢纽。该城市通过以下几种方式与其他地区紧密相连:

A. 向西通往湖北的大庸、鹤峰、恩施,再经由此通往四川万县。

B. 先经沅水水路抵达沅陵,再由公路通往永顺、恩施和万县。

C. 从沅陵经公路向西,经芷江进入贵州。

D. 经由洞庭湖,有 3 条重要通道:

1. 向东南经湘江至长沙。

2. 向东北顺长江而下直达汉口。

3. 向西北沿长江上行至沙市,再通往宜昌和万县。

从长沙可通过铁路前往广东和江西。

综上所述,跳蚤(尤其是印度跳蚤)极易随着棉花和稻米的运输被带往各地。加之交通便利,老鼠和鼠疫患者也能轻易离开疫区。因此,常德鼠疫的严重性不仅体现在本市内部的疫情情况,更在于其向周边地区乃至邻近省份扩散的巨大风险。因此,必须严格落实防控措施。笔者试图详细探讨所有应采取的防控措施,其中部分措施已在常德开始实施。整体防疫工作方案参考了伯力士医生的规划:

鼠疫预防工作方案:

一、疫区防控措施

  A. 总体措施:

    1. 公共卫生宣传

    2. 大规模疫苗接种

    3. 灭鼠行动

      a. 灭鼠措施

        Ⅰ)捕杀　　　Ⅲ)投毒

        Ⅱ)陷阱诱捕　Ⅳ)熏蒸消杀

      b. 主要防鼠措施

      c. 次要防鼠措施

      d. 食品保护

      e. 清洁(垃圾处理)

    4. 疫情监测与实验室检测

    5. 行政管理

      a. 设立防疫委员会和技术委员会

      b. 商店、仓库及公众集会场所等的规管

  B. 疫区防治措施:

  1. 收治患者

2. 隔离密接

3. 消灭跳蚤与老鼠,病进行防鼠处理

4. 妥善处理死尸

5. 疏散人员(封锁疫区的房屋)

6. 焚烧房屋

二、疫区周围防控措施:

A. 检疫与隔离

1. 旅客及其行李的管控

2. 稻米与棉花的管控

3. 全面交通管制

4. 船舶管制

B. 邻近城市的防疫措施:

1. 防疫宣传

2. 基于鼠类和跳蚤调查的灭鼠措施

3. 实验室检测与疫情监测

4. 准备工作

a. 筹备疫苗接种

b. 防疫工作所需的人员、物资和基础设施

5. 成立防疫委员会

6. 对入境旅客和货物,尤其是来自疫区的人员和物资,实施检疫措施

以上各项防控措施将逐一进行详细探讨。

一、疫区防控措施

A. 疫区的一般防控措施:

1. 公共卫生宣传

公共卫生宣传的重要性无需赘述,防疫工作的有效推进离不开群众的理解与配合。由于鼠疫主要在贫困人群中传播,传统的宣传方式,如报纸、海报、宣传册以及公共集会演讲,往往难以奏效,许多贫困居民可能不识字,或因生计所迫无暇阅读和参加集会。因此,最有效的方式是选择合适的时间,挨家挨户进行宣传。在宣传过程中,应特别关注房屋的建筑结构,确保

防鼠措施得当,检查房屋是否存在双层隔板、天花板和地板,并评估居民的食物储存方式是否符合防鼠要求。同时,需特别注意是否有病鼠或死鼠的出现,并对每户检查情况进行简要记录和分类归档。在宣传过程中,应向居民讲解防鼠、灭鼠及食物储存的方法,并普及鼠疫的传播途径和预防措施,讲解内容应尽量通俗易懂,态度真诚亲切。宣传结束后,应在一周后重新检查这些住户,观察是否采取了改进措施。如果没有任何改善,则应再次给予指导,并在几天后进行第 3 次检查。若仍未见整改,则必须由卫生防疫部门对商店和仓库采取强制性防疫措施。

2. 大规模接种疫苗

正如第一部分所述,抗鼠疫疫苗并不能完全防止感染鼠疫。然而,在尚无更优的免疫手段之前,仍建议进行大规模接种,因为该疫苗能够降低感染风险,并在不幸感染的情况下减轻病情。从免疫学角度来看,仅接种一剂疫苗不足以提供全面保护,需追加加强针以增强免疫效果,提高机体的抵抗力。

在城市主干道设立接种点并非最便捷的方式,因为人们往往不会主动前来接种第 2 针疫苗。因此,为了提高疫苗接种率,最有效的方法是挨家挨户进行接种,并应在家庭成员方便的时间安排接种工作,通常在傍晚或中午进行,以提高接种覆盖率。保长和乡长应积极协助疫苗接种工作,以确保顺利推进。在接种过程中,必须严格遵守无菌操作规范,这样不仅能减少人们因卫生问题而拒绝接种的借口,同时也能防止因操作不当引发谣言和恐慌。此外,应提前向群众告知可能发生的不良反应。对于完成第 2 或第 3 针接种的人员,应发放接种证明,并详细记录接种日期,以便后续跟踪管理。

严格来说,所有人都应参与大规模疫苗接种,但为了减少群众的抵触心理,可以豁免以下 3 类人群:

(a) 两岁以下的幼儿。

(b) 重症患者,尤其是患有慢性疾病的人群,如肺结核、心脏病、肾病等。对于患有急性疾病的人员,应在其病情痊愈后再进行接种。

(c) 孕妇。

很遗憾,孕妇也必须被列入可豁免的人群之一。由于受传统观念影响,当地人普遍忌讳为孕妇接种疫苗。如果孕妇在接种后发生流产或早产等情况,即便并非疫苗所致,人们仍可能将责任归咎于疫苗,从而引发不必要的争议和恐慌。然而,如果孕妇的家属对接种没有异议,我们应尽一切可能为其接种疫苗,以确保其免疫保护。

疫苗的免疫效力通常持续时间较短,一般不超过 3 至 6 个月。因此,如果疫区鼠疫仍未得到控制,就必须在免疫失效前进行补充接种。截至目前,常德市内所有医疗机构以及设立于 6 座城门口的检疫站,以及水路要道落路口和皇木关等地均已开展疫苗接种。然而,截至 5 月,仅有 28.6％的人口(包括军队)完成接种(见表 7),这意味着只有极少数人获得了疫苗保护。鉴于疫情预计将在秋季爆发,因此计划在 8 月初启动挨家挨户的接种工作,以提高免疫覆盖率。

表 7　常德预防性鼠疫疫苗接种记录表

接种次数 \ 月份	11.12—12.31	1	2	3	4	5	6	总计
第一次	2909	2370	1750	4566	6407	1018		19 020
第二次	1353	790	1180	2632	2779	671		9403
总计	4262	3160	2930	7198	9186	1689		28 405

注释:常德市人口数　平民　62 510
　　　　　　　　　军队　4000
　　　　　　　　　总计　66 510
　　接种人数(包括军队和平民)　19 020
　　接种人数百分比　28.60％

研究表明,疫苗只能提供短暂的保护,并不能彻底消灭鼠疫。因此,疫苗接种必须与大规模灭鼠行动同步进行,才能有效遏制疫情的蔓延。

3. 灭鼠行动

a. 灭鼠——可以通过捕杀、捕捉、投毒和熏蒸 4 种方式进行。捕杀老鼠的方法虽然简单,但对于感染鼠疫的老鼠来说,这种方法存在较大的风险。诱捕老鼠需要一定的技巧,捕鼠器以及放置在其中的饼干或肉类必须避免沾染人的气味,因为老鼠十分机警。因此,在使用捕鼠器之前,应先用火焰灼烧,并要求操作人员在触碰捕鼠器或放置诱饵前先用泥土擦拭双手,以免留下人的气味。此外,必须告知家庭成员,在夜间设置捕鼠器时应妥善存放食物,并指导他们在捕获老鼠后,应将捕鼠器及被困的老鼠一同放入提供的布袋中。否则,不应随意触摸或移动捕鼠器。

毒饵投放最适宜使用碳酸钡,因为这种毒物对老鼠具有强烈毒性,但对人类和其他家畜无害。制作毒饵时,应按照 1:4 的比例将碳酸钡与面粉充分混合,然后加入适量清水,揉捏成直径约 1 英寸的小球。接着,将这些毒饵球浸入融化的石蜡或烛蜡,或在动物油或植物油中快速油炸。制备完成后,毒饵球必须用筷子夹取和分发,严禁直接用手触碰。在正式投放毒饵前,建议先用不含毒药的面粉球进行 1 至 3 晚的试验,以评估该家庭或区域内老鼠的数量及其是否会取食毒饵。碳酸钡的主要优点在于,老鼠摄入后会引发急性胃肠炎,导致极度口渴,并被迫离开室内寻找水源,最终死在屋外。

然而,这种方法在鼠疫流行高峰期并不理想。

熏蒸灭鼠的最佳化学药剂是氰化钙粉末(商品名为氰化氢)。该药剂在潮湿空气中会缓慢释放氢氰酸,相比直接使用氢氰酸气体更加安全,且还能杀灭跳蚤。这种方法虽然成本较高,但在鼠疫流行期间是最有效的灭鼠方式。在实际应用中,通常使用专门设计的喷雾泵,将喷嘴小心插入已找到的鼠洞,然后封闭喷嘴周围的洞口,以防止有毒气体泄漏。当一名工作人员操作气泵向鼠洞中喷入药剂时,另一名工作人员必须在房屋周围巡视,检查是否有其他鼠洞发生泄漏,因为鼠洞往往是相互连通的。一旦发现泄漏,应立即封堵,如有必要,可在每 1000 立方英尺的空间内喷洒 50 毫升催泪瓦斯,以防止人员误入受污染区域。对于结构坚固的房屋,这种方法安全且高效。然而,对于建造不牢固、鼠洞过多的房屋,该方法较为危险,灭鼠效果也较差。特别是对于茅草屋顶、泥土建造的房屋,此方法绝对不适用,以免发生意外。因此,该方法必须由专业人员操作,以确保安全和灭鼠效果。

b. 主要防鼠措施:灭鼠仅是一种临时性措施,必须辅以长期的防鼠措施才能有效控制鼠患。根据经验,大规模灭鼠行动后,老鼠的繁殖速度往往加快,因为幸存的老鼠获得了更充足的食物和更舒适的栖息环境。因此,房屋的建造必须确保老鼠无法躲藏和繁衍,以从根本上减少鼠患。防疫部门的卫生工程师应参与新建房屋的设计,确保建筑结构具备防鼠功能。在建造新房之前,房主必须先向警方报告,警方再向防疫部门报备,以获取相关防鼠指引和批准,确保新建筑符合防疫要求。

c. 次要防鼠措施:部分贫困家庭无力承担新房建设的费用,因此,为了实现防鼠目标,现有房屋应进行适当的改造。例如,拆除双层隔断、地板和天花板,并封堵鼠洞,从而彻底消除老鼠的藏身之地。此外,防疫部门的卫生工程师应密切关注此类问题。

d. 食品防护:食品防护是控制家中鼠患最有效的方法。如果没有锡罐或其他密封容器,可利用当地的水缸存放食物。人们最容易忽视的一点是,晚餐后应立即清理餐桌,而不是让食物残渣整夜留在桌上。如果不加以防范,老鼠便会在夜间找到丰富的食物,并频繁光顾。而如果它们无法获取食物,自然会选择离开。

e. 清洁:必须保持房屋和街道的清洁,以减少老鼠的栖息地。破损的家具不应堆放在角落或阁楼,因为这些闲置物品会为老鼠提供藏身之处。事实上,这类家具通常已经无法再次使用,因此建议劝导居民将其作为柴火焚烧,以彻底清除老鼠的躲藏空间。此外,柴火、箱子等需要堆放的物品,应架高放置,并与墙壁保持一定距离。垃圾应在天黑前妥善倒入公共垃圾箱,并加盖密封。建议每隔1至2个月定期组织环境卫生检查,确保社区卫生状况达标。

上述5项防鼠措施实际上是所有防疫措施中最重要的环节。鼠疫流行的低发期是开展大规模灭鼠与防鼠行动的最佳时机,只有提前做好防控,才能有效避免秋季疫情的暴发。

4. 疫情监测与实验室检测服务

应要求警方、保长和乡长积极配合,建立严密的疫情情报收集网络,确保对鼠疫病例的快速掌握和响应。所有病患和死亡病例必须尽早上报,并由医务人员及时检查,以确保疫情的早期发现和控制。此外,我们应积极争取当地医生和中医的理解与支持,促使他们主动报告掌握的可疑病例。只有依靠这样完善的疫情监测体系,才能尽可能地发现和控制鼠疫病例,即便无法做到全覆盖,也能掌握大部分病例,提高防疫工作的有效性。必须再次强调早期病例报告的重要性,只有尽早发现并治疗患者,才能有效减少死亡率,并阻止疫情的扩散。所有医务人员必须配备诊断记录本,详细记录患者姓名、住址、发病日期、关键时间节点、主要症状和体征。防疫部门应定期派遣检查员,审查各医疗机构的病例记录,一旦发现可疑病例,必须立即开展深入调查。

疫情检测需要简易的实验室,其中应配备显微镜用于快速诊断病例,并设立专门的房间或棚舍,用于检查啮齿动物及实验动物,以满足病原检测需求。此外,还必须设立尸检室。

5. 行政措施

鼠疫预防委员会应由当地负责人及相关行政管理人员组成,而技术委员会则应由医疗和卫生防疫人员构成。防疫工作的规划和执行必须由技术人员主导,而非行政人员。

技术人员必须具备迅速应对的能力,精力充沛,诚信可靠,意志坚定。尤其在疫情暴发初期,必须严格执行各项防控措施,并落实必要的惩罚机制,以确保社会公众遵守防疫规定。

商店和仓库必须严格遵守防鼠措施和食品储存管理规定。在肺鼠疫暴发期间,所有公共集会必须暂停。

B. 疫区中心控制措施

1. 患者住院管理

住院治疗不仅有利于患者的康复,还能有效控制疫情的传播。一方面,患者在医院能够获得良好的护理、合理的饮食、绝对的卧床休息以及及时的针对性治疗;另一方面,集中收治病患能够切断传播途径。

2. 接触隔离

肺鼠疫患者的密切接触者必须隔离观察至少一周,期间每日两次测量体温、脉搏和呼吸频率。任何轻微的体温升高或脉搏加快都应被视为疑似病例,并立即与其他接触者隔离。若病情恶化,必须立刻展开治疗。腺鼠疫患者的接触者通常无需绝对隔离，但建议暂时疏散，因为若长时间与病患同住，被感染跳蚤叮咬的风险会大幅增加，进而可能感染鼠疫。必须严加管理，防止接触者逃脱，尤其是肺鼠疫患者的密切接触者。

3. 灭蚤和灭鼠

灭蚤与灭鼠必须同步进行，否则若仅灭鼠而未清除跳蚤，残留的跳蚤将转而叮咬人类。因此，腺鼠疫患者的家中应喷洒煤油乳剂，以同时开展灭蚤与灭鼠工作。对于肺鼠疫患者的住所，无需使用福尔马林或硫磺对房间进行全面消毒，但应特别处理被血痰污染的区域，因为其传染性极强。处理方法包括用 100℃ 沸水清洗被污染的地板和床铺，然后喷洒石灰进行消毒，床铺建议直接焚烧处理，以彻底消除病菌残留。酒精虽是最有效的消毒剂，但其价格昂贵。消毒后的房间应封闭至少一周，并同步开展防鼠措施。

隔离医院及隔离密接者的营地必须全面做好防鼠及灭蚤、灭虱、除臭虫等工作，所有入院患者或被隔离者在进入病房或帐篷前，必须接受彻底的灭蚤处理，如有必要，还应同步进行灭虱处理。

4. 尸体的处理

最安全的尸体处理方式是焚烧，但由于人们普遍反对火葬，目前采用的替代方案是将疑似或确诊感染鼠疫的尸体安葬在专门设立的墓地。棺材应由坚固耐用的材料制成，内部铺撒石灰。同时，墓地的地势应适当抬高，确保尸体被埋葬在至少 6 英尺（约 1.8 米）以下。在经历一个炎热季节后，如果家属有意愿，棺材可迁移至其他墓地进行重新安葬。

5. 邻近房屋的疏散

对于确诊病例所在房屋的邻近住户，应立即进行疏散，并将居民转移至专门为隔离准备的公共建筑。在疏散过程中，必须确保被腾空的房屋彻底清除老鼠和跳蚤，并在必要时实施卫生消毒和防疫改造，以降低鼠疫传播的风险。居民何时可以返回，应根据疫情的传播情况和控制效果进行评估。如果条件允许，建议居民尽可能远离原住所，直到鼠疫季节结束。

6. 焚烧房屋

焚烧房屋的措施应在疫情初期，即仅有少数房屋受感染时实施。在焚烧之前,必须封闭所有门窗,并彻底堵塞房屋与外界相连的沟渠或洞口,确保没有老鼠从房中逃脱。当疫情进入高峰期,由于受感染房屋数量过多,且建筑密集,焚烧房屋已不再适用。在极端情况下,如检疫措施无法执行,且周边地区面临严重感染威胁,才可考虑焚烧整个城市,但此举必须慎之又慎。若决定焚毁城市,必须首先修建一道围绕全城的安全隔离墙。

二、疫情发生区域周边的应对措施:

A. 隔离措施

隔离本身无法彻底消灭疫情,但能够有效防止感染扩散至周边地区,从而减少疫情波及范围。尽管此措施执行起来较为复杂且费时费力,但仍必须严格落实。

1. 旅客及其行李的管理

在鼠疫的潜伏期内,很难判断患者是否已经感染。如果此类患者(尤其是肺鼠疫患者)被允许前往其他地区,极有可能引发新的疫情。莫林乡的案例就是一个典型的例证。1942年5月底,肺鼠疫疫情在莫林乡暴发,源头是一名曾前往常德经商的不幸感染者。他在感染后尚处于潜伏期便返回了桃源县下属的莫林乡。最终,他本人及包括其家人在内的5人全部死亡,此外,还有11名曾与其接触的人也相继染病去世。所幸,此次肺鼠疫疫情的传播模式与典型肺鼠疫有所不同,因缺乏血痰和咳嗽等常见的传播媒介,疫情未能广泛扩散,最终自行消退。

腺鼠疫患者的接触者一般无严重传染风险,可自由活动,但其行李必须进行彻底的灭蚤消毒处理。

按照规定,所有肺鼠疫患者及其密切接触者必须被严格筛查并立即隔离,以防止疫情扩散。在肺鼠疫暴发期间,除非经过数天的检疫隔离,否则禁止任何人员通行。如有必要,火车、轮船、公共汽车等公共交通工具也必须暂停运营。

2. 水稻与棉花的防控措施

疫区生产或储存的谷物和棉花一律禁止外运,以防止鼠疫通过携带跳蚤的货物扩散至其他地区。若货物在运输途中经过疫区,则不得在该地卸货,并且必须在天黑前离开。否则,货物将被扣留并进行检疫。

3. 船舶管制

船舶管制至关重要,因为船只是老鼠传播疫情的重要载体。规定拂晓前和傍晚后,所有船只不得靠近疫区岸边,必须停泊在距离岸边至少20英尺(约6米)之外。夜间必须拆除连接船体与岸边的甲板。天黑后,只能通过小型船只进行往来船舶与陆地。

B. 邻近城市的预防措施:

这些内容在此不再赘述,其实施方式将大致按照上述措施执行。

总　结

1. 湖南常德地区的鼠疫暴发,是由于日军于1941年11月4日从飞机上投下被鼠疫病菌污染的稻米和棉花。

2. 研究对1941年11月12日至1942年6月30日期间的人类鼠疫病例进行了分析和讨论。在17名确诊患者中,5人康复,另有1名疑似病例痊愈。此外,发现20具尸体经检测为确诊病例,另有3具尸体被判定为疑似病例。以下几点值得注意:

a. 在疫情期间,腺鼠疫和原发性肺鼠疫的诊断相对较为容易,但对于败血性鼠疫病例,在发病早期,通过外周血液检测鼠疫杆菌则较为困难。

b. 早期使用大剂量磺胺噻唑治疗,结合综合治疗和充分护理,可使60—70%的腺鼠疫患者康复,甚至有可能挽救部分原发性肺鼠疫患者。然而,迄今为止,尚未成功治愈任何败血性鼠疫确诊病例。在使用磺胺噻唑治疗过程中,尚未观察到严重的毒性反应。

c. 抗鼠疫疫苗接种虽无法提供完全免疫保护,但可减轻病情严重程度,使感染者的症状较轻,并降低疫苗接种后仍感染鼠疫人群的死亡率。

3. 共检测1879只老鼠,其中4月份的感染率达到44.40%,属中等水平。研究表明,当啮齿类动物的感染率超过20%时,人类疫情极易爆发。

4. 从受检的啮齿动物中收集3536只跳蚤进行研究,结果发现印鼠客蚤较为罕见。

5. 疫情防控方案已得到充分讨论。

四、江西

江西省卫生处处长熊悛关于南城毕云乡发现鼠疫案致卫生部电
（1947 年 2 月 19 日）

卫生部钧鉴：

　　准赣东鼠疫防治处兼处长汤宗威丑微电开："南城毕云乡坪上村子寝至三十一晨止发现鼠疫病例五人，均死亡。经派员驰往调查证实第一病例系由福建与黎川交界处所染疫至死，刻仍在积极防治中。"等由；准此，除电复督饬严行防范外，理合电请鉴核。

江西省卫生处处长熊悛叩丑皓卫四印

（台北"国史馆" 028 - 040000 - 0241）

关于伯力士报告临川南丰鼠疫严重须加强防疫案
致江西省卫生处熊处长、刑大队长电
（1947 年 5 月 22 日）

南昌省卫生处熊处长、刑大队长：

　　据伯力士报称临川南丰鼠疫严重，应加紧防治。南昌防疫工作如地方卫生机关能多负责，可将本部驻省各单位外调，仰核办具报呈部。

防长养印

（台北"国史馆" 028 - 040000 - 0241）

江西省卫生处处长熊悛关于九江疫情及防治情况致卫生部呈
（1947 年 5 月 22 日）

　　案查前奉卫生署郊灰电开："九江生命活水医院电告九江发现鼠疫，仰查明是否属实并酌拨疫苗及璜安药品具报。"等因；奉此当经本处以长途电话查询九江省立医院，据称并无其事，以郊文电复鉴核在案。嗣准卫生署防疫处来函以："准九江生命活水医院函告，九江发现鼠疫，嘱即查明真象见复。"等由。据将卫生院郊巧代电称："据驻九江陆军整编第(153)旅函报，该旅(457)团驻大校场步炮连发现腺鼠疫患者士兵黄作明一名，经该旅军医室

对症治疗,注射鼠疫血清及内服大量色芳噻唑而告痊愈,当即派员调查该区,未发现大批死鼠,而第二患者迄今亦未发现,除加紧防范,并转知防疫委员会积极展开工作外,理合电呈鉴核。"等情;据此,本处为明了确实起见,经以郊宥辰虞代电,饬省立九江医院火速查明具报。去后,资该处院辰佳代电复称:"(36)卫二字第零七二零号代电奉悉,驻军(153)旅(457)团士兵黄作明换腺鼠疫,事经本院派员调查该旅军医室并未作细菌检验,自称腺鼠疫病例,已证实不确,特电复请鉴核备查。"等情;据此,理合备文呈报钧部鉴核。
谨呈
　　卫生部部长周

江西省卫生处处长熊悛

（台北"国史馆" 028 - 040000 - 0241）

熊悛关于上饶医院死亡患者经检定确系鼠疫病致卫生部电

（1947 年 6 月 5 日）

南京卫生部部长周钧鉴:

　　据省立上饶医院呈送类似鼠意患者已死亡之王永茂血片一张,经会同伯力士检定,确检出鼠疫杆菌。除饬严加防治外,特电鉴核。

职熊悛巳微卫二印

（台北"国史馆" 028 - 040000 - 0241）

熊悛关于金溪浒湾发现死鼠 200 多只及病例 2 人致卫生部电

（1947 年 8 月 19 日）

卫生部部长周钧鉴:

　　据报金溪浒湾发现死鼠 200 余头,类似病例二人。除电饬检验确实并严密防治外,特电鉴核。

职熊悛叩未皓卫肆印

（台北"国史馆" 028 - 040000 - 0241）

东南鼠疫防治处处长左吉关于南昌发现败血性鼠疫案致卫生部电

（1947 年 8 月 22 日）

南京威升（卫生）部部长周钧鉴：

据本处南京第三检疫站电称："南昌末筱发现败血性鼠疫，一死。"等情；据此，除电饬加紧防治外，谨电鉴核。

卫生部东南鼠疫防治处处长左吉公出

技正吴云鸿代末防（养）

（台北"国史馆"028 - 040000 - 0241）

卫生部关于金溪浒湾发现死鼠及病例
请严加注意并随时具报事宜致江西省卫生处电

（1947 年 9 月 9 日）

江西省卫生处（36）卫肆字第零五三四号末皓代电，连一应详将发现死鼠日期逐日死亡头数及鼠疫病例详为具报。浒湾内务东粮食集数中心镇市蔓延堪虞，应严加注意，除分电东南鼠疫防治处外，合亟电仰遵照，并将疫情随时具报。

卫生部防（36）申佳印

代电字第 8318 号：

东南鼠疫防治处，据江西省卫生处末皓卫四代电内："查金溪浒湾发现死鼠 200 余头，类似病例二人。"等情；惟查浒湾内务东粮食集数中心镇市蔓延堪虞。除电复外，合亟电仰详实，严加注意。

卫生部防（36）申佳印

（台北"国史馆"028 - 040000 - 0241）

熊悛关于崇仁连垠乡发现鼠疫请派防疫队案致卫生部呈

（1947 年 12 月 11 日）

卫生部部长周钧鉴：

准第七区专员汤宗威亥支电告，崇仁连垠乡发现鼠疫，死亡十余人，请派防疫队防治等由;除派队驰往防治外,谨电察核。

职熊悛叩亥真卫四印

（台北"国史馆" 028－040000－0243）

浙赣铁路局关于上饶、沙溪两地发现鼠疫
拟该两车站暂不停靠车辆案致卫生部电

（1947 年 12 月 16 日）

南京卫生部公鉴:

准防(36)亥真 14082 号代电:"为上饶、沙溪两地发现鼠疫,嘱本路行车于该两站暂不停靠,并将堆集该两站米棉拨铁篷车数辆熏蒸消毒后起运,以免疫氛流传。"等由。查本路为防止鼠疫流传,经已斟酌疫情于车经沙溪站时暂不停靠。至上饶方面,近七日内迭据电报尚无新发现者。除已饬本路医务机构会同各方卫生当局切时举办防疫严格管制,旅客实施预防针药凭证购票,免致蔓延外,至应否停止靠车,拟现视疫情演进情形,再行决定。庶于防疫交通兼筹并顾。又五桂山疫区既近来车站,可否施行隔离方法,该站堆存货物据贵部在饶梅主任称已举行消毒。奉电前因,谨电复请查照。

浙赣铁路局亥(铣)总文 18538

（台北"国史馆" 028－040000－0242）

浙赣铁路局关于上饶、沙溪疫情案致卫生部电

（1947 年 12 月 17 日）

南京卫生部公鉴 O 密:

据上饶诊所亥寒(十二月十四日)饶医(四八零)号电称:"(一)上饶本月十四日前,患者一人,住院;(二)本日无新患者;(三)沙溪疫情仍猖獗,并间有疑似肺鼠疫患者数例,俟查后详报。"等情。谨电请察照。

浙赣铁路局叩亥筱(十七日)总医五一三七号

（台北"国史馆" 028－040000－0242）

浙赣铁路局关于上饶、沙溪疫情案致卫生部呈

(1947 年 12 月 18 日)

南京卫生部公鉴 O 密:

　　据本局上饶诊所亥铣医四零三电称:"(一)上饶本日前患者一人,现已治愈出院;(二)本日新患者无;(三)本日前死亡者二十一人;(四)本日死亡者无;(五)沙溪发现疑似肺鼠疫患者三例,俟检定后详呈。"等情。谨电请察照。

浙赣铁路局亥巧(十八日)总医五一六六号

(台北"国史馆"028 - 040000 - 0242)

东南鼠疫防治处处长左吉等关于黎川上饶两县鼠疫疫情案致卫生部呈

(1947 年 12 月 31 日)

　　查江西黎川上饶两县发生鼠疫,经派本处驻南昌第三检疫站主任曹晨钟就近前往调查防治,该员于十二月四日到达黎川,八日转抵上饶,谨将疫情分报于后:

　　一、黎川:自本年六月份起即有病例发现,但当地卫生院并无确实记载,至七月十四日为生院报告患者一例,其后是否有继续发县,仍无记载。迨至十月份后,疫势转剧,查据该县卫生院登记自十月十九日至十一月廿九日,城区患者一百一十例内死廿三例,因当时为经镜检确否,无法查考。又距该县六十华里之樟村有居民一人于十一月五日由城内染疫返里后,该村即有被染患者八人,死亡二人。至十一月廿日疫势已渐平息,现该县由卫生院及省防疫第五中队负责防治。

　　二、上饶:自本年十一月七日于该现五桂山发现腺鼠疫患者一例,已死亡。直至十二月七日止,共发现患者廿九例,死亡十九例。经防治后,疫势已停,惟距该县城东五十华里之沙溪乡民郑良记于十月廿七日发病死亡,至十二月十四日止,该乡共计患者四十七例,死亡三十三例。又临毗广丰县属之道士堂亦有二例发现,详情仍在调查中。上饶县疫情业由中央医防总队第十五队、省防疫第四队、县卫生院及浙赣铁路医院等分别负责防治。

以上二县防治鼠疫工作已由本处查代处长陪同伯力士专员,于十二月十二日离榕前往督导,详请续报外,理合先将调查经过具文呈报,仰祈鉴核。谨呈
部长周

卫生部东南鼠疫防治处处长左吉公出

副处长代理处务查良钟公出

技正吴云鸿代

(台北"国史馆"028－040000－0241)

江西省卫生处处长熊悛关于上饶、沙溪上周均无新鼠疫病例案致卫生部电

(1947 年 12 月 31 日)

卫生部部长周钧鉴:

案据省立上饶医院院长黄枢亥梗电称:"本县火车站二周、沙溪上周均无新鼠疫病例发现。"等情;除指复准予备查,仰仍随时严加防范以免死灰复燃外,理合电请鉴核。

江西省卫生处处长熊悛亥世卫四叩

(台北"国史馆"028－040000－0243)

江西省卫生处处长熊悛关于南丰疫情案致卫生部呈

(1948 年 1 月 22 日)

卫生部钧鉴:

案据省防疫大队本年元月十九日防传字第零零四八号呈称,案据本队第二中队六分队长喻卓如本年元月十四日防柒字第0043号代电称:"南丰日昨突发现鼠疫新病例一名,患者万根英,女性,年十一岁,江西南昌人,住东门外余家排一号,于元月十一日起病,恶寒、高热、呕吐、颜面苍白、右腋窝淋巴腺肿大如鸡卵大,十四日死亡。现除加紧防治外,谨特电请钧长鉴核。"等情;据此,除已另饬该分队切实加强预防注射及严密消毒外,理合转呈钧处核备等情;据此,理合电请鉴核。

江西省卫生处处长熊悛子养卫四印

(台北"国史馆"028－040000－0243)

江西省卫生处处长熊悛关于南丰疫情案致卫生部呈

（1948 年 1 月 26 日）

卫生部钧鉴：

据南丰卫生院子皓代电呈报该县于本月中旬复发现类似鼠疫患者二例，一为万根英，年十一岁；一为李守进，年二十四岁。均住城区，该患者等恶寒、发热、淋巴腺肿大，业已移送隔离病院治疗，并于附近施行预防注射及严密消毒。请鉴核等情。查患者万根英前经本处代电报请鉴核，并电饬该院严密防治在案。兹据报前情一并电请鉴核。

江西省卫生处处长熊悛子宥卫四印

（台北"国史馆"028 - 040000 - 0243）

熊悛关于南丰发现鼠疫患者案致卫生部电

（1948 年 3 月 20 日）

南京卫生部部长周 O 密：

据报南丰中华路五十四号于二月发现鼠疫患者汤成辉一名，于二日死亡。特电奉闻。

职熊悛寅巧（十八日）卫四叩印

（台北"国史馆"028 - 040000 - 0241）

浙赣铁路局局长侯家源关于贵溪花桥乡发生鼠疫案致卫生部电

（1948 年 5 月 20 日）

南京卫生部赐鉴：

据本路南昌分院卯哿电称："南昌市报载赣省贵溪花桥乡第一、二两保发生类似鼠疫，死亡十余人。"等情。本路据报后，除即饬本路医疗机构会同地方防疫机关密切联系，协同防治外，并另派本路防疫队驰往暨电呈交通部转请大部加强浙赣沿线防治各在案。兹据本路防疫队四月二十六日报告称："贵溪鼠疫发生地点据东南鼠疫防疫处及赣省卫生处防疫队告知，系在该县花桥乡一、二两保距城九十华里，由当地卫生院调查发现于本年二月间，患者症状为恶寒高热，颈部淋巴腺肿胀，约二至五日死亡，后皮肤发黑,迄今并无新患者。"等情;据此,谨将此次贵溪发生类似鼠疫情形电请鉴核。

浙赣铁路局局长侯家源叩辰哿印

(台北"国史馆"028－040000－0241)

五、福建

福建省卫生处关于福州郊区确诊一鼠民已报告案之电文

(1947年5月8日)

榕西郊区腺鼠民(1)确,已报省。

闽卫生处乙齐(八日)

(台北"国史馆"028－040000－0243)

福建省卫生处关于连江县发现鼠疫、脑膜炎请派防疫队协防案致卫生部电

(1947年5月17日)

南京卫生部钧鉴:

据本省连江县政府雨辰佳不列字第四三八一号代电畧以该县黄岐、鳌山等乡镇发现鼠疫、脑膜炎,流行甚剧。除派防疫队驰往协防外,谨电察鉴。

福建省卫生处乙(　)印

(台北"国史馆"028－040000－0243)

福建省卫生处关于沙县夏茂镇发现鼠疫请派员协防案致卫生部电

(1947年5月17日)

南京卫生部钧鉴:

据本省沙县卫生院雨辰灰院沙字第一六零号代电畧以该县夏茂镇于四月七日发现鼠疫第一病例。除加紧防范并派员协助外,谨电察鉴。

福建省卫生处乙(　)印

(台北"国史馆"028－040000－0243)

卫生部关于查明福州西郊区发现腺鼠疫病例案致福建省卫生处电

（1947 年 5 月 17 日）

福州福建省卫生处鉴：

据该处乙齐电报榕西郊区发现鼠疫一例。兹又据医防第四大队报告，榕市西门外十余华里之林森县属后尾乡中档地方居民张用兴于东发病，入院经检验确实为腺鼠疫。查上项病例是否系因病例，本部亟待明察，仰即查复为荷。

卫生部防(36)辰筱印

（台北"国史馆" 028－040000－0243）

东南鼠疫防治处处长左吉关于林森县马尾、君竹保发现鼠疫患者致卫生部电

（1947 年 6 月 30 日）

卫生部部长周钧鉴：

据报林森县马尾、君竹保发现鼠疫患者，经本处派员前往该地防治，自六月十九日至廿三日发现患者七例，其中两例经境检确时为鼠疫并以死亡，余均检验中。除严密防治并函海港检疫所外，谨电鉴核备查。

东南鼠疫防治处处长左吉公出

技正吴云鸿代

巳防(卅)叩

（台北"国史馆" 028－040000－0243）

福建省卫生处关于华安县义驹乡发现腺鼠疫并填送疫情询报表事宜致卫生部电

（1947 年 7 月）

南京卫生部钧鉴：

查本省华安县义驹乡发现腺鼠疫，经电报在案。兹饬据电复："本腺鼠疫刻已全部扑灭，计患七人，治愈三人、死亡四人，详情另报。"等情。除饬应依照规定填送疫情询报表呈核外，谨电察核。

福建省卫生处卫丙（ ）印

（台北"国史馆" 028－040000－0243）

福建省卫生处关于莆田县报告鼠疫患死病例案致卫生部电

（1947 年 8 月 6 日）

南京卫生部钧鉴：

　　据本省莆田县卫生院七月中旬报表鼠疫患死各二例。谨电察核。

福建省卫生处卫丙（　）印

（台北"国史馆" 028－040000－0243）

福建省卫生处关于长汀县疑似鼠疫病例经确诊
不是鼠疫病例因此未上报案致卫生部电

（1947 年 8 月 14 日）

卫生部钧鉴：

　　本省长汀县卫生院五月下旬报表鼠二例，经电报在案。兹饬据查复：
"查本院于五月三十日门诊部份间有外地厦门籍旅客来院就诊，该病人当时
以鼠蹊部淋巴腺有发肿，热度甚高，神识昏迷，情形拟似鼠疫，值适下旬表报
时期，故已列报。旋经治疗数日，视其经过情形证实非患鼠疫，系恶性疟疾
兼胫部旧创再发炎症，故于六月份上旬未列报。奉电前因，理合将查明情形
具文呈报察核。"等情。查该院以未经诊断确实，病例滥填报表殊属不合。
除饬嗣后关于疫情报告应切实注意办理外，理合据情电请察鉴，并将本处五
月份下旬疫情汇报表及五月份法定传染病统计表所内长汀鼠疫二例注销，
在总计栏内各减去二人为祷。

福建省卫生处卫丙（　）印

（台北"国史馆" 028－040000－0243）

福建省卫生处关于惠安县鼠疫病例统计表案致卫生部电

（1947 年 8 月 23 日）

南京卫生部部长周钧鉴：

　　据本省惠安县卫生院六月下旬表报鼠疫病例患七死三、七月上旬患
六死二、中旬患五死一、下旬患三死一；永春卫生院七月中旬患八死二。

谨电察核。

福建省卫生处卫丙(　)印

（台北"国史馆"028－040000－0243）

福建省卫生处关于仙游、晋江、莆田、海澄四县鼠疫患者统计表案致卫生部电

（1947 年 8 月 26 日）

南京卫生部部长周钧鉴：

据本处仙游县卫生院七月下旬表报鼠疫患(2)；晋江县卫生院八月上旬表报鼠疫患(2)；莆田县卫生月八月上旬表报鼠疫患(3)、死(2)；海澄县卫生院八月上旬表报鼠疫患死各(2)。谨电察鉴。

福建省卫生处卫丙(　)印

（台北"国史馆"028－040000－0243）

福建省卫生处关于南安县发生疫情并请派员协防案致卫生部电

（1947 年 8 月）

卫生部部长周钧鉴：

据本省南安县卫生院七月上旬表报鼠疫患(17)、死(4)，中旬患(10)、死(1)。查该县系医防第四大队第十六队防区，自五月份起不断发生鼠疫，蔓延甚虞。除电请医防第四大队及东南鼠疫防治处由晋江就近派员前往协防，并饬南安卫生院应迅速扑灭外，谨电察核。

福建省卫生处卫丙(　)印

（台北"国史馆"028－040000－0243）

福建省卫生处关于永定县、海澄县鼠疫病例报告案致卫生部电

（1947 年 12 月 8 日）

南京卫生部钧鉴：

据本省永定县卫生院十一月上旬表报鼠疫患死各一例；海澄县卫生院十一月中旬表报鼠疫患者二例。除分别电饬严密防治勿使蔓延外，谨电察核。

福建省卫生处卫丙(　)印

（台北"国史馆"028－040000－0243）

福建省卫生处关于晋江县肺鼠疫疫情并加紧防治致卫生部电

(1948 年 1 月 3 日)

南京卫生部钧鉴：

　　据本省晋江县卫生院雨亥养晋卫丙字第九三七号代电称："据惠世医院十二月十八日疫情报告该院收容患者一名，经检验系患肺鼠疫，已死，查该患者为本县四维乡乌石村与南安县系毗连。除派员积极预防外，并通知南安县知照。"等情。除饬加紧防治勿使蔓延外，谨电察核。

福建省卫生处卫丙(　)印

(台北"国史馆"028－040000－0243)

东南鼠疫防治处关于漳洲石码中镇居民患腺鼠疫病致卫生部呈

(1948 年 1 月 5 日)

南京卫生部钧鉴：

　　查闽南漳洲石码中镇海关后路四十二号住民林凤淮于上年十二月廿五日患腺鼠疫，尚在隔离治疗中。理合电请鉴核。

东南鼠疫防治处(37)子歌印

(台北"国史馆"028－040000－0243)

东南鼠疫防治处关于同安县大同镇及民安乡发生腺鼠疫案致卫生部电

(1948 年 1 月 6 日)

南京卫生部钧鉴：

　　据本省同安腺(县)卫生院雨亥回卫建字第二七七九号代电称："本县大同镇及民安乡先后发生腺鼠疫十五例，刻由院派员积极防治中，详填疫情旬报表。谨电鉴核。"等情。谨电察核。

福建省卫生处卫丙(　)印

(台北"国史馆"028－040000－0243)

东南鼠疫防治处关于南安县腺鼠疫疫情报告致卫生部电

（1948 年 1 月 9 日）

南京卫生部 O 密：

南安冬(二日)腺鼠四。

东南鼠疫防治处叩

（台北"国史馆" 028 - 040000 - 0243）

关于未接到福州市政府及检疫所疫情报告请核查至
卫生部医疗防疫总队第四医防大队电

（1948 年 1 月 9 日）

福州卫生部医疗防疫总队第四医防大队：

据戊齐电称："十一月上中旬鼠民九死四等情"。查是项疫情是否发现于榕市,迄未接福州市政府及检疫所情报,仰克日查复。

（台北"国史馆" 028 - 040000 - 0243）

福建省卫生处关于邵武县鼠疫病患统计案致卫生部电

（1948 年 1 月 11 日）

南京卫生部钧鉴：

据本省邵武县卫生院卅六年十二月中旬表报鼠疫患(5)、死(3)。谨电察照。

福建省卫生处卫丙(　　)印

（台北"国史馆" 028 - 040000 - 0243）

福建省卫生处关于霞浦县鼠疫病患统计案致卫生部电

（1948 年 1 月 13 日）

南京卫生部 O 密：

霞浦灰(十日)天民确,已报。

闽卫生处世元(十三日)印

（台北"国史馆" 028 - 040000 - 0243）

福建省卫生处关于龙安县发现鼠疫并派员前往防治案致卫生部电

（1948 年 1 月 14 日）

南京卫生部钧鉴：

　　据本省龙安县卫生院齐电报,本县靖城山边保发生鼠疫,经派员前往防
治等情。谨电察核。

福建省卫生处卫丙（　）印

（台北"国史馆" 028 - 040000 - 0243）

医疗防疫总队第四大队兼大队长吴云鸿关于未接到
福州市政府及检疫所疫情报告经查明案致卫生部呈

（1948 年 1 月 14 日）

南京卫生部部长周钧鉴：

　　奉钧部一月九日防（37）字第零四六九号代电开："据戌有电称："十
一月上中旬鼠民九死四。"等情。查是项疫情是否发现于榕市,迄未接福
州市政府及检疫所情报,仰克日查复。"等因；奉此,查戌有电原文起首尚
有"邵武"二字,系电局将该二字遗漏。奉电前因,理合复鉴。复查邵武
鼠疫已饬由所属第一巡回医防队加紧防治以后,并无新病例发生；合并
陈明。

医疗防疫总队第四大队兼大队长吴云鸿（37）肆技子寒叩

（台北"国史馆" 028 - 040000 - 0243）

福建省卫生处关于晋江县发现肺鼠疫并派员严密防治案致卫生部电

（1948 年 1 月 15 日）

南京卫生部钧鉴：

　　查本省晋江县四维乡乌石村于去年十二月发现肺鼠疫一例,经电报在
案。兹饬据查复,本县四维乡疫情经漏夜派员驰往严密防治,旬来并无新患
者发现等情。理合电请察核。

福建省卫生处卫丙（　）印

（台北"国史馆" 028 - 040000 - 0243）

福建省卫生处关于龙安县鼠疫报表并派医防大队加紧协防案致卫生部电

（1948 年 1 月 15 日）

南京卫生部钧鉴：

据本省龙安县卫生院三十六年十二月下旬表报鼠疫一例。除饬会同本处医防大队第四队加紧防治并分电外，谨电察核。

福建省卫生处卫丙（ ）印

（台北"国史馆"028－040000－0243）

福建省卫生处关于南安县发生鼠疫并派员携带药品前往协防案致卫生部电

（1948 年 1 月 20 日）

南京卫生部钧鉴：

据本省南安县卫生院露子鱼卫防字第七号代电称："据本县施山卫生所报告：'该镇林炳前街等系发生腺鼠疫四例，已死二人。'等情。除派员携带药品前往协同防治外，理合将情电察查。"等情。谨电察核。

福建省卫生处卫丙（ ）印

（台北"国史馆"028－040000－0243）

东南鼠疫防治处关于南靖、晋江发现腺鼠疫案致卫生部电

（1948 年 1 月 21 日）

南京卫生部周钧鉴：

据本处驻晋江第一检疫站本年一月十九日电称："南靖山城乡微日发现腺鼠疫一例死亡。又晋江县属永宁真日发现首例腺鼠疫。"各等情。除饬严密防范外，理合电呈鉴核。

卫生部东南鼠疫防治处(37)子哿叩

（台北"国史馆"028－040000－0243）

福建省卫生处关于光泽县鼠疫病患报表统计致卫生部电

（1948 年 1 月 23 日）

南京卫生部钧鉴：

据本省光泽县卫生院元月上旬表报鼠疫患(3)、死(2)。除饬加紧防治

勿使蔓延外,谨电察核。

福建省卫生处卫丙( )印

(台北"国史馆"028-040000-0243)

福建省卫生处关于同安县鼠疫病患报表统计致卫生部电

(1948年1月27日)

南京卫生部钧鉴:

据本省同安县卫生院三十六年十二月下旬表报鼠疫患(15)例、死亡(8)人(三七年元月上旬已无新发现)。谨电察核。

福建省卫生处卫丙( )印

(台北"国史馆"028-040000-0243)

福建省卫生处关于邵武、惠安、晋江、平和、

南靖五县鼠疫病患报表统计致卫生部电

(1948年1月27日)

南京卫生部钧鉴:

据本省邵武县卫生院(36)年十二月上旬表报鼠疫患(3)、死(1),中旬患(5)、死(3)(下旬已无发现);患安县卫生院十二月上旬表报鼠疫患(1)(中下旬均无发现);晋江县卫生院十二月中旬表报鼠疫患(1)、死(1)(下旬已无发现);龙溪县卫生院十二月下旬表报鼠疫患(1)(卅七年元月上旬无发现);平和县卫生院十二月下旬表报鼠疫死亡四例;南靖县卫生院十二月下旬表报鼠疫患(8)、死(5),卅七年元月上旬患(1)、死(1)。除分别转饬加紧防治,勿使蔓延外,谨电察核。

福建省卫生处卫丙( )印

(台北"国史馆"028-040000-0243)

福建省卫生处关于南安县鼠疫病患报表统计致卫生部电

(1948年1月27日)

南京卫生部钧鉴:

据本省南安县卫生院三十六年十二月下旬表报鼠疫患(4)、死(2)(卅七元月上旬已无新发现）。谨电察核。

福建省卫生处卫丙（ ）印

（台北"国史馆"028 - 040000 - 0243）

福建省卫生处关于同安县鼠疫病患报表统计致卫生部电

（1948 年 2 月 2 日）

南京卫生部钧鉴：

据本省同安县卫生院元月中旬表报鼠疫患（3）、死（2）；宁化县卫生院元月上旬表报天花二例。谨电察核。

福建省卫生处卫丙（ ）印

（台北"国史馆"028 - 040000 - 0243）

福建省卫生处关于古田县鼠疫病患报表统计致卫生部电

（1948 年 2 月 2 日）

南京卫生部钧鉴：

据本省古田县卫生院三十六年十一月上旬表报鼠疫患（11）、死（9），中旬患（11）、死（3），下旬患（10）、死（4）（十二月上旬已无发现）。谨电察核。

福建省卫生处卫丙（ ）印

（台北"国史馆"028 - 040000 - 0243）

福建省卫生处关于松溪县鼠疫病患报表统计致卫生部电

（1948 年 2 月 9 日）

南京卫生部钧鉴：

据本省松溪县卫生院三十六年十二月上旬表报鼠疫（2）例，中旬表报（2）例。谨电察核。

福建省卫生处卫丙（ ）印

（台北"国史馆"028 - 040000 - 0243）

东南鼠疫防治处关于安溪泰安乡疫情致卫生部呈

(1948 年 2 月 9 日)

南京卫生部部长周钧鉴:

　　据本处驻晋江第一检疫站二月六日电:"安溪泰安乡一月九日发现腺鼠疫首例病人。"等情。除饬严密防范外,理合电呈鉴核。

卫生部东南鼠疫防治处(37)丑佳叩

(台北"国史馆"028 - 040000 - 0243)

福建省卫生处关于平和、海澄两县鼠疫病患报表统计致卫生部电

(1948 年 2 月 10 日)

南京卫生部钧鉴:

　　据本省平和县卫生院元月上旬表报鼠疫患死各四例;海澄县卫生院元月中旬表报鼠疫患死各四例。除饬加紧防治勿使蔓延外,谨电察核。

福建省卫生处卫丙(　)印

(台北"国史馆"028 - 040000 - 0243)

福建省卫生处关于南安鼠疫病患报表统计致卫生部电

(1948 年 2 月 19 日)

南京卫生部钧鉴:

　　据本省南安县卫生院元月中旬表报鼠疫患(9)、死(6),下旬无发现。谨电察核。

福建省卫生处卫丙(　)印

(台北"国史馆"028 - 040000 - 0243)

福建省卫生处关于南靖县鼠疫疫情案致卫生部电

(1948 年 2 月 23 日)

南京卫生部钧鉴:

　　据本省南靖县卫生院元月下旬表患(4)、死(1)。查该县一月份各旬均有星散鼠疫发现,蔓延堪虞。除本处医防大队派员前往防治,以资早期扑灭

外,谨电察核。

福建省卫生处卫丙（　）印

（台北"国史馆"028－040000－0243）

福建省卫生处关于安溪县鼠疫病患报表统计致卫生部电

（1948 年 2 月 24 日）

南京卫生部钧鉴：

据本省安溪县卫生院元月下旬表报鼠疫一例。谨电察核。

福建省卫生处卫丙（　）印

（台北"国史馆"028－040000－0243）

东南鼠疫防治处关于惠安县鼠疫病患报表统计致卫生部电

（1948 年 3 月 6 日）

南京卫生部 O 密：

惠安二月廿四日至三月二日鼠四,死一。

东南鼠疫防治处叩

（台北"国史馆"028－040000－0243）

关于永嘉发现鼠疫请注意防治案致东南鼠疫防治处电

（1948 年 3 月 20 日）

福州东南鼠疫防治处：

永嘉删发现阳性鼠疫一例,仰注意防治。

（台北"国史馆"028－040000－0243）

六、云南

卢汉关于滇西发生鼠疫并组织防疫队前往防治案致行政院呈

（1946 年 9 月 1 日）

京行政院院长宋钧鉴：

密查本省滇西发生鼠疫,由府饬卫生处组织防疫队五队前往防治疫情,本已和缓。又据第六区李专员电："保山三岔河瓦屋村、热水塘等处又发生鼠疫,共病四十八人,其中死亡六人,治愈卅五人,尚有病者二十七人。疫情有扩大。"等语。查本省医药两缺,而疫情又逐渐严重,此种情形前曾在京面呈。据电前情,理合电请钧院转饬迅拨大量药械,并加派人员来滇救治为祷。

职卢汉叩 356 未世秘一印

(台北"国史馆"014-011105-0034)

云南省政府主席卢汉关于滇西鼠疫蔓延及防治情形致行政院院长呈

(1946 年 10 月 17 日)

行政院院长宋钧鉴:

案查滇西鼠疫蔓延及防治情形,迭电钧院鉴核在案。兹续据第六区行政督察专员李国清西江电称:"保山、施甸一带鼠疫最近半月仍在蔓延,据报上次留治(13)人、新病(27)人,其中死亡(5)人、治愈(23)人,尚有病者(12),正饬属加紧防治中。特电奉达。"等情;据此,除饬卫生处加紧防治,并分行外,理合电请钧院鉴核备查。

云南省政府主席卢汉叩(卅五)酉筱秘一(2)印

(台北"国史馆"014-011105-0034)

云南省政府主席卢汉关于滇西鼠疫蔓延情形致行政院院长电

(1946 年 10 月 17 日)

行政院院长宋钧鉴:

查滇西鼠疫蔓延情形,迭经电呈钧院鉴核在案。顷又据保山县长孟立人西文电称:"接防疫队报施甸打麦场,计住户八家近日有甫干才家换鼠疫,死四人。其第一死者经医检确系肺鼠疫,继死三人,未经检查,想亦属肺鼠疫,现无新发现。又施甸街疫情亦严重,人心惶惶,已电卫生处予以有效接济。特电奉闻。"等情;据此,除饬卫生处迅予防治并分行外,理合电请钧院鉴核。

云南省政府主席卢汉叩(35)酉筱秘一(2)叩印

(台北"国史馆"014-011105-0034)

云南省卫生处处长缪安成关于保山县属施甸县
发生鼠疫请迅调医防队协防致卫生部电

（1947 年 7 月 14 日）

南京卫生部部长周钧鉴：

　　案准云南省第六区行政督察专员公署江电以："保山县属施甸县发生鼠疫，死十余人。又莲山设治局患二人。"等由过处。而六月上旬复据腾冲防疫队报告该地鼠疫病亡三十余人，县清水乡仍有继续发生。兹届疫季即有流行现象，殊为可虑，似应组队前往疫区防制，惟因本年度经费未奉核定。除拟派医师二人前往协助防制，并饬疫区各县局卫生院及防疫队防治外，拟恳准照钧部本年四月九日京防（36）字第五四一零号指令，迅调巡回医防队来滇协助防制为祷。

云南省卫生处处长缪安成叩（36）未灰印

（台北"国史馆"028－040000－0244）

云南省卫生处处长缪安成关于保山、腾冲、
龙陵发生鼠疫请派队协防并拨款等案致卫生部电

（1947 年 8 月 26 日）

卫生部钧鉴：

　　据报保山鼠疫及城区死亡十余人，腾冲、龙陵亦有发生。除由职处派队迅往防制外，仍照案派队来滇或拨款，由职处在昆组队，以赴事机。

昆卫生处缪安成叩未有印（八月廿六日）

（台北"国史馆"028－040000－0244）

云南省卫生处处长缪安成关于保山疫情致卫生部部长电

（1947 年 10 月 9 日）

南京卫生部部长周钧鉴：

　　案据职处派赴保山防疫主任王天祚酉麻电报称："上周双寨肺疫续死三例；城东永和镇、永丰镇、东哨镇、打鱼村、河上村新发现现鼠疫六例，死五例；城区板桥新发现四例，隔离医院出院四例，入院三例。以上各地，皆在城

区附近二十余里内。"等情；据此，理合电请钧部鉴核为祷。

云南省卫生处处长缪安成叩（36）酉佳卫保印

（台北"国史馆"028－040000－0244）

云南省卫生处处长缪安成关于梁河、腾冲鼠疫情形致卫生部部长电

（1947年10月15日）

南京卫生部部长周钧鉴：

　　案准第六区专员公署李专员国清酉齐电报以："据梁河鼠疫严重病八十一例，死三十三里。"等由；经饬本处驻腾冲防疫队派员前往防制。兹准该队队长戴绍墀电报称："酉真电。奉悉。即往防治腾，八月份鼠疫患者一四二人死亡十六人、九月份患九九人死五人。"等情。此项疫情前皆未据报告。又本日复接保山长途电话署谓前周保山仅发现鼠疫三例，无死亡，隔离医院出院六例、入院三例。至城南二十余里秉顺镇之肺鼠疫，前发生于双寨，计三户共死十五人，经严予防制，幸不致蔓延，现已无新病例发现。以上各地疫情，理合电请钧部鉴核为祷。

云南省卫生处处长缪安成叩酉删卫保印

（台北"国史馆"028－040000－0244）

云南省卫生处处长缪安成关于腾冲库存药品及疫苗
并派队协防事宜致卫生部部长电

（1948年7月12日）

南京卫生部部长周钧鉴：

　　案据腾冲卫生院院长戴绍墀未齐电报以："九保鼠疫患者二十三人，死三人。职亲往防治。"等情；除已电饬迅就腾冲库存药品及本年六月十一日由保山领去大量鼠疫疫苗，从严防治，必要时可派驻下关、永平第三防疫队前往协助防制外，理合据情报请鉴核备查为祷。

云南省卫生处处长缪安成叩（卅七）午灰卫保印

（台北"国史馆"028－040000－0244）

云南省卫生处处长缪安成关于保山、腾冲、莲山、盈江、昆明等疫情统计表数字不符案致卫生部部长呈

（1948 年 7 月 12 日）

南京卫生部部长周钧鉴：

　　案奉钧部三十七年六月二十一日统（37）字第二零零一号指令："经核（一）三十六年云南省曾报告发现鼠疫者，已有保山、腾冲、莲山、盈江等四县，而本表内缺少保山与盈江两地数字，似属不符；（二）永平与龙陵近年均未据报有鼠疫发生，而本表内列有永平鼠疫一例、龙陵鼠疫六例，其流行情形如何，应迅即详报；（三）霍乱项下除路南已声复为非真性霍乱，应予修正外，其于昆明、永善、石屏、下关等地三十六年均未据报。仰即分别查明具报为要。"等因；奉此，查（一）保山与盈江鼠疫数字经查系属漏列，计保山县于三十六年壹至十二月共发现二一零例，死亡一一五例。盈江县共发现八例，死亡壹例；（二）永平与龙陵经详查各该县月报表，于壹月份原表永平确有壹例。龙陵却有五、六例，惟二月后均未发现；（三）昆明、永善、石屏、下官等县经查各该县原报表，昆明于四月发现霍乱五例，五月发现十例，六月发现一例，七月发现三例，八月发现一例，共计二十例。下关于六月发现三例。石屏于五月发现二例，惟均非真性霍乱。又永善壹例系属误填。奉令前因，理合据实申复，敬请钧部鉴核备查。谨呈

　　卫生部部长周

云南省卫生处处长缪安成

（台北"国史馆" 028 - 040000 - 0244）

关于永平、龙陵两地疫情报告事项之令

（1948 年 8 月 5 日）

　　卅七年七月十二日卫统字第一四二九号呈一件，为补交卅六年度省市卫生机关诊治疾病分类统计表漏报鼠疫数字祈□算呈。悉。查永平与龙陵两地近年未曾发现鼠疫，在首例发现时，应即详报，以符规定，仰将三十六年有该两地鼠疫患者姓名、籍贯、年龄、发现地点、发现日期、死亡日期、已否检

验证实、疫源传入途径等详细列表并附疫情地图补报凭核为要。此令。

(台北"国史馆" 028 - 040000 - 0244)

七、广西

教育部关于对敌机投掷疑物请协助检验研究
并协助实地防范鼠疫事项致广西省立医学院电

(1941 年 12 月)

教育部代电

广西省立医学院:

　　案准军医署/卫生署卅防一八三六号函开,查本年十一月间敌机于湖南常德桃源两地投下谷米破布等物,不数日常德发生鼠疫,值此敌人技末途穷之时,恐有行细菌兵器战争之可能,自应预谋防范,以策安全,本军医署、本卫生署现奉令妥谋防治办法及研究细菌学兵器战争施用之可能性,经已会同有关各方详细商讨,拟具适当防止方法并已分别函令有关各机关一致注意防治工作,遇有敌机投下可疑物品应即审慎从事,迅速检验报告至各医学院设备较为完全,遇有当地卫生机关检验敌机掷下疑物时,拟请尽量协助,予以便利,并对于细菌战争之可能性指定专门人员多予研究,必要时协助地方卫生机关施行细菌学病理学之检验并协助实地防治鼠疫工作。事关国防及保障民命,相应函达,即请查照转饬办理等由,除分电外,合行电仰遵照办理。

教育部

(广西省档案馆 L047 - 001 - 0251 - 0003 - 002)

广西省政府关于敌人施用细菌战术如何防范案致该省各有关机构电

(1943 年 11 月)

广西省立各医院、各医疗防疫队、南宁医药研究所、桂林、郴州、南宁、梧州各警察局,水岩镇卫生院、汝塘卫生所、浔州金秀区卫生所,各县市政府并转各该县市卫生院局均览:

　　据本府民政厅卫生处案呈准卫生署十月梗代电开,前据第二次全国防疫会议秘书处呈以全国防疫会议案内关于敌人施用细菌战术应如何严密防范一案,经决议积极方面:(一)搜集敌机投掷之物品以资研究(二)增设研究设备并设置专员研究(三)(略)。消极方面仍采用三十一年二月一日中央修正颁发之《处理敌机掷下物品须知》办理,本案原提办法仅供参考,抄同原提办法请鉴核施行到署经核尚属可行,应□照办,除分别抄发电达各省(市)卫生处(局)注意外,合更抄发原提办法电仰知照参考为荷等由,准此,合电仰各知照。

广西省政府

(广西省档案馆 L004－002－0555－0052－001)

广西省政府主席黄旭初关于严防敌机运载
白喉鼠疫细菌炸弹三万枚案致该省有关机构电

(1944 年 2 月)

广西省立各医院、各医疗防疫队、南宁医药研究所、桂林、郴州、南宁、梧州各警察局、水岩镇卫生院、汝塘卫生所、浔州金秀区卫生所,各县市政府并转各该县市卫生院局均览:

　　案奉第四战区司令长官司令部九月郴字第四四九号漾代电闻,奉委座子马(2103)电开,敌大本营于去年亥梗起,以运输机陆续载伤函白喉鼠疫各种细菌炸弹三万枚来华,准备投我内地等因,除分电外,仰即饬属注意严防等因,奉此,合电仰各切实注意严防为要。

主席黄旭初

(广西省档案馆 L004－002－0561－0060－001)

八、贵州

军政部第四防疫大队 1941 年 7 月份工作报告

(1941 年 8 月)

(一)疫情报告

甲、回归热及斑疹伤寒

本队于六月初准江防司令部及二十六集团军电告鄂西与兴山一带回归

热及斑疹伤寒流行甚厉,即于十一日派防疫专科医师由黔江经巴东兼程赶赴兴山等地考察疫病流行情形。该员于六月 24 日到达兴山,兹将其调查情形报告摘要于后:

查湖北兴山县,自二十九年十一月即有所谓寒病流行(忽然发冷发烧,烧留六七日始退,常流鼻血,全身肌肉骨节酸痛,烧退后一星期往往复发,甚至有连续复发五六次者,一概即回归热)。至三十年四月,疫势达于顶点,迟至七月,患者为数尚甚多,为明了疫厉蔓延实际情况,乃决定环视各地患病情形。于七月二十五日由兴山县步行出发,沿至保康之驿运路至各农村实地查勘患病运佚,计共查视农村七处,户口共四六七名,查出正患回归热者七人,分布五处,患斑疹伤寒者九人,分布四处,所经农村七处无斑疹伤寒之病人,即有回归热之病人,由是确知回归热及斑疹伤寒尚流行于兴山县境。

本队收到该员疫病"流行仍炽"之电报后,一面电商长官部卫生处陈处长决定以本队力量从事扑灭,一面急速准备出动本防疫大队直辖之第一第二中队,同时并动员中国红十字会分布于鄂西各地之第三中队所辖各医务队,当时更有卫生署派来兴山之医防第九队。各方均经通告应竭尽全力防治回归热及斑疹伤寒,以期于最短期限内扑灭疫病。

防治力量之分布:本队派赴鄂西之第一第二中队,商得红十字会借用汽车两辆于七月五月拂晓由黔江出发,当晚宿恩施长官部卫生处,蒙陈处长予以指示,随即开赴巴东转兴山,在兴山二十六集团军军医处,商定各方防治力量分处情形如左:

地区	兴山至保康区	兴山大峡口至马粮坪区	兴山白沙河至巴东区	宜昌马粮坪至务渡河区	秭归香溪区	秭归新滩区	宜昌曹家畈区	宜昌八斗方区	宜昌黄陵庙区
负责单位	军政部第四防疫大队第一中队	军政部第四防疫大队第二中队	卫生署第九医防队	红十字会第二一二队	红十字会第二一三队	红十字会第五七三队	红十字会第五七一队	红十字会第六三二队	红十字会第六三三队

附《鄂西防治回归热斑疹伤寒防疫队配备简图》[略]

防治工作之实施：由二十六集团军及兴山县发动地方防疫会议，联合县党部军委会战地服务团，当地中心小学及县警察，负责宣传联络通讯，并筹设当地能配置之防治器具，如灭虫之锅炉柴炭等件。防疫以及其他技术单位，则专事疫病之诊治，及防疫各门工作之技术事宜。

对于防治回归热及斑疹伤寒更厉行灭虫工作：农村灭虫，以交通经济之困难，无论采用何种形式之灭虫器，均不易筹设，乃利用各村原有之蒸酒锅□，上置圆形去底大木桶，即可用以施行灭虫，惟山间水源短少，集中沐浴则不易举行。

灭虫器或立之后，乃由县府动员中心小学教员，并令警佐警察传输各保运夫及人民，按时携带衣被于规定日期至指定地点施行灭虫。施行以来，尚称顺利，由七月二十四日至三十一日，八日之内在兴山县第一第二区内，经第一中队举行灭虫者，达一一九三人，衣被二八七一件，其他报告数字尚未到达。举行灭虫时，发现农村妇女，头虫甚多，剃发决难实行，用煤油灭虫，现亦无法施行，暂时惟用肥皂热水洗涤，但未必可彻底灭虫也。

乙、霍乱

本月内据湖南省卫生处疫情报告：武冈洞口发现二例，死亡二，湘潭一例，无死亡。以上均未经大便培养证实，本队直辖各队及中国红十字会总会在六战区服务各医务队，均未有报告。兹将本大队经治传染病报告于后：

军政部第四防疫大队第　　队
疫情月报表

疫病发现地点及发现月别　三十年七月一日至三十年七月三十一日

病名 \ 日期\类别	1 患	1 死	2 患	2 死	3 患	3 死	4 患	4 死	5 患	5 死	6 患	6 死	7 患	7 死	8 患	8 死	9 患	9 死	10 患	10 死	共计 患	共计 死	有检验室诊断者人数 患	有检验室诊断者人数 死
霍乱																								
伤寒																								

续表

日期 类别 病名	1		2		3		4		5		6		7		8		9		10		共计		有检验室诊断者人数	
	患	死	患	死	患	死	患	死	患	死	患	死	患	死	患	死	患	死	患	死	患	死	患	死
赤痢																			113				20	
斑疹伤寒																			60				4	
回归热																			30				6	
疟疾																			113				82	
天花																								
白喉																								
猩红热																								
流行性脑脊髓膜炎																								
鼠疫																								
破伤风																								
备考																								

填表人:彭达谋　　填表日期:三十年八月一日　　填表地点:四川黔江

填表注意:

1. 患代表患病人数,死代表死亡人数,如一人三日患病,五日死亡,则在三日填作患者,五日填作死者

2. 患病人数,仅填本旬内新发现者,上旬已报遇者,不再填入

3. 发现新病人但病人业已死亡,应在患及死两栏内同时填注

4. 本表每旬须填造三份,一份送防联处,一送大队部,一存查

5. 备考项内　应注明本旬报告已否填寄防联处

（二）例行工作之统计

《军政部第四防疫大队第一队工作月报表》(自三十年七月一日至三十年七月三十一日)

〔略〕

（三）训练事项

本月仍继续士兵训练每日上午用一小时举行术科训练。

（四）服务人员之考勤

本月内服务人员均能勤慎工作，亦少有请假情事。惟第一中队出发前方，于七月十六日在离兴山大峡口十华里之途中有护士陈文音不幸跌至一丈五尺高之山崖下，头顶及左小腿受伤，幸无骨折，当即用担架抬至大峡口养伤，延至二十二日伤愈回队工作。

（五）其他事件

甲、队址问题：本队队址早经决定以军政部战时卫生人员训练所第四分所为依归，奉长官陈七月十二日电令以卫训所应在湖北咸丰设置，并会同长官部陈处长办理具报。陈处长于本月十七日来黔江，于二十五日会同赴咸丰，斟定咸丰南九十公里之龙洞湾地址为所址，当即绘图签呈长官以该地房屋缺少，所有卫训所及实习医院大部房屋均须兴建，需时数月，一面仍拟在黔江筹备开课，一面赶速修建咸丰所址房座，一俟咸丰房屋略具规模，即行全部迁往设置。

乙、防疫工作人员须知之编印：本队之设职在战区防疫大队部工作人员多分散各地服务，期其工作一致或成绩化一起见，爰编订《军政部第4防疫大队工作人员须知》一篇，凡本队工作人员各给一篇，便其工作有所凭借。（附防疫工作人员须知一篇）［原文无］

（贵州省档案馆 M116-01-00288-00015）

九、内蒙古

内蒙古1950年大事日志惩办日本细菌战犯座谈会的报告（节选）

（1950年）

必须惩判细菌战犯

二月二十日内蒙古自治区人民政府召开关于惩办日本细菌战犯的座谈会。到会者多为参加过四五年防疫工作的同志，在会上兴安盟卫生科长特格喜都楞发言证明乌市的鼠疫及其他各种传染病解放后曾大流行自九月至翌年二月约死亡二千余人。这次流行的传染病无疑问是日本帝国主义散布的是属于日寇细菌战的一部份，解放后由长春伪兴安局的文件中发现一件伪兴安总省次长白滨清澄所拟就的所谓"焦土战术计划"内容包括散布细菌摧残蒙汉和平居民的生命及企图阻止苏联红军的前进,纵火焚烧重要建筑物,杀掉主要人物并将所有青年向南带走赶走牛羊马群,所剩余的牲畜内散布兽疫菌毁灭人民的财产。但由于伟大的苏联红军以极大的速度进军一举击溃了日本帝国主义,未能完全施展所谓"焦土战术计划"施逞从大焚烧重要建筑物,毁掉劳动人民的资财散布细菌放毒杀害人民生命,据调查所悉,散布细菌与放毒有以下几点根据,伪医学院长撤换,继由伪兴安总省保健科长小松兼任并小松常去白滨处连络,积极造成细菌战术,所以日寇溃败逃窜时小松、灰塚(伪医学院化验员)田丸(特务医生)昌田等人散布细菌完了最后离开王爷庙。

日寇投降后八月二十九日由东南方一架侵入乌市上空经南区百米高低空进来在铁西区上空投下像雾似的东西并扫射居民后奔向扎旗音德尔方向飞窜。九月三、四日铁西区三乡七组张镇中之子张三首先发病死亡,一家内共死亡三人先后该组死十余人,当时老乡因无知恐慌不报告,在九月十三日新生区兴滨旅馆西邻张小铺张老太太发在病前未去过远处,只到过伪医学院及特务机在等地捡洋捞再无其他经路之可考,症状有鼠蹊腺肿高热,十四日逃到南区十五日死亡,经红军军医帮助在十六日确诊为腺鼠疫当时决定进行防疫工作,十七日即苏联防疫队以防疫司令军医上校连斯基为首四十余人前来帮助进行防疫工作。参加当时防疫工作的苏尔古冷谈:"伪医学院房舍内住的红军一名被感染鼠疫而牺牲。日寇在乌市制造细菌是伪医学院化验室,在解放前系保存过生鼠疫苗,在日寇投降后由伪医学院发现(化验室)六、七箱已制成之培养基(培地)及地下冷藏室内存有大量以瓶包装的血液。"因此伪医学院是王爷庙发生鼠疫的策源地。

参加当时防疫工作的巴布哈医生谈:"仅就他熟识的同乡罗病死亡者有二十余人。"

日寇溃败逃窜时将食品中施放毒物及细菌如爱国区宁家屯等地老乡由王爷庙南山阵地捡来成袋的白面及草袋的大米食后中毒死亡并有感染鼠疫

者,宁家屯李义老乡之子李德仁(二十七万)由南山捡洋捞拉石头于旧历七月十九日患病二十七日死亡,并传染其家族及同院住户在一个院内就死亡十余口人之众,据防疫队解剖检查化验培养结果均系鼠疫。腺鼠疫传播扩大蔓延的经路,市内首先发生在铁西区逐渐蔓延到市内并蔓延到西前旗宁家屯贾家沟,周家沟,蒙古沟,赵拉麻屯,八公府等地。在十一月二十日结束,腺鼠疫的防疫工作。由十二月十日继续发生肺鼠疫,首先由爱国区北山坎李歪楞店发生二人住店的客人完全逃散,次日在市东郊乱尸岗上发现尸体十余具,经解剖触诊系肺鼠疫,并在同区西桂店住的旅客死亡十三人,客人逃跑向乡下散播了病源肺鼠疫,继续传染到西前旗,包达力根、扎旗音德尔、白城子、突泉、镇东、洮北小烧锅等地广范围。

兽医科长说:"日寇于伪满康德七年在通辽研究生菌竟以活人进行试验如将通辽南周家围子百余户的大屯子封锁起来,注射生的鼠疫细菌而被感染鼠疫死亡者即过半。"

日寇的二大四大部队是在海拉尔西头道街对外称为关东军西大仓库,但并非单纯仓库对外非常极密在这里亲身给饲养试验耗子的郝良医者解放时才跑出来据他说:"小动物房就有十多间,饲养七百多只耗子和很多的兔子海猺等,每天出入这里都是校官以上的军官(未带有卫生人员的标识)穿着白衣戴口罩眼镜在试验室时试验小动物抽血液注射等除这些人以外还常来这里的是日寇宪兵队长,这院里的长官叫田中和佐藤的两个上校院内还有三间禁闭室送到里面的犯人,也从未见过出来的。"

综合上述到会者一致认为内蒙古地区的鼠疫是日寇制造的。在日寇手中经试验而亡身的人民不下五百余,由于散布细菌(不仅鼠疫菌同时也有斑疹伤寒、回归热等急性传染病)放毒遭受杀害之人民仅一九四五年冬乌市就有二千余人一九四六年死一二人,一九四七年死一三二七六人,一九四八年死一五八五人,一九四九年死一九六人。这一笔血债必须偿还。

另一方面我们不能不想起社会主义的苏联一九四五年八月出师击溃日寇解放内蒙九月十三日发现鼠疫,九月十七日就派防疫司令连斯基为首四十余人的防疫队来乌市积极帮助进行防疫,并给予人力物力上极大的支持与技术上的指导得到很快扑灭的成绩,并三年来每年都派来防疫队以忘我的工作精神,作到乌市基本上消灭了鼠疫。哲盟逐年减少,提高了治愈率,我内蒙人民无不感激苏联防疫的这种国际主义精神,真诚友谊的帮助,我们向他们致以崇高的敬礼! 并向一九四八年来内蒙的苏联科拉夫琴阔防疫队长因劳归国而致重病致以深切的慰问。

这次苏联政府照会我国惩办日本细菌战犯是完全符合我们内蒙古人民和全世界人民的利益与要求。我们是竭诚拥护这个照会。并望迅速着手组织特别国际军事法庭审判祸首裕仁。

(内蒙古档案馆 306 - 01 - 0009)

十、东北

卫生署关于东北鼠疫情形及派员前往指导防治工作并设置防治机构等事宜致行政院秘书处电

(1946 年 10 月 15 日)

行政院秘书处公鉴:

贵处卅五年九月廿六日节京九字第 13797 号公函,及十月九日礼京玖字第 34584 号通知以:"防治东北鼠疫是否设立防疫机构,奉谕:'交卫生署再行研究。'等因;属查照办复。"等由;抄附熊主任代电二件到署。查东北鼠疫为患已数十年,远之于清末民初及民九、十年间流行,至今染疫区域已扩及吉林、辽北、嫩江与热河及辽宁六省廿八县旗。东北在战前,自民初起,即有东北防疫处及检疫医院、隔离病院之设置。敌伪时期,亦曾设置专门防疫机构,依切设施优良,成效卓著,惜经历次变化,此项机构均已不复存在。本年辽北有王爷庙、嫩江省洮南、大赉、吉林省扶余等县腺鼠疫流行,沈阳发现肺鼠疫。本署电饬东北特派员李文铭赶赴疫区调查防治,旋复加派本署防疫处处长容启荣及外及专门委员伯力士前往策划防治。数月以来,确经各方协力防治,疫势稍减,但为根治尚有待于专门机构之长期努力。另据报最近统计,民国廿三年鼠疫病例七九三例、廿四年四三五例、廿五年一四七例、廿六年二四七例、廿七年七一八例、廿八年六五七例、廿九年二五五一例、卅年七零四例、卅一年八七八例、卅二年一九六一例、卅三年一一六一例。卅四年冬辽北、嫩江、吉林三省相继发生鼠疫现已查明计有四万余例。证诸东北鼠疫每年发生周而复始,疫疬之严重不亚于东亚各省,已成地方性之传染病,蔓延堪虞。将来东北建设工作繁重,而防疫事业尤称累安,欲图根除疫疬,则设置专门之防疫机构委实无可推迟。至长春方面,已有敌伪设立之卫生技术厂建筑及设备,尚可利用,轻而易举。东北行辕熊主任电述各节,尤称实情,本署早见及此,已将建议意见拟具工作计划,迭次电请誊核转陈各在案。综上所述,益证东北鼠疫确有迅图根治之必要。相应复请查照转陈,赐复为荷。

　　　　　　　　　　　　　　　　卫生署防(35)删印

　　　　　　　　（台北"国史馆" 014 - 011105 - 0011）

第二章 特别移送档案

东安宪兵队关于拘捕审讯苏谍朱云岫的情况报告

秘:东安宪高第一七二号东安宪兵队长点检

苏联间谍朱云岫扣留及审讯情况的相关报告"书面通知"

　　　　　　　　1941 年 5 月 20 日　东安宪兵分队队长辻本信一

东安宪兵队长白濱重夫阁下

　报告开头的事项请见附册

报:队长、东安特别移送、警务厅、密国警

　关宪司、四参

抄送:队下乙

　附册

　　　1941 年 5 月苏联谍报员朱云岫的审讯情况

　　　　东安宪兵分队

　　　　　　目　录

　要旨

　一、扣留时间、地点

　二、被扣留人员的国籍、原籍、出生地、住址、职业、姓名、别名、工作名、年龄

　三、经历及事件的概要

四、扣留动机和扣留情况

五、教育程度

六、成为间谍的动机

七、出入满洲方法

八、间谍培训

九、指令、指导机关以及指令下达人

十、指令事项

十一、情报收集手段

十二、报告传达要领

十三、活动情况

十四、报酬以及资金

十五、对朱云岫的处置

十六、其它反间谍对策和建议

十七、参考事项

要　旨

（一）3月10日起对有苏联间谍嫌疑的王振达进行监视以来，发现其虽然无业却吸食大量鸦片的满人朱云岫和王振达似乎私交甚好，怀疑朱云岫是同伙，对其也展开监视。担心5月3日扣留王振达的行动惊动朱云岫，于是私下里也扣留了当天碰巧去往密山县警察本队亲哥处的朱云岫，对其审讯。得知其在1940年9月27日，在密山县黄泥河子煤矿被苏联间谍万信发展为下线间谍，两人从二人班正面入苏到达"浦拉特诺夫卡"国境警备队，在那里朱云岫接受指令，调查平阳镇的日军兵力、兵种、兵营数量等情报，并收取报酬120圆国币后返回满洲。在收集情报过程中染病，卧床2月有余，难以在规定时间内入苏汇报。对此，担心激怒苏联导致性命不保的朱云岫，计划以加入日满军警做密探的名义开展活动。

（二）朱云岫生性狡猾、思想邪恶且胆大妄为，在密山县各处诈称是特务机关或宪兵队，做尽坏事，无悔过之心，无利用价值。

具体情况如下文所示。

下记

一、扣留时间、扣留地点

1941 年 5 月 3 日

东安省东安街长明路三义栈前

二、被扣留人的国籍、原籍、出生地、住所、职业、姓名、别名、工作名和年龄

国籍:满洲国

原籍:奉天省开原县千岗王村

出生地:同原籍地

住所:东安省密山县城子河村保山屯

职业:恒山煤矿机电工

姓名:朱云岫

年龄:现年 23 岁

别名:朱焕臣

工作名:清云

三、经历以及事件概要

(1) 经历

出生在原籍地,11 岁那年的 10 月份拜托居住在密山县哈达河的叔叔朱玉亭,得以进入哈达河小学读书。4 年后的 15 岁那年 10 月份因为家庭缘故退学,和叔叔一起务农 2 年。1936 年 2 月加入密山县哈达河村的自卫团,6 个月后脱团和叔叔继续务农。1939 年 11 月,经密山县黄泥河子煤矿的机电工赵广玉介绍,在矿上当起机电工。一直干到 1940 年 9 月。此后直到现在始终无业。

(2) 家庭状况

父亲宝田(50 岁)、母亲高氏(51 岁)、妹妹秀方(17 岁)、弟弟云华(15 岁)共计 4 人在现住所务农,哥哥云□(25 岁)在密山国境警察本队任警长,目前于本月 10 日辞职,去往奉天打工,生活困苦。

(3) 事件概要

(一) 1939 年 11 月起在密山县黄泥河子恒山煤矿当机电工。次年,即

1940 年 8 月上旬左右,在煤矿附近的满人旅馆范家店,和万信在劳工宿舍的赌场相识,此后也多次一起赌博。并且接受(万信的)酒色相邀,向(万信)借钱,两人关系拉近并结为异姓兄弟。过程中万信表明间谍身份,并且怂恿朱云岫也成为间谍。朱看在异姓兄弟情分和金钱诱惑的面上,爽快地应下。9 月 27 日,两人一起从二人班正面越境入苏,到达"浦拉特诺夫卡"国境警备队,通过翻译协助,接受维奥特高级中尉关于平阳镇附近的日军状况以及鸡西发电厂的施工状况的询问,并发誓愿做苏联间谍。随后接受维奥特高级中尉的指令,调查:

　　○平阳镇平阳站施工中的兵营情况
　　○平阳镇的日军兵种和兵力
　　○鸡西的发电厂施工进度

　　中尉要求朱在 10 月 24 日或 27 日入苏汇报,并给予 120 圆作为报酬。次日,即 29 日回到满洲后根据指令内容开始调查,但偶发疾病(脚气),无法在指定日期入苏,推断会因此激怒苏联,于是朱打算利用苏方对万信的信任,让万信一块儿入苏替他解释缘由。在四处奔走寻找万信的同时,朱想到如果以日满特务机关的密探身份入苏,定会受到苏方的欢迎,于是多方设法。在平阳镇黄泥河子城子河附近,诈称是特务机关或者宪兵队的密探,做尽坏事。

　　四、扣留动机和扣留情况
　　3 月 10 日起对有苏联间谍嫌疑的王振达进行监视以来,发现虽然无业却吸食大量鸦片的满人朱云岫和王振达似乎私交甚好,怀疑朱云岫是同伙,对其也展开监视。担心 5 月 3 日扣留王振达的行动惊动朱云岫,但碰巧朱在当天去拜托密山县国境警察本队的亲哥,我们发现朱在途中入住东安街三义栈,当日便对其进行跟踪,在晚上 9 点朱于长明路十字街附近散步中,将其秘密扣留。

　　五、教育程度
　　小学读了 4 年,稍微能看懂些满字报纸,可以写些简单的文字书信,此外只会满语,不会其它外语。

六、成为间谍的动机

1940年8月在黄泥河子结识间谍万信,来往过程中关系拉近,结为异姓兄弟后,万信对朱表明其间谍身份并发出邀请。朱当时生活困苦,受金钱诱惑于是答应。

七、出入满洲方法

(一)1940年9月27日和万信一起从黄泥河子坐"公交车"到达二人班,在当地某家满人的饭馆吃完饭后等待日落,晚上9点左右从宋家大屯正面入苏。在宋家大屯往前二十多满里的国境线上被2名苏联巡查兵发现,随后被带到东南方约3满里的哨所,见到军阶不明但是形似哨所所长的苏联人。该苏联人同万信握手表示欢迎后,立刻向某处进行电话联络,大约1小时后1位苏联高级中尉以及翻译刘耀崑乘坐小型乘用车前来迎接。朱和万上车后车子驶向东南方,大约1小时后到达"浦拉特诺夫卡"国境警备队谍报部。

(二)下午12点左右出发回满,先回到入苏时经过的哨所,在哨所休息约2小时,于次日上午3点左右被2名苏联士兵原路送回满洲。

(三)"注":朱云岫被告知独自入苏越境时要报工作名,但此后再未入苏。

八、间谍培训

没有接受过特殊的间谍培训。

九、指令、指导机关以及指令下达人

指令机关	指令下达人	翻译
第六九国境警备队 "浦拉特诺夫卡"谍报部	国境警备队 "维奥特"高级中尉 32岁	满人 刘耀崑 27岁

注:结合苏谍赵振国供述综合判断,指令机关应为"伏罗希罗夫"国境警备队谍报部系。

十、指令事项

1940年9月27日在"浦拉特诺夫卡"接受维奥特高级中尉指令:

〇平阳镇的日军兵力、兵种和兵营数量

〇鸡西街的建设情况以及发电厂的施工进度

〇平阳站平阳镇中间的施工中的兵营情况

要求其在详细调查后，于 10 月 24 日或 27 日的某天入苏汇报。

十一、情报收集手段

亲自去往平阳镇和鸡西调查指令事项的日军施工情况、平阳镇的日军兵力及数量、鸡西街的发展程度和发电厂的施工状况。除此之外，还打听大众的传言。并未采取什么特殊的情报收集手段。

十二、报告传达要领

并未采取特殊的手段，根据指示事项综合目击或打听到的内容，在入苏时经刘翻译的协助直接向指令者"维奥特"高级中尉口头报告。

十三、活动情况

（一）1939 年 11 月起在密山县黄泥河子恒山煤矿当机电工。次年，即 1940 年 8 月上旬左右，在煤矿附近的满人旅馆范家店，和万信在劳工宿舍的赌场相识，此后也多次一起赌博。并且接受（万信的）酒色相邀，向（万信）借钱，两人关系拉近并结为异姓兄弟。去年（1940 年）9 月 26 日万信表明间谍身份，并且怂恿朱云岫也成为间谍。朱看在异姓兄弟情分和金钱诱惑的面上，在次日，即 27 日早，朱云岫访问在刘家店的万信，表明愿意加入成为苏联间谍，万信很是满意，并立刻邀请朱一起入苏，朱爽快地应下。当天两人就坐"公交车"到达二人班，在当地某家满人的饭馆吃完饭后等待日落，晚上 9 点左右从宋家大屯正面入苏。在宋家大屯往前二十多满里的国境线上被 2 名苏联巡查兵发现，随后被带到东南方约 3 满里的哨所，见到军阶不明但是形似哨所所长的苏联人。该苏联人同万信握手表示欢迎后，立刻向某处进行电话联络，大约 1 小时后 1 位苏联高级中尉以及翻译刘耀崑乘坐小型乘用车前来迎接。朱和万上车后车子驶向东南方，大约 1 小时后到达"浦拉特诺夫卡"国境警备队谍报部的一处约有 5 间屋子的 2 层建筑，进入其中 1 间屋子吃晚饭，有黑面包、牛肉罐头、"汤"和"咖啡"，当晚没有审讯，和万信在同一间屋子内睡下。

　　(二)次日上午 9 点左右,前一晚见过的高级中尉维奥特和翻译刘耀崑来到朱云岫两人的寝室,把万信带到别屋进行大约 1 小时的审讯后,留下万信回到朱云岫所在的寝室。

　　　　维奥特:"说说你的住所和职业。"

　　　　朱云岫:"密山县城子河,职业是机电工。"

　　　　维奥特:"入苏的目的是什么?"

　　　　朱云岫:"为了成为苏联间谍。"

　　　　维奥特:"说说你的过往经历。"

　　　　朱云岫:"上过 4 年学,之后进过自卫团,种过地,现在在黄泥河子煤矿上当机电工。"

　　　　维奥特:"说说平阳镇的日军情况。"

　　　　朱云岫:"具体不清楚,日军貌似驻扎有 3000 人左右。"

　　　　维奥特:"鸡西的发电厂施工进度怎么样?"

　　　　朱云岫:"不清楚。"

　　　　维奥特:"你真有打算成为我苏联间谍吗?"

　　　　朱云岫:"有的。"

　　在对朱云岫进行简单的审讯过后,中尉说道:"你是第一次入苏,却什么都不知道,所以给你布置一个很简单的任务,你先去完成了,下次再正式地扩大你的活动范围和资金。希望你会诚实地为我苏联尽心尽力。今天就问到这。"之后,交给万信录音机,播放了 1 天的满洲唱片来慰劳两人,提供晚饭,包括黑面包、牛肉罐头和汤。

　　(三)次日,即 28 日的 10 点左右,维奥特高级中尉和刘翻译再次来访,告知说 10 月 1 日是满洲国势的调查日期,如果不在住所就会被官宪怀疑,所以今天就要返回满洲。并要求回到满洲后要对入苏的事实绝对保密,先回家,等国势调查结束后再调查:

　　　　○平阳站与平阳镇中间地带的施工中的兵营情况

　　　　○平阳镇的日军兵力、兵种、兵营的数量

○鸡西街的建设情况以及发电厂的施工进度

要求其在详细调查后,于 10 月 24 日或 27 日的某天入苏汇报。并给予 120 圆国币作为报酬。

（四）收到指令和资金后,于当天的 24 点左右告别万信,在维奥特高级中尉和刘翻译的陪同下乘坐小型乘用车前往入苏时经过的哨所(推测为"希利亚西里"),休息大约 2 小时后于次日,即 29 日上午 3 点左右被 2 名苏联士兵送往国境线,再经由入苏时的同一路径原路返回宋家大屯,从正面入满,上午 10 点左右到达二人班乘坐"公交车"回到平阳站,最后坐火车回到住所。

（五）回到满洲后,朱云岫为了调查指令事项,亲自前往平阳镇附近四下收集情报,过程中偶然间患病(脚气),行动不便,修养了大约 2 个月。在此期间早就过了约定的入苏时间,而且活动资金也大半被用在了治疗费上。推测可能已经激怒了苏方的朱云岫决定利用苏方对万信的信任,拜托万信和他一起入苏解释缘由。于是一边寻找万信的所在,一边想着如果成为日满警务机关的密探并入苏提供情报的话,一定会讨得苏方的欢心,所以计划接近各机关的密探。但是始终没有什么成果,几近自暴自弃,在黄泥河子平阳镇城子河一带诈称自己是特务机关或宪兵队的密探,胆大妄为地进行威胁和强迫等暴行。一边收集日军军情,一边寻找万信下落,以便入苏报告。

注:正在要求详细调查以下具体情况:1. 胁迫、强盗等暴行,2. 收集到的日军情报等。

（六）朱云岫与万信在 9 月 29 日,在"浦拉特诺夫卡"分别后再未相遇。

（七）朱云岫与王振达没有任何关系,单独行动。

十四、报酬以及资金

1940 年 9 月 29 日在"浦拉特诺夫卡"从维奥特高级中尉手中收取 120 圆国币(十圆纸币 12 张),仅此一次。

十五、对朱云岫的处置

目前,朱云岫被扣留在本分队。此人生性狡猾,生来懒惰,吸食鸦片成瘾,为了生活不择手段,毫无悔改之意。而且此人入苏及返满后的恶行危害甚大,对其应严加处置,故同意作特别移送处理。

　　注:队长意见:

　　虽然此人只入苏提供过1次情报,但其恶行危害甚大,此种不法之徒应彻底扫灭,故同意分队长之意见,将此人与同党王振达一并作特别移送处理。

　　请关宪司指示。

　　十六、其它反间谍对策和建议

　　无特殊记录事项。

　　十七、参考事项

　　(一)间谍头目万信在今年(1941年)2月被平阳镇警察队抓捕,该队对万信的审讯证实朱云岫的供述为真。

　　注:朱云岫供述道他在1940年9月,被苏联间谍赵振国(万信)发展为下线,后入苏,在"浦拉特诺夫卡"国境警备队接受指令,要求在平阳镇附近搜查军事情报,并收取报酬120圆国币。由于赵振国的供述并未涉及发展朱为下线的部分,于是在5月10日,在密山国境警察本队再次审讯被扣留中的赵振国,赵坦白了一切事实。

　　(二)朱云岫的人像见附表

东安宪兵队关于拘捕审讯苏谍王振达的情况报告

东安宪高第天四号　　东安宪兵队长点检

　　苏联谍报员王振达的扣留及审讯情况的相关报告"书面通知"

　　　　　　　　　　1941年5月25日东安宪兵分队长辻本信一

东安宪兵队长白濱重夫阁下

报告开头的事项请见附册

报:队长、东安特别移送、警务厅、密国警

关宪司、四参

抄送:队下乙

附册

1941 年 5 月苏联谍报员王振达的审讯情况

东安宪兵分队

目　录

要　旨

（一）据密报，怀疑该满人为苏联间谍，自 3 月 10 日起开始监视。此后王振达似乎察觉到被我方监视，并企图逃跑。于是在 5 月 3 日对其进行秘密扣留和审讯。查明此人于 1940 年 8 月在密山县黄泥河子恒山煤矿被"伏罗希洛夫"的谍报部间谍万信发展为间谍。此后，两次从二人班宋家屯正面入苏，在"浦拉特诺夫卡"国境警备队谍报部接受高级中尉"维奥特"的指令，开始调查密山县境内的阵地、日军配置、交通状况等。

（二）王振达性情狡猾，思想上无悔改之意，判断其无利用价值，可移交"特别移送"处理。

具体情况如下所示。

下记

一、扣留年月日、扣留地点

1941 年 5 月 3 日

东安省密山县东安街长明路

二、被扣留人的国籍、原籍、出生地、住所、职业、姓名、别名、工作名和年龄

国籍：满洲国

原籍：奉天省西安县炮手堆子

出生地：同原籍地

住所：东安省密山县城子河村宝山屯

原恒山煤矿劳工（佣人）

王振达

别名：王明生

工作名：满碳

三、经历以及事件概要

1. 经历

出生在原籍地，9 岁那年 2 月上小学，读了 3 年。13 岁那年 3 月随父母搬家到现住所的位置。家人务农。王振达在平阳镇小学读了 3 年书，毕业后在老家务农。1934 年 3 月加入密山县哈达河村的自卫团。1936 年 5 月，因密山满军顾问部怀疑其私藏武器，感到危险的王振达携家投匪。后当上抗日第 3 军第 4 师保安连连长，手下有 30 号人。在 7 个月左右的时间内主要盘踞在密、勃县境内。在此期间，袭击密山县的四人班村，挟持人质，掠夺财物，极其残暴。同年 11 月，厌倦了做匪的王振达携家逃离匪窝，投奔三江省依兰县钩贞台李子明。后被苏军士兵招募，加入依兰县南门外新兵教导队。

在进入苏联工作了约 8 个月后的 1937 年 6 月，为处理做匪时期的家事，请假回密山县城子河，结果被密山宪兵分队逮捕审讯，后归顺，同时被满军除名。之后，携家在现住所务农 4 年。1940 年 3 月在密山县黄泥河子恒山煤矿当劳工，大约 1 年后的 1941 年 2 月辞职肆业，直到现在。

2. 家庭状况

当前的现住所除父亲兆金(65)、母亲于氏(55)、兄明武(35)3 人外，还有其妻金氏(21)等 8 人共同生活。没什么资产，日子过得贫困。

3. 事件概要

（一）1940 年 3 月，在密山县黄泥河子恒山煤矿当劳工（佣人），同年 8 月在碳矿附近满人客栈的刘家店吸食鸦片的过程中，碰到了同样在店内的万信，两人本不相识，但万信来借用吸食鸦片的器具，于是两人便凑到了一块儿。

> 万信："我从密山县来这黄泥河当苦力，请教下有无好去处？"
> 王振达："我在恒山煤矿当劳工，要是你愿意做苦力的话我能帮衬着点儿，你几时来我家一趟吧。"
> 万信："那我这就上你家叨扰一下，今后劳老兄多加照顾了！"
> 王振达："不打紧，跟我来吧。"

两人如是边吸食鸦片边聊着闲话，待话止后一块儿离开刘家店，前往张家街上王振达在煤矿厂的宿舍。在屋内两人也没有再闲聊，一块儿吃了午饭就分开了。此后约一周的时间，万信都在晚上拜访王振达，两人也逐渐成为好友。王振达向万信倾诉不满，说他原先在 1936 年 5 月在密山县哈达河投了匪，当上了抗日第 3 军第 4 师的保安连队队长，和手下 30 人盘踞在密、勃县境内，又在同年的 11 月归顺了密山宪兵分队，可归顺后的待遇很差，总遇上"生活困难"。万信观王振达之言行，觉察出他具备很强的反满抗日思想，并判断当下正是能够发展王振达成为间谍的好时候，于是对王振达大胆地表明：

> 万信："其实我是苏联的间谍，接受上官的指令来这进行秘密行动，

你可有心为苏联做事不？要去我们就一起去,苏联很欢迎满人,而且去了能拿不少钱。"

　　王振达:"我担心去了苏联要被杀头。"

　　万信:"完全不用担心,我会进行交涉。"

　　王振达:"若是你去交涉,我有信心了,一起去吧!"

　　万信:"那便明日出发。"

　　王振达:"这次我去不了,下次我一定去。"

　　万信:"那就没办法了,不过请告诉我这些情报:(1)黄泥河子煤矿一天的出煤量,(2)劳工的数量,(3)警卫的数量,(4)商铺的数量,(5)满人妓馆的数量,(6)澡堂的数量。"

　　王振达:"(1) 800 吨,(2)大约 1000 人,(3) 20 人,(4) 30 家,(5) 6 家,(6) 1 家。"

　　万信:"你晓得日军的移动情况不?"

　　王振达:"没有异动,但平阳镇大石头可子北面正在建日军的兵营。"

于是乎,就把王振达发展成了下线间谍,并给了他 30 圆国币(3 张十圆纸币)作为报酬。两人在同地的饭店一同喝完酒之后分别。第 2 天万信入苏,而王振达由于怀有反满抗日思想且生性懒惰再加上生活窘迫、被金钱迷惑成为苏联间谍。王振达坚定了决心,要在下次同万信一块儿入苏,于是他等待着万信再次回到满洲,他好开始真正的间谍工作。

　　(二)1940 年 8 月 28 日,万信再次入满,下午 3 点左右来黄泥河子张家街拜访王振达,说"我来接你,你明天要不要和我一块儿去苏联",王振达回答道"那就去一次",于是两人约好次日出发,一同喝了酒后分开。分开后万信去了同街上的范家店旅馆。次日一早 9 点 30 分两人坐"公交车"去到平阳镇半截河,再到二人班,在该地的某家满人饭店吃了饭后等候太阳落山,到了晚上 9 点左右从宋家大屯正面进入苏联。在向南方前进约 20 多满里的国境线上被两名苏联巡查兵发现,于是被带到东南方向约 3 满里的哨所。在那里 1 名不知军衔高低的形似哨所所长的人物同万信握了手表示欢迎。大约

1 小时的电话联络后,"浦拉特诺夫卡"国境警备队派来高级中尉"维奥特"和满人刘翻译,两人坐着小型乘用车前来迎接。接上人后坐汽车向东南方行驶大约 1 小时后到达"浦拉特诺夫卡"国境警备队谍报部。被带到一间屋中,该建筑为约 5 间房的 2 层建筑。晚餐提供了黑面包、汤和咖啡。当晚王振达并未接受审讯,和万信在 1 间屋子睡觉。

（三）第 2 天早上 9 点左右,高级中尉"维奥特"和翻译刘耀崑来到王振达两人的寝室后先把万信带去别屋,然后直到当天的下午 3 点左右也没有审讯他,在结束对万信的审讯后把万信带回屋内,两人依旧待在一起。

（四）第 3 天的上午 9 点左右,还是高级中尉"维奥特"和翻译刘耀崑过来,把万信单独待到别屋,接着高级中尉"维奥特"透过翻译刘耀崑的协助,对王振达开始审讯:

维奥特:"说说你的住所和职业。"

王振达:"密山县黄泥河子,职业是恒山煤矿的劳工。"

维奥特:"入苏的目的是什么?"

王振达:"为了成为苏联的间谍。"

维奥特:"说说你干过什么。"

王振达:"重点说了过去投过匪的事情。"

维奥特:"日本人对满人的待遇怎么样?"

王振达:"日本人很傲慢,所有东西都垄断了去。"

维奥特:"平阳镇的日军分布怎么样?"

王振达:"大约有骑兵 200 和步兵 200,部队番号不知,部队队长是个大尉,大石头河子的北面正在建兵营。"

维奥特:"说说半截河的日军情况。"

王振达:"不知。"

维奥特:"说说东安的日军情况。"

王振达:"地方上的司令部长官是黑岩中将,兵力不详,东安到连珠山之间大约 20 满里的路上有 8 处兵营。"

维奥特:"鸡西到黄泥河子的铁路开通了没?"

王振达:"还没,但预计近期内将要开通。"

维奥特:"东安省内的煤矿数量?"

王振达:"有 3 处,滴道、城子河、黄泥河子。"

维奥特:"你有意立刻成为我苏联的间谍吗?"

王振达:"我反满抗日意识之强,过去又发生过那些事情,今后唯有一心为苏联服务。"

在接受了详细的审讯后,当晚王振达又与万信住在一屋。

(五)第 3 天后续没了审讯,来了 2 个苏联女子,接待了王振达和万信 2 人一整天。

(六)第 4 天,也就是 28 日的上午 9 点左右,高级中尉维奥特以及刘翻译来访,说现在要交给王振达 1 个指令,说完把万信带到了别屋,指令要求调查:

　　　　○密山县内新兴土木的阵地情况

　　　　○密山县内的日军配置情况以及部队队长的军阶

　　　　○密山县内最近新开的交通线路

并要在大概 1 个月结束调查,返回苏联。并且,当密山县内有 1000 人以上的住屯军移动时,要立刻入苏进行报告。如有其它紧要事项,则在每月的 15 日或 27 日入苏汇报。入苏时一定要从二人班、宋家屯以及实边屯的正面进入。如果越境时被巡查兵发现,就回答"满碳",之后到达哨所,签署一个"◎"的符号。

接收完指令后,从中尉手中接过报酬 90 圆国币(十圆的纸币),并在当天下午 3 点左右乘坐前述的小型乘用车,在没有万信的陪同下,随同维奥特高级中尉和刘翻译回到此前经过的哨所。在哨所等到日落,在晚上 7 点左右,在维奥特中尉和刘翻译的目送下离开越过国境线,从此前宋家屯正面入苏时的同一路径返回满洲,在晚上的 11 点左右到达二人班村,并在村内的李家店旅馆住下。次日,9 月 3 日上午 10 点左右,乘坐"公交车"返回位于黄泥河子张家街的住处。

（七）王振达回到住处后开始四下调查指令事项,11 月 3 日决心第 2 次入苏进行报告。和第 1 次入苏时一样,独自在上午 9 点左右乘坐"公交车"到达二人班,在当地的某家饭馆吃过饭后,等待日落,到了晚上 9 点左右从宋家大屯正面入苏。这次没碰到巡查兵,直接去到上次的哨所,签署"◎"的符号后立刻电话联系,大约 1 小时后维奥特高级中尉和刘翻译乘坐那辆小型汽车来迎接。在晚上 12 点左右到达"浦拉特诺夫卡"谍报部。被带到上次住过的屋子,没有被要求立刻报告指令事项当晚睡下了。次日的 11 月 4 日,上午 9 点左右维奥特中尉和刘翻译来访,王振达在屋内报告了指令事项的调查结果:

　　○密山县内庙岭半截河南山、平阳镇以外没有新开工阵地。

　　○日军在连珠山到菲德之间建有多座兵营,此外在密山县城到平阳镇之间的国道以南的国境线附近也部署了军队,在虎林线上每站都安插了大约 30 人规模的铁路守备队,队长的军阶不明但是在东安有一人是中将。

　　○最近没有先开的交通线路。

报告结束后,维奥特中尉称赞其"你具备优秀的间谍能力",并接着下达第 2 次的指令,要求调查:

　　○密山县内机场数量以及设备状况

　　○有无新式武器,以及大致状况

维奥特中尉要求其在 6 个月内返回苏联,并给与报酬 95 圆国币。几人并没有共进午餐,在当天下午 3 点左右,再次回到先前的哨所,在哨所等待日落,晚上 7 点左右中尉和刘翻译送王振达到国境线,王振达独自走同一路径入满,晚上 11 点左右到达二人班李家店的旅馆,住宿 1 晚。次日,5 号早上 10 点左右乘坐"公交车"返回位于黄泥河子张家街的住所。开始调查,但此次时间充裕,所以不是很积极,直到被捕。

"注"

（一）:万信虽然是"伏罗希洛夫"军谍报部的间谍,但是万信在满洲内发展的下线间谍都被带去了"浦拉特诺夫卡"的国境警备队。

（二）：王振达第 1 次入苏时有万信的陪同，但此后和万信无关，单独行动。

（三）：万信于 1941 年 2 月被平阳镇警察抓捕，对万信的审讯证实了王振达的供述为真。

四、扣留动机和扣留情况

1941 年 3 月 10 日王振达在城子河的亲爹家中和本分队的密谈喝酒，酒醉中泄露了和苏联间谍万信一起入苏的秘密。之后，王振达被视为苏谍嫌疑人，一直对其侦察。最近王振达似乎察觉我方的侦察，企图携家转移。逃跑意图显著，遂对其严加监视。4 月 30 日冒充万信给王振达寄去书信，信上写"有要事商量，5 月 3 日下午坐开往东安的火车来，在车站见"，王振达当天坐虎林线，从东海站上车，密探始终监视，监视中 1 名下士官把王振达引诱到康德大路，被分队带走。

五、教育程度

小学读了 6 年毕业。多少能看懂满字报纸，能写些简单的通信。不会日语、俄文。

六、成为间谍的动机

1940 年 3 月起在密山县黄泥河子恒山煤矿当劳工，同年 8 月 10 日左右在煤矿附近的满人旅馆刘家店吸食鸦片的过程中认识了苏联间谍万信，并成为好友，在偶然间谈起自己的往事时说道"怀念在抗日连军的时候，归顺后待遇不好"，于是万信看出了苗头，巧妙地利用机会对王振达说：

万信："其实我是苏联的间谍，接受上官的指令来这进行秘密行动，你可有心为苏联做事不？要去我们就一起去，苏联很欢迎满人，而且去了能拿不少钱。"

王振达："我担心去了苏联要被杀头。"

万信："完全不用担心，我会进行交涉。"

王振达："若是你去交涉，我有信心了，一起去吧！"

万信："那便明日出发。"

王振达:"这次我去不了,下次我一定去。"

王振达受到甜言蜜语劝诱后又接受了款待。万信又给了王振达 30 圆国币。金钱的诱惑再加上激发出怀有的反满抗日意识,成了间谍。

七、出入满洲方法

(一)1940 年 8 月 29 日上午 9 点 30 分同万信在黄泥河子乘坐"公交车"经由平阳镇半截河到达二人班,在当地的满人饭店(商号不详)吃过饭后,等待日落,晚上 7 点左右从二人班出发,到达宋家大屯,向南大约 20 满里前往国境线,被 2 名苏联巡查兵发现,万信在说了些什么之后,被带往东南方向大约 3 满里的哨所(推测是西里亚细亚?),在那里 1 名不知军衔高低的形似哨所所长的人物同万信握了手表示欢迎。大约 1 小时的电话联络后,"浦拉特诺夫卡"国境警备队派来高级中尉"维奥特"和满人刘翻译,两人坐着小型乘用车前来迎接。接上人后坐汽车向东南方行驶大约 1 小时后到达"浦拉特诺夫卡"国境警备队谍报部。被带到一间屋中,该建筑为约 5 间房的 2 层建筑。

(二)回到满洲时是在下午 3 点左右,乘坐前述的小型乘用车,随同维奥特高级中尉和刘翻译回到此前经过的哨所。在哨所等到日落,在晚上 7 点左右,在维奥特中尉和刘翻译的目送下离开越过国境线,从此前宋家屯正面入苏时的同一路径返回满洲,在晚上的 11 点左右到达二人班村,并在村内的李家店旅馆住下。次日上午 10 点左右,乘坐"公交车"返回位于黄泥河子张家街的住处。

(三)1940 年 11 月 3 日第 2 次入苏时使用的和第 1 次一样的方法。

八、间谍培训

没有接受过特殊的间谍培训。

九、指令、指导机关以及指令下达人

注:综合赵振国的供述,认为是"伏罗希洛夫"国境警备队谍报部。

第六十九国境警备队"浦拉特诺夫卡"谍报部

"维奥特"高级中尉 30 岁左右

满人翻译 刘耀崑 27 岁左右

十、指令事项

第一次

1940 年 9 月 2 日,在"浦拉特诺夫卡",由"维奥特"高级中尉下达指令:

> ○ 密山县内新兴土木的阵地情况
>
> ○ 密山县内的日军配置情况以及部队队长的军阶
>
> ○ 密山县内最近新开的交通线路

并要在大概 1 个月结束调查,返回苏联。并且,当密山县内有 1000 人以上的住屯军移动时,要立刻入苏进行报告。如有其它紧要事项,则在每月的 15 日或 27 日入苏汇报。入苏时一定要从二人班、宋家屯以及实边屯的正面进入。如果越境时被巡查兵发现,就回答"满碳",之后到达哨所,签署一个"◎"的符号。

第二次

1940 年 11 月 4 日,在第一次的地方,由"维奥特"高级中尉下达指令:

> ○ 密山县内机场数量以及设备状况
>
> ○ 有无新式武器,以及大致状况

并要求王振达在 6 个月内返回苏联汇报调查结果。

十一、情报收集手段

(一)调查新兴土木的阵地情况时,是在 1940 年 9 月 10 日左右前往平阳镇四排,和在当地军队做工的苦力闲聊,转换话题聊出的情报。确认了除开半截河、南山、庙岭、平阳镇四排外,没有新兴土木的阵地。

(二)调查日军配置情况时,乘坐鸡西到东安的火车调查沿线的兵营。并且在东安街附近闲逛时,目睹了 1 名日军中将坐车,推测其为日军部队的长官,并最终认定东安有 2 名日军中将。王振达的调查手段只是把所见所闻综合汇总,并无特殊的情报收集手段。

十二、报告传达要领

从二人班正面入苏,在"浦拉特诺夫卡"国境警备队谍报部约 5 间房的 2 层建筑内的房间,经由满人翻译刘耀崑协助,直接向高级中尉维奥特口述调查报告。

十三、活动情况

（一）1940 年 8 月 10 日被发展为苏联间谍万信的下线间谍，王振达告知了黄泥河子煤矿的情况，即：〇黄泥河子煤矿 1 天的出煤量 800 吨，〇劳工的数量 1000 人，〇警卫的数量 20 人，〇商铺的数量 30 家，〇满人妓馆的数量 6 家和〇澡堂的数量 1 家，以及平阳镇大石头可子北面正在建日军兵营的情报。并收取了报酬 30 圆国币。

（二）1940 年 8 月 28 日，同万信从二人班宋家大屯正面入苏，在"浦拉特诺夫卡"国境警备队谍报部住了 3 晚，并告知该警备队的高级中尉维奥特"平阳镇有大约骑兵 200 和步兵 200，部队队长是个大尉，大石头河子的北面正在建兵营。在东安地方上的司令部长官是黑岩中将，兵力不详，东安到连珠山之间的路上多处兵营。鸡西到黄泥河子的铁路近期就要开通。以及东安省内的煤矿数量有滴道、城子河和黄泥河子的 3 处"。听完后，维奥特高级中尉又下达新的指令，要求调查：

　　　　〇密山县内新兴土木的阵地情况

　　　　〇密山县内的日军配置情况以及部队队长的军阶

　　　　〇密山县内最近新开的交通线路。

并且告知当密山县内有 1000 人以上的住屯军移动时，要立刻入苏进行报告。如有其它紧要事项，则在每月的 15 日或 27 日入苏汇报。入苏时一定要从二人班、宋家屯以及实边屯的正面进入。如果越境时被巡查兵发现，就回答"满碳"，之后到达哨所，签署一个"◎"的符号。对此，王振达收取 90 圆国币作为报酬，在回到满洲后开始调查指令事项。

指令事项	调查事项
新兴土木的阵地情况	（一）9 月 10 日左右赴平阳镇四排。和在当地军队做工的苦力闲聊，转换话题聊出的情报。确认了除开半截河、南山、庙岭、平阳镇四排外，没有新兴土木的阵地。

指令事项	调查事项
日军配置情况及部队队长的军阶	9月下旬,乘坐鸡西到东安的火车调查沿线的兵营。并且在东安街附近闲逛时,目睹了1名日军中将坐车,推测其为日军部队的长官,并最终认定东安有2名日军中将。

用这些方法在结束调查后,王振达于11月3日再次从二人班正面入苏,在"浦拉特诺夫卡"此前带过的寝室内和维奥特高级中尉会面,报告说:

○密山县内庙岭半截河南山、平阳镇以外没有新开工阵地。

○日军在连珠山到菲德之间建有多座兵营,此外在密山县城到平阳镇之间的国道以南的国境线附近也部署了军队,在虎林线上每站都安插了大约30人规模的铁路守备队,队长的军阶不明但是在东安有1人是中将。

○最近没有先开的交通线路。

(三)维奥特高级中尉再度下达指令:

○密山县内机场数量以及设备状况

○有无新式武器,以及大致状况

并要求王振达在6个月内返回苏联汇报调查结果。对此王振达收取95圆国币作为报酬。回到满洲的王振达由于此次时间充裕,所以还未开始调查。

十四、报酬以及资金

支付年月日	地点	支付者	钱币种类		金额
1940年8月10日	密山县黄泥河子恒山煤矿二人的宿舍	间谍头目万信	国币	十圆票3枚	30圆
1940年9月2日	"浦拉特诺夫卡"第六十九国境警备队谍报部	维奥特高级中尉	国币	十圆票9枚	90圆

续表

支付年月日	地点	支付者	钱币种类		金额
1940 年 11 月 4 日	"浦拉特诺夫卡"第六十九国境警备队谍报部	维奥特高级中尉	国币	十圆票9 枚五圆票1 枚	95 圆
合计	215 圆				

十五、对王振达的处置

王振达仍扣留在本分队。此人性格狡猾，生性懒惰，不务正业，从前干抗日匪时袭击村落、绑架人质等，极其残暴。归顺后假装老实了仅 1 年，但其反满抗日思想仍然强烈。因生性懒惰，生活困难，转头从事谍报活动，很难看出有悔改之意，判断其无利用价值。并且王振达的间谍工作十足积极，给我等造成巨大损害，同意做特别移送处理。

注：

队长意见：

经过与特机联系，判断赵振国一伙无利用价值，赞同分队长的意见，做特别移送处理。

请关宪司指示。

十六、其它反间谍对策和建议

鉴于王振达的事例，有必要对将来归顺的匪徒加以严密监视。

十七、参考事项

同伙一行人的人像见附表。

佳木斯宪兵队关于拘捕审讯苏谍王明春的情况报告

㊙ 防谍

佳宪高第四一三号　　关东宪兵队司令官点检

苏联谍报员王明春的扣留及审讯情况的相关报告"书面通知"

昭和十六年(西历 1941 年)七月四日佳木斯宪兵队队长宇津木孟雄(佳木斯宪兵队长印)

关东宪兵队司令官原守阁下

满洲第八三四部队所属一名宪兵于 1941 年 6 月 17 日十三时左右,在鹤立县梧桐镇的军队施工区域内盘查过往旅客的过程中,发现一名可疑的满人,此人持有的居住证明并未得到官厅认可,盘问后基本可以确定此人是苏联的谍报员,遂将其秘密扣留在兴山镇分队。

审讯后得知此人真实姓名为王明春,于 1940 年 9 月下旬被抗联匪强行拉入苏联的"叶卡捷琳娜尼科里斯卡娅"的谍报部,接受为期约 30 日的间谍培训,此后奉命以苦力身份潜入兴山的煤矿探查资源以及军情,接受了 30 圆经费后,在进入满洲兴山镇①的途中被捕。

具体情况如左侧"书面通知"所示。

左侧"书面通知"

一、扣留时间、地点

昭和十六年(西历 1941 年)6 月 18 日 13 时②,于鹤立县梧桐镇西边 12公里处的交叉路口(军用道路的交叉口)

二、被扣留人员的国籍、原籍、出生地、住所、职业、姓名、别名、工作名③、年龄等

国籍:中国

户籍:河北省保定府青元县于家庄

出生地:同右

住所:不固定

姓名:王明春

别名:王元春

工作名:王树森

(注)工作名是本次入满时苏方提供的居住证明上记载的名称。

---

① 译者注:兴山现称鹤岗,位于中国黑龙江省东北部、小兴安岭南端,因早先在此开矿的兴华煤矿公司——简称"兴华矿山"——而得名。

② 译者注:扣留王明春的上下两个时间不一致,系原件如此。

③ 译者注:指代从事谍报工作时使用的假名。

三、经历及事件的概要

1. 在原籍地出生后务农，1938 年在佳木斯码头的国际运输公司当了大约 2 个月时间的苦力（赤帽），此后搬家到饶河县西面的林子继续务农。

2. 1940 年 9 月下旬，同友人葛吉义一起在西林子北边大约六公里的乌苏里江乘坐小船搬运木材的途中，与一条载着 20 余名抗联入苏匪徒（鲜、满人混杂）入苏船只遭遇，受这伙匪徒胁迫，不得已载上 10 名匪徒一同越境进入苏联。

3. 入苏后所有人被两名苏联骑兵扣留，全部被带到江岸东边约 6 公里的一处小村庄（瓦西里耶夫斯卡亚），这伙匪徒立刻被 10 数名苏联士兵解除武装，随后被拘留在村庄内的木制房屋内，次日来了 2 台卡车，分开装上所有人后行驶大约半日到达"比金"，所有人员被扣留在当地看守所。只有王明春被苏联中尉审讯了两次。12 月中旬所有人乘火车被护送回哈巴罗夫斯克，并被扣留在当地监狱（?）[①]。

4. 除被苏联军官审讯两次外，被扣留了大约 5 个月，在 1941 年 5 月中旬受苏联中尉强迫成为苏谍，次日一早随同该中尉以及一名翻译乘火车达到"比罗比詹"，此后坐卡车被送往某村庄（称记忆模糊，但认定在"叶卡捷琳娜尼科里斯卡娅"的郊区），在当地国境警备队兵营附近间谍工作室（?）接受该中尉以及翻译为期约 1 个月的间谍培训。后接到指令，前往兴山地带调查军情与资源，6 月 13 日收取工作经费 30 圆并于当天 22 时左右入满。

5. 王明春的行动关系概况见附页第一。

四、发现扣留动机和扣留状况

6 月 17 日 13 时左右在梧桐镇西边 12 公里的军队施工区域的交叉路口处，一名所属宪兵正在盘查国境方向来往的旅客，该宪兵发现 1 名持有未取得满方官厅许可居住证明的可疑人员，在严密盘问其居住证明上个人信息后，确定其有极大的嫌疑是苏谍，遂将其秘密扣留在兴山镇分队。

---

① 译者注：此处"?"系原文如此，下同。

五、成为间谍的动机

在哈巴罗夫斯克监狱内,受苏联中尉胁迫。

○为祖国中国和苏联工作的意愿;

○间谍工作很轻松;

○被威胁如果坚持不妥协不仅无法回国还可能丢掉性命,受恐怖和思乡之情驱使成为间谍。

六、出入满洲方法

1. 1940 年 9 月下旬(具体日期记忆模糊)17 时左右,同友人葛吉义一起在饶河县西林子北边大约 6 公里的乌苏里江上乘坐小船搬运木材的途中,遭遇入苏途中的 20 余名抗联军,被他们拿枪指着被逼停船,有人要求"把船开到对岸去",遂不得已越境到对岸的森林地带。1 名匪徒发射了两发信号弹后,从南边森林里疾驰来两名苏联骑兵,他们与 1 名鲜匪略作沟通后带走了包括王明春在内的所有人。

2. 入满

6 月 2 日 19 时左右,中尉和王翻译 2 人为其送行。乘坐卡车到达江岸,坐满人(姓名不详,年龄 20 多岁)的小船横渡黑龙江,于 22 时左右进入满洲(在延兴镇南边四公里附近上岸)。

3. 证明书的获取手段

6 月 2 日左右在间谍工作室内,接到苏联中尉的指令,称:"本证明书上的个人信息即便与事实存在出入,你也要记住多次培训的内容,不论在任何情况下你都按照个人信息里写的,回答自己是挖金子的就行,绝不可暴露自己从苏联处拿到证明书的事情。"随后从中尉处接过证明书,证明书上贴着的照片由培训教官拍摄。

伪造的证明书见附件。

4. 身份的隐藏手段

前述的中尉在培训过程中时常教导:

○被日、满军盘问时,就回答"从佳木斯到乌拉嘎金厂来挖金子的"。

○除了被要求在到达兴山后必须去煤矿当苦力之外,并没有其它特殊的隐藏身份手段。

七、间谍培训

1941 年 5 月 20 日左右起,在"叶卡捷琳娜尼科里斯卡娅"郊区的间谍工作室接受为期大约 1 个月,每日平均约 2 小时的培训。培训由苏联中尉和王翻译负责,内容为:

○日本是苏联和中国的共同敌人

○日本侵略满洲的概要

○间谍方法

在兴山煤矿当上苦力后通过亲眼观察以及四处打听的方式,调查:

△煤炭装运场每天的运煤车的数量

△苦力宿舍的栋数

△兵营兵力的情报

○身份的隐藏手段

反复背诵居住证明书上的个人信息等方式。

八、在苏期间的情况

1. 待遇情况

① 在比金和哈巴罗夫斯克两地的拘留期间受到苏联士兵的严密监视,但是在"叶卡捷琳娜尼科里斯卡娅"郊区的间谍工作室期间,王明春可以单独居住,不受人监视,苏方为其提供床铺和寝具(毛毯和床单),每周还可以有 1 次机会在区域内散步。

② 饮食

早餐:黑面包、红茶

午餐:黑面包、马铃薯、白菜汤

晚餐:同午餐一样

2. 苏方的审讯及指点事项

① 1940 年 9 月下旬在"比金"收容所,苏联中尉通过满人翻译王某,按照规定就户籍、住所、姓名、精神状态、军情等内容对王明春进行了 2 次审讯。

② 1940 年 12 月下旬在哈巴罗夫斯克监狱,苏联大尉通过满人翻译宋

某对王明春进行两次审讯,尤其重点审讯其有无日、满间谍(嫌疑)①。

③6月2日,中尉教官通过翻译王某亲手把居住证明书交给王明春,并叮嘱其"本证明书上的个人信息即便与事实存在出入,你也要记住多次培训的内容,不论在任何情况下你都按照个人信息里写的,回答自己是挖金子的就行,绝不可暴露自己从苏联处拿到证明书的事情"。

④6月13日入满时,教官告知王明春路线"上岸后向西边往山里走大约1天后,能走到马路上,沿着路先向南走到有电线杆子的大路上,再继续向西边走去就到兴山了"。

⑤报告时间为今年结冰后徒步进入苏联后。

审讯官和两名翻译的情况见附件。

九、指令、指导机关以及指令下达人

1. 指令机关以及系统

判断该系统是哈巴罗夫斯克内务人民委员部系,是"叶卡捷琳娜尼科里斯卡娅"国境警备队谍报机关。

2. 指令时间

1941年5月20日左右

3. 指令场所

"叶卡捷琳娜尼科里斯卡娅"国境警备队谍报部间谍工作室

4. 指令传达方式

口头多次、反复传达,直到王明春记住。

5. 指令下达人以及翻译

苏联军官中尉姓名不详

满人翻译王某

其长相、着装、特征见附件。

十、指令事项

指令

---

① 译者注:此处"嫌疑"二字,原文中无,为根据上下文推测后补足。

○兴山煤矿出煤量

○兴山煤矿的工人数量

○兴山煤矿的警戒情况

○驻扎在兴山的日、满军队兵种及兵力的数量

○兴山警察的人员

○在兴山的机场数量以及设备

○兴山附近的道路条件

十一、情报收集手段

第一次入满后,要求王明春

○必须进煤矿当苦力,即便不能迅速当上苦力也要想尽办法进去。

○又告知王明春在调查军情等相关事项时,可以去日、满军人进出的商店以及饭店,用怀柔的方式向里边的伙计打听。

不过,由于其入满后迅速被捕,并无需要特别注意的事项。

十二、报告传达要领

指示其结冰后入苏直接口头报告。

十三、活动情况

无该当事项

十四、报酬以及资金

入满时,作为指令下达人的中尉亲手交给其资金、满洲国货币 30 圆(3 张十圆纸币),但尚未使用。

此外,该中尉告知王明春"当你出色地完成任务并回到苏联时,会给你五百圆的报酬,你还可以带妻子上莫斯科旅游"。

十五、对王明春的处置

王明春入满后即刻被捕,并未造成实际危害,但其确有执行苏联指令的意图,又鉴于时局的变化,欲将此人移交"特别移送",望批准。

十六、反间谍方面的参考资料

王明春入苏时以及在苏期间了解的在苏联活动的满人,情况如下表所示。

户籍	姓名	年龄	长相、着装、特征	摘要
河北省保定府	葛吉义	30	五尺三寸、圆脸、普通鼻子、体型肥胖	农民
不详	杜玉亭	50上下	五尺二寸、穿藏青色棉衣、无明显特征	挖金矿工
不详	张玉山	25上下	五尺三寸、圆脸、高鼻梁、中等身材	原饶河县警察警士

据同一时期入苏的20余名抗联军人以及哈巴罗夫斯克监狱同一房间的杜玉亭供述,当时监狱内还扣留了大约10名乌拉嘎金厂的挖金矿工,然而详细情况不得而知。

十七、意见

我们以为,有必要严密警戒那些伪装成工人试图潜入重要设施、资源重地和军队施工区域的间谍,与此同时,随着时局的变化,再进一步加强间谍侦查工作。

（完）

报:关宪司、国境各队、防司、特机

抄送:队下乙

虎林宪兵队关于拘捕审讯苏谍季兴田的情况报告

秘:虎林宪高第二六九号

1941年7月23日

报告开头的事项请见附册

虎林宪兵分队长长岛恒雄

（完）

报:关宪司、四参、东特机

抄送:队下乙

抄送:虎头

注:此页档案原件上红蓝铅笔批示的内容为"指令"、"与刘汉升一起下达指令"、"据间谍万希全自供"、"严重处分"。

附册

苏联谍报员季兴田的审讯情况

目　录

要旨

一、扣留时间、地点

二、被扣留人员的国籍、原籍、出生地、住址、职业、姓名、别名、工作名、年龄

三、经历及事件的概要

四、扣留动机和扣留情况

五、成为间谍的动机.

六、出入满洲方法

七、间谍培训

八、指令、指导机关以及指令下达人

九、指令事项

十、情报收集手段

十一、报告传达要领

十二、活动情况

十三、报酬以及资金

十四、对季兴田的处置

十五、其它反间谍对策和建议

要　点

（一）据密侦报告，监视中的季兴田已移居滴道，于是下令滴道宪兵分队将其扣留，移交本队审讯。

（二）经查明，季兴田于1937年12月被苏联间谍郭东亮发展为下线间谍并随同其入苏，到乌苏里地区警备队，与名为"格别乌"的某高级中尉会面，请愿成为苏谍。此后，接受格别乌的指令进行调查活动。此人共计入苏9次，从苏方收取报酬200圆，并继续进行活动。

（三）此人目前被扣留在本分队，判断其无利用价值。

一、扣留时间、扣留地点

1941 年 7 月

东安省密山县滴道村

二、被扣留人的国籍、原籍、出生地、住所、职业、姓名、别名、工作名和年龄

国籍:满洲国

原籍:山东省掖县桂村季家

出生地:同原籍地

住所:东安省密山县滴道村金刚路五牌

职业:水果商

姓名:季兴田

别名:盛山

工作名:无

注:此页档案原件有红色铅笔批示:"张旭武事件时已处置。"

1891 年 4 月 14 日出生,现年 51 岁

三、经历以及事件概要

(一) 经历

出生在原籍地,读了 3 年私塾。1913 年起在苏联的"伏罗希罗夫"等地做小生意,1930 年 8 月入满。此后,在通化村、虎林街等地开杂货铺。1941年 4 月,移居密山县滴道村,开水果铺至今。

其父母及妻子均在原籍地,长子在奉天的袜子厂工作。

此人在其水果铺中投资约 800 圆。

(二) 事件概要

1937 年 12 月上旬,季兴田被居住在虎林县通化村的苏联间谍郭东亮发展为下线间谍,随其入苏,经由"维卢夫内密海洛夫斯基"警备队,抵达乌苏里地区警备队,面见名为"格别乌"的某高级中尉,通过郭东亮,请愿成为苏联间谍。此后接受格别乌的指令进行调查活动及入苏汇报情报共计 9 次,共从苏联方面收取报酬 220 圆。

1941 年 2 月 15 日移居到密山县滴道村之后,也持续地接受苏联方面的

指令,进行活动。

四、扣留动机和扣留情况

根据密探的汇报,推测季兴田大概率是苏联间谍,此人2月份为做生意前往密山地区,一去未归,此后经过我等的秘密侦查,判明季兴田移居到了滴道地区,于是滴道分遣队对季兴田发出通缉,7月8日季兴田被移交至我处,当前正在扣留中。

注:7月5日,根据秘密扣留的苏联间谍万希全的供述,判明了季兴田通苏的事实。参照1941年7月13日虎林宪高第235号文件。

五、成为间谍的动机

季兴田在经营杂货铺的过程中陷入资金困难,就在这时,被关系亲密的苏联间谍郭东亮巧妙地煽动起了对金钱的欲望,出于对金钱的渴求决定成为苏联间谍。

注:郭东亮作为张旭武事件的相关人员,于1940年5月27日被抓捕。参照1940年6月15日虎林宪高第184号文件。

六、出入满洲方法

1937年12月以来,前后共9次出入满洲,出入地点为虎林县通化村东面大约4000米的无人居住地带,通常是在指定的日子,利用昏暗的光线,在苏联兵的迎接下入苏,在江岸接受身体检查之后,通常被带到"维卢夫内密海洛夫斯基"警备队,从"维卢夫内密海洛夫斯基"警备队往返乌苏里警备队的时候,乘坐橇或者带篷马车,并被遮住双眼。

七、间谍培训

没有接受过特殊的间谍培训。

八、指令、指导机关以及指令下达人

1. 指令、指导机关

乌苏里地区国境警备队(?)

季兴田供述的吴翻译的人像、年龄等信息与之前的苏联间谍供述的吴翻译为同一人物,乌苏里指导机关的军官所穿服装与"格别乌"的服装一致。

2. 指令下达人、指令时间、指令场所、指令下达方法

次数	第1次	第2次	第3次	第4次	第5次	第6次	第7次	第8次	第9次
指令下达人	名为"格别乌"的某高级中尉				名为"格别乌"的某高级中尉				
年	1937年	1938年	1938年	1939年	1939年	1940年	1940年	1940年	1941年
月	12月	3月	6月	1月	8月	4月	7月	1月	2月
日	中旬	上旬	下旬	中旬	中旬	上旬	中旬	中旬	下旬
指令场所	在乌苏里站西面大约2000米处的一个兵营内								
下达方法	在翻译的协助下口头传达指令								

九、指令事项

次数	指令事项
第1次	调查通化村附近驻屯满军及警察队自卫团的情况,如果有日军前来的话要迅速上报具体情况
第2次	查明虎林地区是否有日军增驻,并调查兵力、兵营、位置及监视的位置与情况
第3次	与第2次指令相同
第4次	调查虎林日军兵营的施工进度、查明是否修筑了其他战壕以及日军有没有增强兵力
第5次	调查虎林日军的汽车使用情况,此外在第4次指令的基础上积极展开调查
第6次	与第5次指令相同
第7次	调查虎林日军警戒哨的位置、兵力情况,其他事项同第6次指令
第8次	调查虎林地区日军的施工情况、是否增驻了兵力及滴道附近日军的情况

十、情报收集手段

亲眼所见或从他人谈话内容中收集情报。

十一、报告传达要领

直接入苏经过翻译的协助进行口头报告。

十二、活动情况

1937年12月季兴田被苏联间谍郭东亮发展为下线间谍,后两人一起入苏,面见乌苏里地区国境警备队名为"格别乌"的某位高级中尉,请愿成为苏联间谍,此后接受格别乌高级中尉的指令进行调查活动,向苏联方面汇报的事项如下:

第 1 次(1938 年 3 月上旬):

○每天都有从哈尔滨出发的日军大部队,坐"虎林线"向虎头方面移动,所持武器除了步枪以外,还有很多大炮。季还汇报了其他事项,但他的记忆模糊。

第 2 次(1938 年 6 月下旬):

○虎林驻屯日军有 1 个连,大概 200 人左右,士兵携带步枪,有大炮若干门。

○虎林驻屯满军有 1 个旅,旅部在虎林街中央西侧,使用的兵器为步枪。

第 3 次(1939 年 1 月上旬):

○虎林日军正准备在街道东面的小山上修筑炮台。

○虎林街西面像是在建造多处日军兵营,运来大量工人和苦力,正从车站向各施工现场运送建筑材料,现在在车站装运的材料有水泥以及工人宿舍用的草席等等。

○虎林驻屯日军兵力有 1000 人左右,住在征用来的满人房屋。

第 4 次(1939 年 8 月中旬):

○虎林街西面已经修筑了百余处日军兵营,仍继续大肆修筑中。

○虎林街东面小山的山脚下,修筑了 3 处日军兵营,在小山中正在挖两个洞,为此招来大概四五百个苦力。

○驻屯日军兵力与之前相比没有变化。

○驻屯满军全部向东安方面移动,在街西面仅大约 4 满里的清和镇驻扎了 1 个连。

第 5 次(1940 年 4 月上旬):

○在虎林街的北山,日军开始修筑新的工事,招来大概七八千个苦力,目前正在全力建造兵营及炮台。

○日军的工程用货车的详细数量不明,不过可以确认的是每次都要出动十几台。

第 6 次(1940 年七月中旬)：

○从哈尔滨新招来大约 3000 个苦力到达虎林街北山的军工厂。

○听闻日军全部住进了虎林街西面的新兵营中,士兵人数高达数万。

○虎林清和镇的机场开始施工。

第 7 次(1941 年 1 月中旬)：

○虎林街东山的炮台与兵营以及北山,这 3 处的工事貌似竣工,详细不明。

○看不到其他日军的增减情况,不过日军正频繁进行演习,经常能听到炮声。

第 8 次(1941 年 2 月下旬)：

○虎林驻屯日军兵力与之前相比没有变化。

○因生意不景气,近日计划移居到滴道村。

对此,格别乌高级中尉下达指令,要求移居到滴道村后要收集当地的军民情报。

十三、报酬以及资金

次数	第 2 次	第 3 次	第 4 次	第 5 次	第 6 次	第 7 次	第 8 次	第 9 次	合计
支付人	名为"格别乌"的某高级中尉				名为"格别乌"的某高级中尉				
区分	资金				报酬				
年	1938 年	1938 年	1939 年	1939 年	1940 年	1940 年	1941 年	1941 年	
月	3 月	6 月	1 月	8 月	4 月	7 月	1 月	2 月	
日	上旬	下旬	中旬	中旬	上旬	中旬	中旬	下旬	220 圆
指令场所	在乌苏里站西面大约 2000 米处的一个兵营内								
币种	满洲国 10 圆纸币								
金额	20 圆	20 圆	30 圆	30 圆	30 圆	30 圆	30 圆	30 圆	

十四、对季兴田的处置

目前,季兴田仍被扣留在本分队,此人生性顽固,无悔改之意,判断其无利用价值,同意做特别移送处理。

注:队长意见:

本队长同意分队长之意见,将此人做特别移送处理。但鉴于火车运行时间的变更和管内实际情况,考虑还是在当地给予严重处分为宜。

请关宪司指示。

十五、其它反间谍对策和建议

有必要对居住在苏联和国境线附近的人员进行严格审查。

以上

（本章档案均出自吉林省档案馆特别移送档案）

第三章　日本战犯供述

高梨文雄①

高梨文雄笔供

我的本名叫高梨文雄，曾用过中国名高文举，化名高梨文男，笔名覆面子。男性，年三十九岁，一九一六年一月二十日出生。原籍日本国山形县东田川郡余目町大字廿六木字三车九十番地，现住所仍在原籍。学校由山形县饱海郡酒田市龟ケ崎町县立酒田中学校毕业。一九四二年二月我原籍家中有父母嫂及子女共七人，父亲名叫高梨菊治，经营土地、山林、房屋、金钱、买卖、借贷等经纪业务，农忙时期从事农业，母亲叫定代，协助父亲理家。嫂名叫高梨市江，协助母亲理家，并从事农业劳动。嫂之子女高梨雅雄、信哉，在小学读书，馨成子(セハ子)两人尚未上学。

家中财产不十分知道，大约有水地五町步(约七十三市亩)，旱地约一町步(约十四点四八市亩)。此外有三百坪(合九百七十二平方公尺)的二层楼一所、一百坪(合三百二十四平方公尺)的二层楼一所(其中包含马小屋)及住宅地一千坪(合三千二百四十平方公尺)。又有生产用具马一匹、马车一辆。家庭收入，以由雇农劳动所得、小做品所得、父亲经纪所得及嫂务农所得等

---

① 日军联络官。相关内容参中央档案馆整理：《中央档案馆藏日本侵华战犯笔供选编(第二辑)》(第88册)，北京：中华书局，2017年，第96—102、104、106—107页。

为主，以外由菜园尚能收入一部分。我家户主应该是我嫂市江所生之子"雅雄"来担任，惟他尚未成年，想系由我父"菊治"代理户主。又我有一男名叫彰士。

我从上记中学校毕业后赴日本东京，于一九三五年四月入东京市向岛区寺岛町三丁目七番地山之内药品商会东京支店贩卖部（贩卖部于一九三六年四月遣移至东京日本桥小舟町二丁目三番地了）充事务员，周年七月辞职。

以后至一九三七年八月二十五为止在东京充刻骨师的学徒、咖啡店的酒保及送报纸等职务。

一九三七年八月二十五由于下了动员令，被召集，即回到原籍。于同年九月一日在日本青森县弘前市被编成动员部队，后入第一百零八师团野炮兵第一百零八联队第三大队本部（别名：下元部队成田部队濑下部队本部，到一九三七年十二月濑下部队改名为谷本部队，到一九三八年四月又改称为谷口部队酒井部队谷本部队本部）充陆军辎重兵特务兵二等兵，同月五日动员完结后充第三大队本部事务员，同月十日由弘前市出发，经大阪宇品港，由朝鲜釜山登陆，通过京城新义州入满洲国，又经安东县山海关。

于一九三七年九月二十日到达了中华民国河北省丰台。同月二十三日由丰台出发，同年十二月二十五日到河北省顺德县城关东方约三公里的村庄，计由河北省保定县经正定县、井陉县、内邱县、邯郸县、邱县，山东省馆陶县，河北省威县、南和县、肥乡县、广平县而到达河南省大名县。此期间我所属的部队自己的职务及阶级与前记者相同。

自一九三七年十二月二十五日至一九三八年二月八日在顺德县住扎，一九三八年一月十日升为一等兵，同年二月八日由顺德出发到达邯郸县，同月十一日出发，经省武安县、涉县，山西省黎城县、潞安县到达潞安城关，同月二十日进住潞安西关，活动于屯留县、沁县、武乡县等地，直至同年四月二十三日为止。同月二十三日为了向河南进攻，由潞安西关出发，经高平县、晋城县于四月二十九日到达河南省博爱县城关北方约六公里的村庄，随后移住博爱县城关,直住至同年五月下旬。同年五月下旬又移动,经焦作县到河南省新乡县,住扎在新乡城关及城关南方约六公里的村庄,有十余日,六月十二日再度经过焦作,暂住博爱县西关,为了向山西省临汾地区移动,又由博爱出发,通过山西省晋城县、阳城县、沁水县、翼城县、曲沃县、汾城县、襄陵县到达山西省临汾县,七月七日住扎临汾县东关直至同年十月下旬为止。其间在安泽县、屯留县、长子县、高平县,均有活动。上记期间我所属的部队及我的职务与前相同,至于阶级在一九三九年三月一日在浮山县升上等兵。

同年九月中旬至一九四〇年一月初旬我在临汾县城北关及东关外约五百公尺的村落住扎的上记部队中同一阶级担任事务工作。此事务主要内容为人事、功绩、战斗详报、阵列中日志,以及其他连络事务等。

一九四〇年一月二十日在临汾城东关南约五百公尺的村庄,我所属的北支那派遣第一百零八师团野炮兵第一百零八联队第三大队本部(别名与前记同)复员归国时我被解除兵役,由前记第三大队大队长陆军少佐谷本源一介绍,进入临汾县城内东大街北支那方面军参谋部第四课山西陆军特务机关临汾陆军特务机关(自一九四三年四月特务机关名称改为连络部)被委为第一军(北支那派遣军山西派遣军)雇员判任官七级待遇,实际与奏任官八等待遇和资格相同,担任临汾陆军特务机关长陆军少佐安高音吉的秘书,直至一九四四年九月十五日在同机关历任文化班员、文化班主任、报导班主任、政治班员等。

一九四四年九月十五日我辞临汾陆军特务机关职务,经山西太原柳巷昭和通商株式会社北支那本店(当时称北支那营业部)太原出张所所长富樫静雄的介绍,于九月二十日离开临汾,同年十月一日赴石家庄,进入昭和通商株式会社石家庄出张所就职,同日成为该会社北支那本店(在北京市)石家庄出张所(当时称为石门出张所)的职员,担任兵器系主任,同年十二月初旬至一九四五年六月末改任石家庄出张所邯郸地区支店长。昭和通商株式会社本社是在日本东京市京桥区八丁堀开设。同年六月末奉北支那方面军兵事科临时召集,赴河南省新乡城关驻扎的"至毅部队"入队充陆军上等兵,至同年七月二十日在同部队新乡教育队新兵教育系,七月廿日配属于同部队上野大队,同月廿二日到达河南省兰封县城关驻扎,同日担任大队本部事务员一直至同年八月十五日日本无条件投降为止。以后在兰封城约住两周间,九月初旬由兰封出发,经商邱、徐州、山东省济南市、河北省天津市、北京市,于同年十一月初旬到达石家庄。以后我为了向山西省太原市以阎锡山为省长的政府就职,即向石家庄日伪管理组交涉,并与日本人竹内竹太郎勾结,进行残留日人工作。

一九四六年二月初旬我和竹内到达太原,经太原日侨管理组组长徐士珙的斡旋,预定在政府水利局内就职,同年三月一日临时被中华民国山西省政府建设厅水利局采用委任为十六级技术员,同年十月一日上记水利局正式编成所属的山西省辅助人民兴渠测量队,同日我被委为荐任五等副工程师兼测量队副队长,直至一九四九年四月二十四日太原市解放为止。

一九四九年四月二十四日午后我在太原市新开路途中被俘,到榆次长凝镇,被收容在第十八集团所属的日人俘房收容大队之内,同年五月十四日被释放回到太原市上马街皇庙西巷一号自己家里。以后直至同年八月廿三日在自宅内制造贩卖眼药、肠胃药,八月廿三日以后由于中国人左琏的关系我到山西省人民政府财政厅敌伪物资处理所充工作人员,活动至同年十一月十八日为止。同年十一月十八日我被人民政府以制造毒品者逮捕,同年十二月初被送太原市公安总局拘留。

一九五〇年二月中旬,被转送太原市人民政府地方法院监狱,判处有期徒刑一年,同年八月廿三日在山西省忻县忻口镇同监狱的劳动改造队服役中释放,于同月廿八日我回到太原市上马街皇庙西巷一号家中。同日至同年十二月十五日在自宅再度密造毒品原料。同年十二月十五日,我被太原市候家巷太原市公安总局外事科逮捕,拘留在大东门外收容所内,同月十七日为了学习,由太原出发,十二月廿日到达河北省永年县城内,编入中国人民解放军华北军区训练团第一大队第一中队学习。

我自从来到中华民国,在山西省临汾县城,参加了城北支那方面军参谋部第四科山西省陆军特务机关临汾陆军特务机关,历任秘书及主任,日本投降后在山西省太原市参加了阎锡山组织的亚洲民族革命同志会为会员,又在太原参加了以日本人田边秀一为首的向上会及迎晖会,并在迎晖学会充任理事。

因我参加中国事变有功,曾得到天皇裕仁所赐的勋八等白色桐叶章一枚,此外尚受领过临汾陆军特务机关长关根淳一郎所发的精勤赏状一面。

一九三八年三月部队进驻山西省屯留县城内时,我仍充辎重兵特务兵一等兵。担任事务工作时,因为我事少,我引诱大队本部输送队。同年四月我所属部队在山西省潞安县城西方一公里许地点西关村驻扎时,当谷本部队的中队把一名盗窃电线的中国农民送到本部扣押审问之后,交本部军医见习士官筑馆熊雄(日本青森县人)解剖时,我为了要看一看活人的内脏,就协助此军医将那人由西关村带到村南约有五十公尺的地中,使他面向上睡倒,在他左膊上打了麻醉药,那人的神志已晕迷不醒,军医为了由上腹部开始解剖,把这农民的手足压住,使他在疼痛中不能动荡,最后军医往他心脏内又注射了,我就如以上所说的协助杀死了那农民。此农民约二十七八岁,短头发黑绵衣。至于此人的尸体解剖后(里)入五十公分深的坑中了,此人是在何处扣捕的我没有听说。协助解剖的除我以外尚有四五名,大都是军医室有关的人员。

榊原秀夫[1]

认罪书

一、姓名:榊原秀夫　别名:榊原英男　男,一九〇八年一月九日生

籍贯:冈山县冈山市山崎町五十号

现住所:冈山县冈山市山崎町五号之二

---

[1] 日军军医。相关内容参见中央档案馆、中国第二历史档案馆、吉林省社会科学院编:《细菌战与毒气战》,中华书局,1989 年,第 3—7、80—81、83、145—147、156—163、169—171、282 页;及中央档案馆整理:《中央档案馆藏日本侵华战犯笔供选编(第二辑)》(第 3 册),北京:中华书局,2017 年,第 10—12 页。

二、家庭情况：

1. 家庭人口：妻　　榊原房子　家务

　　　　　　长男　榊原宽树　学生

　　　　　　长女　榊原公子　学生

　　　　　　次女　榊原贵子　学生

2. 家庭经济情况：

"八·一五"前经济情况：不动产，无，每月收入薪俸二百元左右，外有三千元储蓄款

现在的经济情况：现在家里除依靠妻弟的经济援助（妻弟经商）来维生计，为补助生计，妻在家里做一些贴洋火盒、缝衣、织毛衣等零活。家里孩子们也利用假期为补助学费也同样在家里做着零活

三、经历：

1. 学历：

一九四一年四月——九一九年三月

神奈川县三浦郡浦贺町小学校读书。

一九一九年四月——九二〇年三月

神奈川县横须贺市丰岛小学校读书。

一九二〇年四月——九二五年三月

神奈川县立横须贺中学校读书。

一九二五年五月——九二六年三月

神奈川县三浦郡武山村小学校任代理教员。

一九二六年四月——九二九年三月

台北高校理科以乙种学生资格读书。

一九二九年四月——九三〇年三月

九州大学农学部农艺化学科读书。

一九三〇年四月——九三四年三月

冈山医科大学读书。

2. 职历：

一九三四年五月——一九三四年十二月

冈山县小田郡北木岛诊疗所当医生。

一九三五年一月——一九三五年四月

以二等兵资格入伍北海道旭川市步兵第二七联队。

一九三五年四月——一九三五年六月

东京市近卫步兵第一联队附见习医官。

一九三五年六月——一九三五年八月

群马县高崎市步兵第十五联队附军医（军医中尉）。

一九三五年八月——一九三六年八月

东京市陆军军医学校以乙种学生资格读书。

一九三六年九月——一九三八年三月

驻伪满第一师团步兵第五七联队附军医（齐齐哈尔、本溪县、孙吴）。

一九三八年三月——一九四〇年三月

驻黑河的第七国境守备队附军医（军医大尉）。

一九四〇年三月——一九四〇年八月

石川县金泽陆军病院附军医。

一九四〇年八月——一九四一年八月

东京市陆军军医学校以甲种学生资格读书（卫生学）。

一九四一年九月——一九四二年十一月

驻汉口的第十一军军医部部员（军医少佐）。

一九四二年十一月——一九四四年二月

第十师团防疫给水部长（佳木斯）。

一九四四年二月——一九四四年十月

伪满新京关东防卫军军医部部员。

一九四四年十一月——一十九四五年八月

关东军防疫给水部林口支部长。

"八·一五"以后职历：

一九四五年八月——一九四六年四月

在牡丹江、拉古任苏军设俘虏营病院副院长。

一九四六年四月——一九四六年八月

苏军移交中国人民解放军后任牡丹江军医医院内科副医长。

一九四六年八月——一九四七年三月

牡丹江军区卫生部八面通大泉诊疗所当医生。

一九四七年三月——一九四八年七月

牡丹江军区卫生部日籍病院当医生。

一九四八年七月——一九四九年十二月

东北军区后方第十二医院(阜新)任医生。

一九四九年十二月——一九五〇年二月

东北军区卫生部保健科任医生。

一九五〇年二月——一九五一年五月

长春军医大学担任卫生学系教员。

榊原秀夫笔供

（1954 年 6 月 17 日）

一、关东军防疫给水部的组织及所在地。[第七三一部队末期情况，下同]

关东军防疫给水部(第六五九部队)。

关东军防疫给水部本部(第七三一部队)：在哈尔滨市郊平房及市南岗，另外在哈尔滨秋林街有派出所。

关东军防疫给水部所属支部：

牡丹江支部，在宁安县海林。

林口支部(第一六二部队)，在林口县古城镇。

孙吴支部，在黑河省孙吴县。

海拉尔支部，在内蒙海拉尔。

大连卫生研究所，在大连。

二、关东军防疫给水部本部(第七三一部队)的组织、任务、主要负责人、所在地：

第七三一部队的任务是关于细菌战的研究。除准备和实施细菌战为主要任务外，还领导及实施关东军的防疫和给水业务。其命令系统为：大本营(陆军大臣)→关东军司令官→关东军防疫给水部长→各支部长及卫生研究所长。

(一)总务部，部长太田军医大佐。其任务是拟定细菌战的计划，调查细菌战的情况，搜集苏联情报(与哈尔滨特务机关有联系)，起草及传达命令，掌管财务、警备等。内设：

1. 企划课，课长田部军医中佐。主要任务是拟定细菌战计划，统制本部及各部的业务。

2. 调查课，课长川上技师。任务是调查细菌战的情况，搜集苏联情报，特别是有关细菌学的情报及学术调查。

3. 庶务课，课长篠原卫生大尉。任务是起草传达命令，警戒本部及处理一般庶务。

4. 人事课，课长山下卫生少佐。任务是处理本部及各支部、卫生研究所的人事任命、调动等。

5. 经理课，任务是处理预算、支出、军需等业务。

总务部设在平房。

(二)第一部，部长菊军医少将。其任务是研究能够用于细菌战的细菌种类、细菌的毒力、为进行细菌战而作为传染病媒介的昆虫及危害农作物的病原菌。此外，还研究传染病新种的病原体，调查在关东军管辖区域内发生的传染病及冻伤等。

部内划分是确立以负责人的姓名命名的班制度。我所知道的有：以笠原技师为首的笠原班，研究 Rickettsia①[Ricketlsia 为立克氏体血症]及滤过性病原体。以二木技师为首的二木班，研究肠道系统传染病及传染病的病

---

① 细菌的一种，大于细菌小于滤过性细菌。——译注

理。以及研究炭疽的肥之藤少佐班,研究冻伤的吉村班,研究昆虫的森技师班。另外,还有许多陆军技师或军医军官的研究班。

第一部设在平房。

(三)第二部,部长碇军医大佐。其任务是从事实施细菌战及实施方法的研究,即攻击方法、制造细菌弹、增殖毒化昆虫等的研究。毒化昆虫的方法,如制造鼠疫菌时,把鼠疫菌注射在老鼠身上,让跳蚤吸老鼠的血,使之成为毒化跳蚤。

在第二部有自第七三一部队设立以来,一直在该部队工作的田中兵技中佐负责培养大量跳蚤,该班称为田中班。

第一部的二木技师兼任第二部的工作。此外,还有以平泽少佐(后为增田少佐)为班长的航空班。在第二部之下有安达演习场。还有动物班,班长是石井四郎的哥哥。

第二部设在平房。

(四)第三部,部长江口军医中佐。其任务是领导及实施关东军管区内部队的防疫和供水,制造滤水机。

第三部设在哈尔滨市南岗。

(五)第四部,部长大谷药剂少将。其任务是研究使用于细菌战的细菌及大量制造的方法,还研究毒物。河岛药剂中佐、草味药剂少佐在该部。

该部设在平房。

(六)教育部,部长西军医中佐。其任务是对关东军的卫生部军官、下士官以及对本部、各支部的军属(日军里的文官)、士兵进行关于细菌战及防疫、给水教育。

该部设在哈尔滨市南岗小平房。

(七)诊疗部,部长永山军医大佐。其任务主要是医治传染病患者。北野任部队长时,专门研究流行性出血热的医治法。

该部设在哈尔滨市南岗(本院),在平房有分院。

三、大连卫生研究所,所长安东陆军技师,副官铃木军医少佐。该所过去属于伪满铁道株式会社,由于石井四郎的要求,编入了第七三一部队。

其任务是除制造各种传染病的预防液外,还为准备细菌战养殖大量的白鼠。

一九四四年十一月,我到林口任职后,同前任者荒懒少佐办理交接时,看到了第七三一部队第二部野崎少佐关于迫击炮弹破片飞散情况的调查,也就是细菌弹基础实验的文件。实验是在松花江中的小岛上(哈尔滨附近)发射迫击炮弹,从落下的地点测量破片的散布距离,证明从中心点直径八至十公尺的范围有杀伤能力。迫击炮弹是陶瓷制的,其中装有细菌,是耐热性的炭疽菌。

(1954 年 6 月 29 日)

一九四二年一月长沙进攻战结束后,我从岳州乘飞机护送重症患者到汉口时,在岳州飞机场,从某一空军大尉那里听说,石井来到汉口。其后同年二月,我从第十一军参谋部情报录中,看到由常德拍到香港的电文:"日军的飞机一架投下像笼子的东西,此后在住民当中发生鼠疫患者七八名,以后还可能继续发生,所以请发送防疫材料。"

关于此事连第十一军军医部长进藤升军医少将也不知道,是石井亲自进行的。我痛感到日本帝国主义对中国的和平居民所采取的行为是何等的残酷及非人道!

(1955 年 4 月 11 日)

一九四三年七月,根据关东军的命令,我去七三一部队参加对师团防疫给水部长进行的特殊防疫教育三天。

这一特殊防疫教育是为准备细菌战的教育。其内容是:第一天上午由七三一部队长北野军医少将报告有关教育的指示。下午由总务部长太田大佐以"细菌战的概念"为题,报告有关能使用于细菌战的病菌,即解释鼠疫菌、炭疽菌、鼻疽菌、瓦斯坏疽菌、破伤风、狂犬病、霍乱菌、伤寒菌、副伤寒菌、赤痢菌、斑疹伤寒菌、流行性出血热、疟疾等病菌;还报告了攻击方法(用炮弹、飞机撒布),攻击目标为敌人的重工业地带、兵站、飞机场、敌军高级司令部所在地、交通要道、粮库、军港、水源及部队密集的地方等。

第二天上午,由教育部长园田中佐以"中日战争中阴谋破坏的事例及其教训"为题进行了造谣欺骗的报告。下午由第四部草味药剂少佐以"毒物中毒"为题，报告了关于青酸、砒霜、燐、硝酸奎宁、升汞水等的中毒问题。

第三天上午，由第四部河岛药剂中佐以"简易毒物检查法"为题作了报告，并参观了消毒车的实际演习。结束后，我向部下进行了上述内容的教育。

一九四四年十二月末，第七三一部队召开了支部长会议，参加的有海拉尔支部长加藤少佐、孙吴支部长松平少佐、牡丹江支部长屋上少佐、大连卫生研究所长安东技师，以及担任林口支部长的我。

第一天，由第七三一部队长北野政次训示，即报告一九四四年度的支部工作总结和 1945 年的任务。指出一九四五年度要加强白鼠的饲养及协助各部队的防疫工作，以防止因传染病减低日军的战斗力。之后，各支部长汇报了情况及困难。

第二天，由北野讲解流行性出血热的病原体传染途径及防疫法等问题。后由诊疗部长说明有关诊疗法，并共同看了患者。

此次会议目的，就准备使用鼠疫菌进行细菌战和繁殖白鼠问题，传达指示，并说明利用流行性出血热进行细菌战的可能性。

一九四五年四月，再一次召开了支部长会议，参加的人员同前。

第一天，由第七三一部队长石井四郎向第七三一部队全体人员进行上任训示，讲了当时太平战争的不利的战况，勉励全员努力尽到自己的职责。之后，在石井的办公室指示各支部要为细菌战作准备。按大本营指示，七三一部队准备到当年八月前完成便用鼠疫菌的任务，需要准备一吨到两吨的跳蚤，因而需要大量老鼠，故指示各支部要全力进行捕鼠和繁殖白鼠，以协助七三一部队完成任务。同时石井还指示捕鼠时要特别注意防谍。

第二天，总务部长太田大佐、企划课长田部中佐和支部长讨论了有关捕鼠的人员、方法、运输防谍等问题决定捕鼠班以军官或下士官为首组成，并按各支部人员多少为原则编成常设班。捕鼠方法以掘土捕鼠和器具捕鼠兼用。为了防谍，参加捕鼠的人员要穿便衣。所捕活鼠运交七三部队第二部田中班。各支部所需捕鼠器具可到七三一部队领取。

　　会后,乘航空班飞机到安达演习场参观,该场是用中国人进行细菌试验的演习场,修有飞机跑道,有两所兵营,有一个准尉领导的士兵三十余人,还有从各支部调去的士兵。

(1956 年 4 月 28 日)

　　关于安达的事,过去的供词是完全错误的,我是参加了在安达的杀人实验。会后(支部长会议),石井说:"在安达有实验演习,支部长如果愿意,可以参加。"我就参加了。该日午后一时,我和第一部肥之藤少佐(第一部是研究炭疽菌的)、海拉尔支部长加藤少佐、牡丹江支部长,还有一名技师,一同乘轻轰炸机到达了安达。

　　在安达早有第二部的演习员在第二部长碇大佐的指挥下进行着演习的准备。不久来了一架重轰炸机,从机上下来了四名中国爱国者和警备人员。这四位立即被绑在安达演习场有相隔二十五米到三十米的埋在地里的柱子上。三点左右,石井四郎、第一部二木技师、总务部企划课长田部中佐,乘飞机到了现场。三点半左右,一架轻轰炸机飞到演习场上空,从一百五十米的高度投下了陶器炸弹,在五十米的空中爆炸。

　　我穿上了全套预防衣,从五六百米的距离观看了这种惨绝人寰的暴行。这个炸弹是填着可怕的炭疽菌的炸弹,让他们从咽腔吸进绝对没有生存希望的肺炭疽,或因破片让他们发生皮肤炭疽,是一个特别残暴的行为,我也参加了这种罪恶活动。

　　将近四点的时候,我和其他支部长乘飞机回到了哈尔滨。这几位中国人在我们走的时候仍在那里绑着,听说消毒后,放在第七三一部队的监狱里观察他们的发病情况,杀害后又作了死后解剖。

　　投弹的飞机是第七三一部队平泽少佐、增田少佐操纵的。

(1956 年 5 月 12 日)

　　我根据第七三一部队的命令,为了准备细菌战和培养人员,从一九四五年一月起,曾命令细矢少佐(一九四四年十二月从第七三一部队第四部调林口支部)领导第一课进行细菌的生产。一九四五年一月至四月,生产了一百只试验管的霍乱菌、二百五十只试验管的伤寒菌、二百只 A 型副伤寒菌。同年五月至六月,生产了一百只霍乱菌、一百二十只伤寒菌、一百只 A 型副伤寒菌。关于试验毒力的事情。一九四五年三月上旬,我根据第七三一部队的命令,在我派细矢少佐去领取霍乱菌时,把在支部保存的培养着的伤寒菌、A 型副伤寒菌的试验管二只,带到七三一第一部毒力检定班里。后来,我曾由参加第七三一部队掌管教育军官会议的支部教育课长兼第一课附渡边中尉那里,接到了关于第七三一部队第一课的检定毒力的报告。于是,我知道了这两种菌种都是合乎第七三一部队第一课保存菌中的标准毒力(在强毒菌、弱毒菌中间的中等毒力)。我根据这一效力的试验,计划在向水源撒毒时,可以把一只试验管的纯细菌量当作零点零一克使用,为确使它在井水中保有效力,大约在井里放入一两个试验管,便可以达到屠杀的目的。我就是作了这样计划的。并因试验这种效能,我杀害了四名中国的爱国人民。

关于“八·一五”前向牡丹江撤退携带的器材、细菌种类及数量问题。携带了防疫医疗箱两套,其中有小型蒸气灭菌器二具、干热灭菌器三具、小型孵卵器三具、培养盘一千个、试验管一千只、蛋白消化素零点八吨、压缩肉或肉汁零点七吨、“寒天”二吨,食盐零点三吨,共计六十六包(此两套系备战用的)。另外还有显微镜八十台、小型蒸气灭菌锅一个、小型蒸气灭菌器二具、干热灭菌器三具、大型孵卵器二具、小型孵卵器三具、石井式培养器一千个、蛋白消化素三吨、“寒天”五吨、肉(压缩肉或肉汁)三吨,食盐零点七吨,滤水器(乙、丙、丁、戊型各十具),以及粮食、子弹等。

携带的细菌种类和数量:保存培养霍乱菌的试验管五只,伤寒试验管四只、A 型副伤寒试验管四只、B 型副伤寒试验管十只,及五六月份在第一课生产出来的细菌——霍乱菌试验管一千只、伤寒菌试验管一百二十只、A 型副伤寒试验管一百只及六月份生产的霍乱菌培养盘一百个。

以上是我企图继续进行细菌战而携带的必需的器材。

(1956 年 5 月 28 日)

关于大量生产细菌的问题:

(一) 我在职期间,以进行细菌战为目的,贮藏和培养了伤寒、

副伤寒(A 型及 B 型)及霍乱菌。这些菌苗,是林口支队创设以来,在各

部队流行传染病时收集的,霍乱菌是从第七三一部队领到的。用于大量生产的器材,是一九四四年八月从第七三一部队领到的。大型高压蒸气灭菌锅炉五具(一九四五年七月,根据第七三一部队的命令,将其中的一具运到朝鲜江界第七三一部队预定撤退的地点),另一具设在第一课研究室里,加上该课以前设置的小型的一共两具。当时的计划是,一旦接到大量生产的命令,即在第一课的四个研究室改装四个大型高压蒸气灭菌锅炉,把第一课研究室改成孵育室。

(二)过去在支队实施的毒力试验,是用所饲养的小鼠等,比较它的致死量,结果为细菌战保存了强毒菌。

(三)一九四五年六月,我命第一课长细矢少佐研究大量生产的方法。

第一个问题是把培养基的灭菌时间缩短的方法。

第二个问题是研究用石井式培养器的培养法。

这项研究的结果是:第一个问题关于培养基的灭菌时间,过去是用锅灭菌,温度一百度需用三十分钟,间隔二十四小时,三次即需用四十八小时。但用十五磅的高压蒸汽锅炉灭菌,温度一百二十度只需用二十分钟。第二个问题是石井式的培养器有各种类型的,支队使用的是长约四十厘米、宽五十厘米、深约五厘米的带盖的金属制器具,将三百支试管涂抹在十个器具上来实验是否能增菌。但因研究者细矢少佐奉第七三一部队的命令到敦化去防疫,研究没有进行下去。

关于细菌培养量的问题

(一)生产周期:

一次的生产周期两天的说法是我的错误。普通的细菌实验室的生产周期,大体是七天左右,即第一天是培养试验管的灭菌及洗涤,干燥后,干热灭菌。第二天是制造培养液,并分别注到试验管里。第三天用锅灭菌(一百二十度,二十分钟)。第四天同样是灭菌。第五天同样,第三次灭菌后冷却。第六天把菌涂抹在培养基上,放在孵卵器里。第七天是生产菌。

当时支部的所有设备,约有八十名人力,以及第一课的生产要领和生产能力等情况,我回想是下面这样:

第一天培养试验管的灭菌和洗涤、干燥、干热灭菌。第二天制造培养液以及将它灌在三千管试验管里。第三天用高压灭菌锅以十五磅的压力、一百二十度、二十分钟灭菌后冷却。第四天把保存培养的十管涂抹在三百管培养试验管里，放在孵卵器里。第五天以三百管生菌培养管涂抹在三千管的培养试验管里，放在孵卵器中。第六天生产出三千管的菌。我认为大体上六到七天的周期，能生产纯细菌约三十克，一个月内能生产约一百五十克。

如在支部设立大型高压灭菌锅和孵卵室，使用一千个石井式培养器的话，我计划能生产下面的菌：

第一天和第二天把培养试管和试管器消毒，洗涤、干燥、干热灭菌。第三天制造培养液和将它灌入试验管。第四天用高压灭菌锅以十五磅的压力、一百二十度进行二十分钟消毒灭菌，然后冷却。第五天把保存培养的十管涂抹在三百管里，放在孵卵器里。第六天把三百餐涂抹在石井式培养器（十个）上，放在孵卵器里。第七天仍放在孵卵器里。第八天把十个涂抹在一百个上。第九天把一百个涂抹在一千个上。第十天在一千个培养器上生产出菌。一个培养器的菌以约五克计算，十天能生产五公斤，一个月能生产十五公斤的菌。

（二）以前所供述的三百二十四公斤是因为没有考虑人员和设备的问题，谨此订正。

（三）关于六十吨的生产材料问题，是没有考虑人员和设备.，仅从材料上推测了细菌的产量，我认为生产五百公斤的细菌是可能的。

（四）支部一向是用普通实验室的生产方式，还没有进行大量生产的设备，可是根据命令进入大量生产的话，大体上按上述那样使用石井式培养器，一个月可以生产十五公斤。

（时间原档未标明）

关于对人的实验：

林口支部的七夕曹长在本部工作时，因为"实验材料"亡，夜间去搜索，碰在什么东西上而跌倒，碰伤了脚胫骨部，脚骨折断而成了跛子。据他说：

"实验材料"各有隐语,人叫"圆木",黑鼠叫"黑饼",白鼠叫"白饼",跳蚤叫"粟子"。在七三一部队将领来的死刑囚称为"实验材料",死刑囚是中国人及苏联人。此外,我还见过七三一部队有宪兵。从以上各点来看,以活人作实验是确实的。

在七三一部队,第一部的吉村班,进行冻伤研究。冻伤研究,最困难的是实验材料,因为动物与人在冻伤上表现的情况完全不同,所以动物作不了很好的实验材料。因之,我推定进行了以人为材料的冻伤的研究。

榊原秀夫口供

(1955 年 3 月 24 日)

问:你在一六二支队当支队长时,去过别的支队没有?

答:一九四五年三月我到孙吴支队去过一次,是为了参观孙吴支队培养白鼠的成绩。一九四五年六月在去七三一部队返回途中,到牡丹江支队参观过一次。

问:孙吴支队长是谁?

答:我去时是松平,以后松平调任哈尔滨新编师团防疫给水部长,由七三一部队教育部长西俊英兼任。

问:牡丹江支队长叫什么名字?

答:牡丹江支队长是尾上正男,我认识他。一九四三年七月,七三一部队进行了师团防疫给水部长的教育,当时我是以第十师团防疫给水部长身分参加,尾上当时是以十一师团防疫给水部长参加。一九四〇年我在军医学校读书时,尾上是细菌学甲种学生,我是卫生学甲种学生。一九四三年尾上作了牡丹江支队长,我是在一九四四年作一六二支队长,因此常常是以支队长的身分参加七三一部队召开的会议。

问:你们各个支队的组织机构都是一样的吗?

答:大体上是一样的,如都有总务课、第一课、第二课、器材课、教育课。但各支队根据其所属于军的大小,在编制人数上各有不同,最多的是林口一六二支队,共二百八十人。

问:各支队属于关东军的哪几个军?

答:林口一六二支队归驻东安的第五军,孙吴支队归第四军,牡丹江支队归第三军,海拉尔支队归第木军。各支队分布情况和各军相同,以便战争爆发后,作为各该军的防疫给水部,直接在该军司令官的命令下,独立进行细菌战。这时,支队就与第七三一部队在业务、行政上没有关系了。

问:七三一部队下的四个支队,为什么要根据军的分布而确定分布呢?

答:这理由我不知道。但根据情况看,各个支队都有飞机场,一旦与苏联作战时,隶属于军,就便于行动。至于防疫给水部建筑物,统由七三一部队管辖,以便对苏联作细菌战。

问:就是说一旦与苏联发生战斗时,各支队的行动就完全受军的司令官指挥了吗?

答:是的。

问:你的一六二支队于一九四五年八月已经隶属于军了吗?

答:是这样。但是我只接到七三一部队令一六二支队隶属于第三军的命令,但在去第三军的途中就被苏军俘获了。

(1955 年 3 月 29 日)

问:你在一九四五年七月间,到牡丹江支队逗留了多长时间?

答:逗留了二小时。

问:两个小时你干了些什么事?

答:参观建筑物后与支队长吃过一顿午饭。

问:你所指的是什么建筑物呢?

答:主要的是兵营,其次是参观了器材科养的白鼠。

问:牡丹江支队在生产设备上、饲养动物的种类和数量上、培养细菌的种类和数量上,与你的支队相比较有何差别?

答:大致上与林口一六二支队相同。因各支队任务是一样的,因此没有什么区别。

问:你说没有区别的根据是什么呢?

答:饲养动物的种类与数量与林口支队完全相同,这一点我亲眼看到了。至于我说的培养细菌的种类、数量,以及生产设备上也和林口支队相同,是我的设想,因为各支队的任务相同,并都在七三一部队统一领导下进行工作。

(1955 年 5 月 17 日)

问:你是怎样领导部下完成大批捕鼠、繁殖跳蚤,供给七三一部队大批制造细菌武器原料这项任务的?

答:一九四五年四月,我参加了七三一部队本部召开的支队长会议,石井四郎部队长命令各支队大力动员部下进行捕鼠工作。会后我回林口召集了支队的干部会议,决定在林口设置一个以间所少尉为首的二十五名常设捕鼠班,专门从事捕鼠工作;另外还组织渡边中尉、岛田准尉为首的几个临时性的捕鼠班,派到"壬振开拓团"、"龙爪开拓团"等地,以消灭"鼠害"为名,宣传、鼓励日本开拓民以及中国居民大量捕鼠,捕的老鼠交林口一六二支队。这样大规模进行捕鼠的结果,自一九四五年四月至七月间,林口第一六二支队先后送交七三一部队的老鼠有二万六千余只,供七三一部队制造细菌武器用。此外,林口一六二支队还提供了饲养的白鼠一千只加根据送交老鼠的数量,估计足够培养繁殖出一吨到两吨染有鼠疫菌的跳蚤,供大批制造武器之用。

一九四五年六月,根据七三一部队电报命令,我派了七夕曹长及以下七名,到七三一部队学习饲养跳蚤的方法,并带回一公斤跳蚤,在林口支队的三十五平方公尺的地下室里,由细矢少佐具体指导七夕曹长以下七名进行培养繁殖跳蚤的工作。另外,我到职时,该队只有白鼠一千只,豚鼠五十只、兔子十只、马两匹。到一九四五年七月止,我领导繁殖了白鼠六千只、豚鼠一百只、兔子二十五只、马两匹。

(1955 年 5 月 17 日)

问:第一六二支队的任务是什么? 受何机关领导?

答:第一六二支队的任务主要是准备细菌战,其次是对所属军的武装部队进行防疫给水工作。我的责任是直接领导、监督一六二支队完成上述任务。该部队直接受日本关东军第七三一部队领导。

问：林口第一六二支队由那些机构组成？编制人员有多少？

答：林口支队由总务、第一、第二、资材、教育等五个课组成。总务课的任务是传达部队命令及掌管支队人事、经费事项，课长是由细矢少佐担任。第一课的任务是保存培养细菌、检查细菌及一般的防疫工作，课长由细矢少佐兼任，课附是渡边中尉。第二课的任务是部队给水及修理滤水器，课长是间所少尉。资材课的任务是保管、清理各种卫生材料和生产材料，以及饲养动物、培养跳蚤等，课长由间所少尉兼任。教育课的任务是培养训练有关细菌战所需要的人员，课长是渡边中尉兼任。

林口一六二支队的编制人员总数是二百八十名，其中有中国人十五、六名，朝鲜人一名。林口支队是第七三一部队所辖四个支队中最大的一个支队。其他三个支队是海拉尔支队、孙吴支队、牡丹江支队。

问：林口第一六二支队有些什么生产细菌武器的器材和设备？答：有口径一公尺半、长达两公尺的大型高压蒸气灭菌锅炉五具，小型高压蒸气灭菌锅炉一具，小型蒸气灭菌器二具，干热灭菌器三具，大型孵育器二具，小型孵育器三具，显微镜三十五台，天秤十台，远心沉降器三具，氢电子浓度测定器一具，白金条一百只，酒精灯八十个，还有若干生产细菌用的玻璃器具。设有培养室、镜检室、消毒室等。

生产细菌用的材料有六十吨，即蛋白消化素十吨、肉精十吨、液汁三十吨、盐三吨、棉花两吨。

饲养的白鼠六千只、豚鼠一百只、兔子二十五只、马两匹、跳蚤一公斤。

另外，还有为准备战时用的防疫医疗箱两套（每套三十三捆包），其中除小型蒸气灭菌器二具、干热灭菌器三具、小型孵育器三具外，还有蛋白消化素零点八吨，压榨干燥肉精零点七吨，液汁二点三吨，食盐零点三吨。

问：上述五具大型高压灭菌锅炉，是作蒸煮细菌营养液用的么？

答：是作蒸煮细菌营养液用的。

问：是第七三一部队发给你们的么？

答：是第七三一部队于一九四四年八月发给的，那六十吨生产细菌用的原料也是在那个时期领到的。

问:你在林口一六二支队时,经常繁殖保存有哪些细菌,各有多少?

答:一六二支队保存培养的细菌有:伤寒菌、A型副伤寒菌、B型副伤寒菌、赤痢菌、结核菌各十管,共有五十管,纯细菌的总量为零点五克。

问:根据林口第一六二支队已有的生产设备、器材以及保存培养的菌苗来看,是否可以得出如下的结论,即林口第一六二支队已有独立进行大量生产细菌,制造细菌武器的实际基础了?

答:是的,完全可以得出这样的结论。因为在我的支队内,确实有大量生产细菌的设备、器材和一切物质条件。这一切条件,就使第一六二支队的工作,由探求最有效细菌武器的性质,改变为大量制造细菌武器的生产机构。所缺的仅是第七三一部队的命令,如接到第七三一部队大量生产细菌武器的命令时,只在一个生产周期(四十八小时:操作二十四小时,孵育二十四小时)内,即可生产三千管三十克纯细菌,一个月就能生产四百五十克纯细菌;如果增建一所孵育室时,仅在一个星期内即可生产三百二十四公斤的纯细菌。同时支队里已保存了六十吨为制造细菌营养用的各种原料,如充分利用这些原料,足够生产出五百五十公斤纯细菌,以制造大批细菌武器去杀害人民。

问:你是怎样培养训练为进行细菌战所需的人员?

答:一九四五年三月,我命渡边中尉为教官,森军曹、管军曹、沟渊伍长为助教,以进行细菌战所必须的知识和技术为重点,对七十名新兵进行细菌培养法、细菌检查法、传染病的知识和一般卫生常识的教育。三个月后,大部分配在林口第一六二支队的第一课和第二课进行实际工作。

问:在日本投降之际,你将一六二支队的生产设备、器材、档案怎么处理的?

答:一九四五年八月九日,我得知日苏开战的消息后,将支队保存的菌苗、动物,派人送交七三一部队本部,并带领二百名左右的队员、五十辆汽车、两套防疫医疗箱赶往牡丹江。其余的设备、器材,我令留下的二十五名队员,堆上稻草,准备了汽油,做好烧毁的准备,命他们接到七三一部队的命令或情况紧急时进行烧毁。后来他们执行了我的命令全部烧毁了。

我去牡丹江的途中,因情况紧急,便在七星附近将汽车和医疗箱全部烧毁。

铃木启久①
罪行供述书

姓名:铃木启久

出生日:一八九〇年九月二〇日

原籍:福岛县相马郡福田村大字真弓字原畑三〇番地

家庭成分:中农

本人出身:军人

履历

一九〇四年九月,入仙台陆军地方幼年学校。

一九〇七年五月,仙台陆军地方幼年学校毕业。

一九〇七年九月,入东京陆军中央幼年学校本科。

一九〇九年六月,东京陆军中央幼年学校本科毕业,被分配到步兵第六十五联队任陆军士官候补生。

一九〇九年十二月,入陆军士官学校。

一九一一年六月,陆军士官学校毕业后归步兵第六十五联队。

一九一一年十二月,任陆军步兵少尉,步兵第六十五联队附(小队长)。

一九一五年六月,任陆军步兵中尉,步兵第六十五联队附(小队长)。

一九二一年四月,任陆军步兵大尉,步兵第六十五联队附(本部)。

一九二三年八月,任步兵第六十五联队中队长。

一九二四年八月,任步兵第六十五联队附(本部)。

一九二八年八月,任陆军步兵少佐,旭川联队区司令部部员。

一九三二年八月,任步兵第二十八联队大队长。

---

① 野战部队军官,相关内容参见中央档案馆、中国第二历史档案馆、吉林省社会科学院编:《细菌战与毒气战》,中华书局,1989年,第374—376、774页;及中央档案馆整理:《中央档案馆藏日本侵华战犯笔供选编(第二辑)》(第1册),北京:中华书局,2017年,第13—15、28—31页。

一九三三年八月,任步兵第二十八联队附(本部)。

一九三四年二月,当时任步兵第二十八联队附,于侵略东北锦州时期任联队长辅佐。

一九三四年八月,任陆军步兵中佐,第二十八联队长辅佐。

一九三五年二月,以第七师团副官身份蟠踞在承德,同年三月步兵第二十六联队于上板城附近进行进略作战时期,担任作战部队的供给任务。

一九三八年三月,陆军步兵大佐,于东北磐石任独立守备步兵第十二大队长,在桦甸附近进行讨伐。

一九三九年三月,任神户联队区司令官。

一九四〇年八月,在南京任步兵第六十七联队长,参加六合、宣城、遂平、泌阳、襄安、盛家桥等地的作战后即在巢县警备淮南铁路之一部。

一九四一年八月,任陆军少将,大阪师团司令部附。

一九四一年十月,在天津任第二十七步兵团长,后转至沧县及唐山担当铁路、交通及该地区之全盘警备工作。

一九四三年七月,在东北锦州担当部下步兵团的训练工作。

一九四四年一月,在新乡任步兵第四旅团长,担当铁路交通路及该地区之一般警备工作。

一九四四年七月,命令我担任第一一七师团长兼任步兵第四旅团的任务,增加了郑州附近的警备工作,实施林县及濬县的讨伐。

一九四五年四月,任陆军中将,第一一七师团长,任务同上。

一九四五年六月,受命加入关东军司令官的隶下,七月到洮南,八月在苏军进军东北的同时命令集中到长春后又集中于公主岭,八月三十一日被俘。

罪行

六、任步兵第四旅团长及第一一七师团长时期的罪行

一九四四年一月,我任步兵第四旅团长而侵入新乡,指挥独立步兵第二〇三、二〇四、二〇五、二〇六四大队侵略了新乡、开封地区,并担当京汉路、陇海线的一部分交通路的警备及其地方的"治安维持"工作。

步兵第四旅团于一九四四年七月改变到第一一七师团内,在改编的同时我还侵略了郑州附近,我将师团又配备了一下,其情况如下:独立步兵第八十七旅团司令部蟠居于开封,独立步兵第八十八旅团司令部蟠居于郑州,在各旅团内部也按地区进行了配备,第八十七旅团的第二〇三大队蟠居于开封,第二〇四大队蟠居于汲县,第二〇五大队蟠居于兰封,第二〇六大队蟠居于扬武,另外第八十八旅团的第二八八大队蟠居于郑州,第二八九大队蟠居于新郑,第二九〇大队蟠居于焦作,第二九一大队蟠居于怀庆西方约八公里的地点。我又将炮兵队调至修武,工兵队蟠居于汲县,辎重兵队蟠居于兰封,野战病院蟠居于怀庆,野战病马厂蟠居于开封,师团通信队蟠居于新乡,逐渐的加强了步兵第四旅团平时的方策。

(5) 我于十一月命第八十八旅团长吉武秀哉指挥步兵三个大队和附属于第十二军的防疫给水班的一个班及配属于第十二军的骑兵一个联队(联队长山下大佐),向林县及濬县东方地区的八路军进行攻击,因此我命步兵部队侵略林县南部地区,骑兵联队侵略林县北部地区并要求各队攻击和歼灭八路军。我命令步兵部队侵略林县南部地区后在撤出该地区之同时,由防疫给水班在三、四各村庄散布霍乱菌,因此后来我接到"在林县内有一百名以上的中国人患霍乱病,死亡人数也很多"的报告。为了由伪军庞炳燻部队约一千人卫护林县侵略军的粮秣补给任务,该伪军在林县进行了掠夺。

林县侵略终了后,企图马上彻底的歼灭濬县东方的八路军,我命令了吉武的步兵部队和骑兵联队关于各个队侵略的地点及进行侵略所需要的时间后即进行了侵略。在此侵略期间,我的部下各队在各个地区进行了放火和掠夺,第二〇四大队(队长阿部少佐)在长路县某村以反抗侵略军为藉口将该村约三百户的房屋烧毁,并将该村的六百六〇名中国农民以极野蛮的办法虐杀了,即枪杀、刺杀、烧杀等极惨暴的方法。由我的命令掠夺了中国人民一百吨的粮谷,并烧毁了一个粮谷仓库。另外在此侵略中我的部下共杀害了三〇名俘虏。

(6) 我为了试验以空气注射杀人的方法,于一九四五年春在怀庆的师团野战病院命令该院院附野田实进行试验,即给予当时住院中的一名中国伪县警备队员极高的代价进行了试验,我并在该院掠夺了二、三头奶牛,一、二只山羊。

铃木启久口供

(1954 年 5 月 6 日)

问:你在河南地区还犯有那些罪行?

答:我为了试验以空气注射的杀人方法,于一九四五年春在怀庆的一一七师团野战医院,命令该院院附野田实将一名中国人进行试验而杀害了。

(1955 年 5 月 6 日)

问:你在河南省还进行过哪些作战,恶果如何?

答:一九四四年七月,部下二〇五大队由怀庆调至兰封途中,在封丘北方约二十公里的地方对抗日军进行了攻击,打死抗日军约四十名,杀害农民约一百名,烧毁一个约有四百户的村庄。同年八月,八十八旅团攻击怀庆西方山地的抗日军,打死抗日军十名,屠杀居民三十名,烧毁房屋四百户。九月攻击叶县的抗日游击队,烧毁房屋三百余户。十月攻击郑州东北方的抗日游击队。十一月,我命令八十七旅团长吉武秀哉,指挥步兵三个大队和十二军配属的一个骑兵联队及一个防疫给水班,攻击林县及浚县东方地区的八路军,并命令步兵部队和骑兵联队分别进攻林县南部和北部地区。步兵部队在撤出南部地区时,防疫给水班根据我的命令,在三四个村庄里散布了霍乱菌。后来我接到军医部长长野武治关于"在林县有一百名以上的居民患霍乱病,死亡人数很多"的报告。

问:防疫给水班是配属于师团还是旅团?

答:防疫给水班由十二军配属于我师团,以后我将它配属于旅团。

问:防疫给水班散布细菌是根据谁的命令进行的?

答:散布细菌是我命令的,我并命令军医部协助防疫给水班共同进行。

对被告人铃木启久罪行的证词

(1956 年 5 月 5 日)

被检举者:原第 117 师团长、陆军中将铃木启久。

证人:原第 117 师团步兵第 87 旅团高级副官、陆军大尉中田卯三郎。

铃木启久以覆灭抗日八路军太行分区河南省林县地区根据地为目的，从 1944 年 9 月上旬到 1944 年 10 月上旬期间，计划与指挥了第 117 师团林县作战，该作战结束后于 1944 年 10 月上旬作战部队撤退林县地区时，命令第 12 军配属来的军防疫给水班，在林县城、合涧镇、东窑、林县城北部等地区撒布虎列拉（霍乱）菌，由于霍乱，集体屠杀了该地和平居民 100 名以上。

于 1944 年 9 月 2 日，铃木启久在新乡师团司令部，向汲县步兵第 87 旅团长吉武秀人下了如下内容的作战命令："步兵第 87 旅团长于彰德掌握独立步兵第 205 大队与独立步兵第 391 大队以及岩田大队，做攻击林县的准备，在该作战期间配给军防疫给水班。"

旅团长吉武秀人在新乡，接受铃木启久的细节指示。有一时期，我率领旅团司令部先到彰德掌握了军防疫给水班。吉武秀人在林县作战期间把军防疫给水班分配于旅团司令部和各步兵大队，并要调查关于撒布细菌和各重要地方的准确情报。

1944 年 9 月下旬，铃木启久由彰德前进到林县，亲自指挥前线的诸部队，同时还指导防疫给水班准备撒布霍乱菌。于 1944 年 10 月 2 日左右，铃木启久从彰德师团战斗指令所向林县吉武秀人发了如下的电报命令："步兵第 87 旅团长，指挥作战部队应由林县撤退到彰德，撤退时让军防疫给水班撒布霍乱菌。"接到这个电报命令后，是我将旅团长吉武秀人根据这个命令再下的命令，转达给军防疫给水班长。分派于旅团司令部和各步兵大队的军防疫给水班分别在林县城、合涧镇、东窑、林县北部等地区的井内和泥坑等地撒布了霍乱菌。

1944 年 10 月上旬作战后，铃木启久向师团情报班命令：侦探该作战的后果，格外侦探撒布霍乱菌后的效果。根据诸情报判明，最少有 100 名以上的和平居民因撒布的霍乱菌而发病死亡。该情报是由师团情报班长井中尉那里听来的。

重富广一①

经历书

姓名:重富广一　旧姓:江川广一

年龄:一八九八年三月十八日生,现年五十七岁

性别:男

原籍地:山口县吉敷郡平川村大字黑川字润

现住所:山口县吉敷郡平川村大字黑川字河内

家庭成份:生于贫农之家,为富家之养子

个人出身:军人

学历:高等小学校毕业(八年),在夜学塾学习了一年

被捕地点年月日:南千岛择捉岛天宁,一九四五年八月三十日

侵华年月日:一九三四年四月十五日顷

最后的部队号、职务、阶级:第六十九师团(通称号百部队)。独立步兵第二九六大队,大队长、少佐

家庭状况:养母,重富利乃,农。妻重富千绢,农。长男,重富克美,医学专问学校在学。长女,重富妙子,已出嫁。二女,重富良子,公司办事员。三女,重富桂子,女学校在学。不动产水田二丁八反,田三亩,山林二丁多,房屋三幢(住宅、仓库、附属建筑面积约七十平方米)。

入队前的经历

自一九○四年四月一日至一九一二年三月下旬,在原籍平川村立小学校学习。

自一九一二年四月上旬至同年四月末左右,为山口县山口市辩护士田边秀雄的书童。

自一九一二年五月初旬至一九一三年三月左右,山口市农具杂货商田

---

① 日军步兵。相关内容参见中央档案馆、中国第二历史档案馆、吉林省社会科学院编:《细菌战与毒气战》,中华书局,1989年,第761页;及中央档案馆整理:《中央档案馆藏日本侵华战犯笔供选编(第二辑)》(第101册),北京:中华书局,2017年,第310—313、318、329、331页。

中万吉的店员。

自一九一三年三月左右至一九一四年六月左右，山口市山口县厅附设印刷所排字工人。

自一九一四年七月左右至同年八月左右，在家务农。

自一九一四年八月左右至一九一五年三月左右，山口线大岁车站杂役。

自一九一五年三月左右至一九一五年十一月三十日，山口县宇部市坑木商水上久吉的店员，农忙期在家务农。

军历

自一九一五年十二月一日至一九一六年十二月一日，山口县山口市，第五师团步兵第二十一旅团步兵第四十二联队第二大队第五中队，二等兵。

自一九一六年十二月一日至一九一七年十二月一日，山口县山口市，第五师团步兵第二十一旅团步兵第四十二联队第二大队第五中队，教育助手，伍长工作、上等兵（一九一六年十二月一日为一等兵，进级为上等兵，任伍长工作）。

自一九一七年十二月一日至一九一九年七月，山口县山口市，第五师团步兵第二十一旅团步兵第四十二联队第二大队第七中队，内务班长、教育助教，伍长。

一九一八年十二月一日，军曹（受有关机枪的教育）。

自一九一九年七月至一九二〇年八月，山口市约十四天、苏联士的列斯古约四个月、中国满洲里约十日、苏联布鲁甲约八个月，第五师团步兵第二十一旅团步兵第四十二联队第一大队第二中队，分队长，军曹（从事于苏联侵略战争。自一九二〇年三月至一九二〇年八月，兼装甲列车机枪分队长）。

自一九二〇年九月至一九二二年十二月一日，山口市，第五师团步兵第二十一旅团步兵第四十二联队机关枪队，内务班长、教育助教，军曹（约三个月的期间受步兵炮的教育）。

一九二一年一月十七日为重富仁太郎的赘婿，改姓重富。

自一九二二年十二月一日至一九二三年八月左右，山口市，第五师团步兵第二十一旅团步兵第二十四联队机关枪队,给养系,曹长(兼乘马委员助手)。

自一九二三年八月左右至一九二六年十二月一日,广岛县广岛市,第五师团下士官训练所,教育助教,曹长(兼经理业务工作)。

自一九二六年十二月一日至一九二九年十二月一日,山口市,第五师团步兵第二十一旅团步兵第四十二联队机枪队,人事系,特务曹长。

自一九二九年十二月一日至一九三〇年十一月三十日,东京市,陆军士官学校,少尉候补生、学生,特务曹长。

自一九三〇年十二月一日至一九三四年三月二十五日,山口市,第五师团步兵第二十一旅团步兵第四十二联队机枪队,教育教官,特务曹长。

一九三一年三月一日,少尉。

一九三三年十二月一日,中尉。

自一九三四年四月上旬至一九三六年二月下旬,三重县津市约十四日、中国龙江省泰安县约六个月、龙江省齐齐哈尔约十六个月,第十六师团旅团号不详,步兵第三十三联队步兵炮队,小队长、教育教官,中尉,兼乘马委员、山马马具改良研究委员。

自一九三六年二月下旬至同年四月中旬,龙江省龙江县宁平,第三独立守备队独立守备步兵第十八大队第四中队,步兵炮教官,中尉。

自一九三六年四月下旬至同年七月下旬,龙江省克山县克山,第三独立守备队独立守备步兵第十八大队本部,齐齐哈尔车站司令官,中尉。

自一九三六年七月下旬至一九三七年十二月一日,龙江省讷河县讷河,第三独立守备队独立守备步兵第十八大队本部,经理委员、乘马委员,中尉。

一九三七年八月一日,大尉(兼军鸽系)。

自一九三七年十二月一日至一九四一年七月下旬,兴安东省喜札嘎尔旗索伦,第三独立守备队独立守备步兵第十六大队第四中队,中队长,大尉(自一九三九年七月至同年八月中旬兼阿尔山车站司令官、自一九四〇年七月至同年九月上旬至大队本部部附)。

自一九四一年八月中旬至一九四四年三月下旬,桦太混成旅团步兵第二十五联队步兵炮大队,大队长,大尉(兼首席经理委员、首席乘马委员)。

一九四一年十月一日,少佐。

自一九四四年三月下旬,千岛择捉岛天宁,北部军南千岛守备队步兵队,大队长,少佐。

自一九四四年五月至一九四五年四月一日,千岛择捉岛丰滨,北部军南千岛独立混成旅团独立步兵第二九六大队,大队长,少佐。

自一九四五年四月一日至一九四五年八月三十日,千岛择捉岛丰滨,第六十九师团旅团号不详,独立步兵第二九六大队,大队长,少佐(师团通称百部队)。

勋等经历

一九二一年四月左右,由于侵略西伯利亚的罪行,得了勋七等旭日章及洋三百八十元。

一九三一年四月左右,做为定期受勋得勋六等瑞宝章。

一九三七年六月左右,由于侵略中国的罪行,得了勋六等旭日章及洋四百六十元。

一九四〇月不详,做为定期受勋得勋五等瑞宝章。

一九四二年八月左右,由于侵略诺门坎及中国之罪行,得了勋四等旭日章及洋六百五十元。

　　　　　　　　　　　一九五四年八月二十一日　重富广一

订正修改隐瞒事项的具体罪行

……

16. 讨伐赤兰部队中惨杀中国工人

日期:一九三九年七月下旬

地点:兴安东省喜札嘎尔旗白狼东北方约二十公里之山中

命令者:独立守备第十六大队第四中队中队长大尉重富广一

执行者:大队队附军医少尉青木亮,第四中队小队长少尉土屋幸信。

经过:赤兰部队讨伐中,在夜里步哨捉了一个四十多岁中国人带到我这里来,我命令伪满军志歧上尉审问,他是沱罗鲁(トロル)的采伐工人协助赤兰部队起义者,他掠盗了日本人的手表和现金七八十元,知道今天日本人回来,所以逃至牛岔台途中。志歧上尉曾向我报告,起义者昨日晨出发,我命令土屋少尉"将其缚送至警察那里",后因青木请求想用来作医疗实验。我许可之,但不要让中国军官知道,青木遂离我二百公尺之地点试验"静脉内注入空气后观察其生理变化",试验结果已成半死状态,土屋向我报告。我命令土屋:"斩之"。土屋即执行我的命令,斩了其肩,没有至死,遂再刺咽喉而至死。(土屋报告)将死体搬至密林抛弃之。

我的责任:应负惨杀的全部责任。被害者之姓名籍贯不详。

重富广一笔供

(1954 年 8 月)

日期:一九四〇年七月中旬。

地点:河北省密云县石匣镇站西三四百米的田地里。

命令者:独立守备步兵第十六大队大队长深野时之助大佐。

执行者:大队队附松尾元治军医中尉,卫生兵两名,兵士二三名。

经过:一九四〇年七月中旬,在水堡子西南战斗中,捕了一名俘虏。我命令古北口宪兵分队队附玉井军曹进行审问。结果得知:俘虏系山西人,年龄二十五岁,从军两年。另外,我由玉井处闻知其所属部队、人员、指挥官及以前所有一切行动等,但现在已没有记忆。我当时将其审问结果向第九独立守备队司令部做了报告。

松尾用他做了口腔内负伤出血过多不能呼吸时,将下咽喉切开使其能呼吸的实验,之后将其杀害,理于田里(以上是由大队长处听来的)。关于杀害情况,以及大队长和玉井、松尾之间是如何交涉的? 情况不详,但根据大队长亲赴杀害现场的情况来推测,我想松尾是得到了大队长允许的。

原口一八①

姓名:原口一八

年龄:五十二岁

出生年月日:一九〇三年一月十七日生

原籍:佐贺县三养基郡中原村大字簑原七五一番地

住所:

家庭人口及经济状况:妻,静江(ミズエ),四十四岁;长女,宏子,廿三岁左右;次女,邦子,廿一岁左右;长子,仁,十六岁;此外一九四五年八月间,妻曾在妊娠中

我无任何财产,当时依我薪水生活。

未参加过反动团体

被俘时间、地点:一九四五年九月九日,于吉林市兴町伪吉林县宿舍

当时的阶级职务:县警正,伪吉林县警务科附

来中国侵略:一九二八年三月廿日前后

学历:

一九〇九年四月,入佐贺县三养基郡中原普通高等小学校。

一九一七年三月,于右中原普通高等小学校高等科二年毕业。

一九一七年四月,入佐贺县立佐贺中学校。

一九二二年三月,于右校毕业。

一九二四年四月,入大阪外国语学校俄语部。

一九二七年三月,于右校毕业。

职历:

自一九二二年五月至一九二二年十月,为佐贺县立三养基中学校物理化学助手。

---

① 伪满警察,参与丢失细菌搜索事件。相关内容参见中央档案馆、中国第二历史档案馆、吉林省社会科学院编:《细菌战与毒气战》,中华书局,1989 年,第 102、116、824 页;及中央档案馆整理:《中央档案馆藏日本侵华战犯笔供选编(第二辑)》(第 104 册),北京:中华书局,2017 年,第 56—58、69—72、79—80、88—89、92 页。

自一九二八年三月廿日至以及一九二八年七月十七日,入关东厅巡查旅顺警察官练习所,为乙科生。

自一九二八年五月末至一九二八年七月十七日,于为乙科练习生中,曾出差增援"奉天警察署",于城内满铁□卫所警备一个月,千代田通派出所,隅目町派出所等处,为见习巡查半月。

自一九二八年七月十日至一九三二年四月间,为大连小岗子警察署巡查。

自一九三二年四月至一九三二年七月廿日,入旅顺警察官训练所为高等科生。

自一九三二年七月廿日至一九三四年十二月廿五日,为关东厅警部补,盘踞于旅顺警务局卫生课。

自一九三四年十二月廿六日至一九三六年七月,实施官制改革,为关东局警务部卫生课警部补(长春)。

自一九三六年七月至一九三七年三月,为关东局警部,新京警察署卫生系主任。

自一九三七年三月至一九三七年十一月卅日,为关东局翻译兼警部,新京警察署卫生系主任。

自一九三七年十二月一日至一九三九年十月,为伪首都警察厅警佐,卫生科卫生股长("行政权移□")。

自一九三九年十月至一九四〇年十月,为伪兴安北省警正,任伪西额旗国境警察本队长。

自一九四〇年十月至一九四〇年十二月,为伪兴安北省警务厅事务官(由于派令耽误而未赴任)。

自一九四〇年十二月一日至一九四三年三月,为伪兴安北省事务官,盘踞于伪警务厅分室。

自一九四三年三月至一九四四十月,为伪市警正,任伪牡丹江市警察局特务科长。

自一九四四年十月至一九四五年八月十五日,为伪县警正,任伪吉林省吉林县警务科附。

褒赏：

一九三六年，依九一八事变之功，领得勋八等瑞宝章及公债二十五元，其后虽又受领过公债十五元，但忘掉受领年月日。

一九四一年，建国以来之功，由伪满洲国领得勋六位柱国章。

罪行供述书

……

六、为伪兴安北省地方保安局事务官：（自一九四〇年十二月五日至一九四三年三月）

我盘踞于伪兴安北省地方保安局（通称伪分室）为事务官，受伪兴安北省地方保安局长列岛种、同犬冢善吉与伪理事官重富贡、同川上修之指挥命令，与同事伪事务官竹村厚德、同入江信、同山田外免治共同指挥部下，曾犯过如下罪行：

（一）参加推行分室业务

分室业务是受着当地日本陆军特务机关（以下简称特务机关）的幕后领导，从事充作日本帝国主义军队走狗的"防谍、谍报"工作，是搜集准备对苏侵略的资料的最反人民的罪行。我为伪分室事务官，而曾参加此项业务之推行，对反人民罪行之如何深重，自己在深刻批判着。

伪分室事务官，是受伪保安局长、同理事官的指挥命令而指挥监督着全体分室职员。我不只担当自己范围，对其所属地方保安局职员、即别的事务官所担当的部分工作，亦进行一般的指挥监督，而负其责任。并如若代理局长及理事官时，则负代理范围之责任。于伪兴安北省有八个国境警察队（索伦、陈巴尔虎、东新巴、西新巴、东额、西额、海拉尔、满洲里），起始国境警察队虽是受分室的管辖，但以后则成为伪警务厅之所管，将本队特务股长配置为分室伪属官，其后又虽曾配置为事务官，但关于伪国境警察队所进行的分室业务，伪省分室事务官、亦需受伪局长及伪理事官之命令而进行指挥监督分室业务，而负指挥、监督范围之责。

最初重富伪理事官命令我在担当庶务之同时，要"□特务科的文件"，竹村事务官则被命令担当工作,这里所谓"要□特务科的文件"的是,在形式上虽未发令,而实际上形成兼职了的。然而事实上,由于伪特务股长通晓事务工作能力很高,因而该特务股长担当着全特务科的工作,因此我只是进行一般的指挥、监督,而关于该特务股长的工作我负有责任。

(1)逮捕、殴打、暴行、拷问、审讯、杀人,另外对所谓"外谍"的收容、处理:

虽是应由伪分室使用"密探"逮捕所谓"外谍",但于我在任中的一九四○年十二月至一九四三年三月当中,未曾逮捕过一人。在伪分宝收容中的所谓"外谍",全是由伪国境警察队所逮捕的(这是重富及川上为理事官所说的),也就是说,进行指挥、监督伪国境警察队的伪省分室事务官,要负使令逮捕所谓"外谍"之责任。我当时是一经判明了由伪国境警察队所逮捕之嫌疑者为所谓"外谍"时期,则即时停止审讯,而送交伪省分室。

而伪分室如若收容由伪国境警务队所逮捕的所谓"外谍"时,则担当工作人员(由竹村事务官配置)即依据伪中央保安局长官及当地日本陆军特务机关长所指示的审讯要纲(以军状、民状、经济状况等为主,但关于军状,则特务机关员有优先调查权)进行调查审讯,并向伪中央保安局长官及当地日本陆军特务机关长报告此项审讯。调查完了后,在二、三个月或半年之内,就下来关于处置所谓"外谍"的命令文件。该项命令也由当地日本军特务机关以同样文件或口头下达命令。

此项处置命令是"杀处分"、"送哈尔滨"、"送阜新",此外有时也有"特殊命令"。"杀处分"时,我受伪局长及伪理事官之命令,即命令伪工作员执行。"送哈尔滨"是由日本军特务机关员指挥率领、伪分室工作员为了"护送"去一人或二人。这个"送哈尔滨"是和特务机关要送的加在一起共有十名到十五名。当初对"送哈尔滨"虽无识,识不清楚,以后知道是送到"石井部队",是送到"细菌部队",是入苏之后才明确认识的。"送阜新"是送到阜新煤矿使之劳动的。

"特殊命令"是于特务场合下,将特定的所谓"外谍"送交于特定的人或机关的命令。将这"外谍"交出后,在我这方面就没责任了。

关于所谓"外谍"的逮捕状况：有时一个月也逮捕不到一个人，也有时一个月就逮捕五个人的时候，虽不记其具体的数字，如以每月平均三名，我想是大体上与实际数字相近似的。在收容所中，有时收容一五乃至廿名，也有时收容四、五名，我想加上日本军特务机关所委托收容的，平常大体上是收容着一四、五名的。虽则由于我不担当该项工作而想不出明确的数字，若以每月平均以逮捕三名的比率，二十八个月则共计八十四名，将此按前述处置命令区分，大致内容如下：

"杀处分"，二十名左右（中国人及外蒙人）

"送哈尔滨"，四十名左右（中国人及外蒙人）

"送阜新"，五名左右（苏联人）

"特殊命令"，四名左右（外蒙人送阿吧戛特务机关三名，送"新京蒙古学院"西野一名），其余十五名左右

以上数字虽不正确，但我想是近似实际数字的。当对此所谓"外谍"的审讯当中，是进行过殴打、暴行、拷问的。

……

（八）杀害平和人民的案件

一九四二年三月间，收容于海拉尔伪分室而被利用为马夫的苏联人，所谓"外谍"（通称"次郎"）曾趁看守人的大意夺去手枪而逃走。我受伪局长、伪理事官的命令，指挥伪分室职员追迹，同时布置海拉尔、索伦、陈巴尔虎各伪国境警察队来搜查。"次郎"逃走第四天，于陈巴尔虎旗内射杀蒙古人一名，无国籍俄人一名被负伤。约一星期后，"次郎"于黑山头附近被逮捕。

于海拉尔苏十字医院，月足、山□、根岸各伪属官在场，以毒药注射杀害"次郎"。我命令伪分室职员使追迹"次郎"，所以负由"次郎"杀人、伤害的责任，并且受伪局长、伪理事官的命令，于海拉尔赤十字医院以毒药注射杀害"次郎"，负这责任。

……

七、任伪牡丹江市警察局特务科长（伪警正）（一九四三年四月—一九四四年十月）：

奉伪牡丹江市警察局长登乐松的指挥命令,任该局伪特务科科长盘踞中,指挥部下伪特务股长、警佐东胜美,特高股股长、警佐宫部宽悟以外十四名,犯罪如下:

……

(二)搜查在牡丹江车站候车室丢失细菌事件

一九四三年四月十二日,在牡丹江车站一、二等候车室,一日本人某从间岛省保健所转勤到牡丹江省保健所的途中。报告说:将装着"虎烈拉菌"、"赤痢菌"、"寒伤菌"的培养试管三个的黑皮手提包丢失。我受警察局长登乐松的命令,与司法科长连络,指挥部下特务科员十四名,又动员警察官约五十名,搜查被盗之皮包。另一面命令特务股长东警佐寻问被盗日本人某拿细菌的理由,和被盗前的情况。第三项由我亲自寻问携带细菌的理由,但其回答始终一贯说是因牡丹江保健所没有菌种,工作困难,故将间岛省保健所的菌种拿来。为了搜查黑皮手提包,由我指挥警察官员,利用警察权力,侵入市内各住家,进行各种质问、巡回调查等方法(每日大体搜查一千件)。十二天中,终于在市内某街旁边沟中发现了丢失的手提包。又经两天,发现破碎的试管约三个,停止了搜查。在搜查中,掖河部队的参谋长某少将两次来访警察局长登乐松,说在牡丹江有很多军队,委托早些防止病疾的蔓延。这是由日本宪兵队报告的有关事件,故参谋长知道此事。现在我想此事件,感到好像是考试我们的搜查力。

我在此事件结束后,马上发高热,诊断是出疹伤害,被收容到传染病院。为了搜查司法科是否逮捕审讯过嫌疑者,不很清楚。在特务科没有逮捕审讯嫌疑者。

……

(九)杀人:

一九四三年十一月十三日,受伪警察局长登乐松的命令,对无业和平市民一齐逮捕。在福民庄将一九七名逮捕讯问后,有一百二十二名以"身份确实"的名义放返回,剩下七十五名中的五十名交给伪劳务兴国会牡丹江支部经管的劳动训练所。二十五名照局长的命令,交给当时盘踞在牡丹江市附近的日军某部队。好像人数不对。记得是把和平人民用汽车从伪警察局前向东运走。后来听局长说：在部队用细菌杀害了。当时在牡丹江的七三一部队是细菌部的话，我想就是交给该部队了。送交时，记得有一位军医。我只是根据局长的命令送交，不知有什么目的，但由我送交的结果，才进行了这一杀人事件，我负有责任。

原口一八口供

(1954 年 8 月 26 日)

问：你将在兴安北省地方保安局(分室)所任职务及具体活动讲一讲！

答：一九四〇年十月至一九四三年三月间，我在兴安北省地方保安局(分室)任事务官代行局长和理事官职务。

我在保安局(分室)工作的两年零四个月中，奉命指示保安局(分室)防谍单位及各国境警察队先后以通苏嫌疑者等名义，逮捕中国人七十余名、苏联人六名、蒙古人十五名，共九十余名。经审讯后，根据中央保安局的指示，分别按四种办法处理：一、杀害；二、送哈尔滨石井部队；三、送阜新煤矿作劳役；四、作特务逆用。其中被杀害的中国人、苏联人、蒙古人二十一人；送哈尔滨石井部队作细菌试验的中国人、蒙古人四十名；送阜新煤矿劳役的苏联人五名；送阿巴戛日本军的蒙古人三名，长春蒙古学院逆用的蒙古人一人(名西野)；释放的十余名；其余的十四五人在我离职时还押在分室拘留所内。

(1954 年 8 月 26 日)

问：你指使部下以所谓"无业游民"的名义，逮捕我和平居民多少人？

答：一九四三年三月至一九四四年十月，我在伪满牡丹江市警察局，任特务科长期间，以"无业游民"的名义，逮捕了中国和平居民七百九十七人，关押在劳务兴国会牡丹江支部经办的劳动训练所。经拷问后，其中有职业者五百零六名释放；送给驻扎在牡丹江市的七三一部队支部作细菌试验而死亡者二十五人；其余二百七十人移交给训练所，经二三个月训练后，充当劳工了。

原口一八供词

(1954 年 8 月 26 日)

一九四二年八月,西额旗国境警察队逮捕一名中国人,作为通苏嫌疑者送到保安局(分室)。我奉命指示月足港和根岸属官进行拷问,然后注射毒药将其杀害。一九三八年十二月保安局(分室)逮捕一名所谓"外谍"的苏联人。我调到保安局工作时,曾利用该苏联人作过马车夫,后该人夺枪逃跑。我奉命指示各国境警察队追捕,约一周后在黑山头附近逮捕。一九四二年四月,我和局长理事官命令月足港、根岸属官,将该苏联人送到海拉尔红十字医院注射毒药,将其杀害了。

中岛京子①

我叫中岛京子。过去曾用过藤重及本田二个名字。现年四十三岁。于一九一一年十二月二十九日生。原籍是石川县金泽市下本田町三丁目五番地。现籍是北海道札幌市南十条西四丁目七番地。

于石川县金泽市新立町小学校六年毕业。在北海道札幌市医大病院受看护训练十个月,在满洲奉天琴平町野田产妇人科病院受训练两年。是时在奉天富士町医大病院于一九三七年五月经看护考试合格。

家庭情况有义母一人,孩子的祖母仓本信子,孩子一人,共计三人。财产情况:于来华当时,是以种田的收入来维持生活的。于一九四三年七月我回国时是靠种田及房钱的收入来生活的。但在一九五〇年十月来信说由于生活困难已将札幌市南十条西四丁目七番地房产卖给别人。现在情况不明。

我于一九二五年六月任北海道札幌市医大病院见习看护。

于一九二六年作札幌市山形饭店使女,任该饭店札幌啤酒宣传部的使女。

一九二九年和佐藤义美结婚。

于一九二九年进冈山县笠冈町西町洋裁学校,一九三〇年十月退学,而

---

① 护士。相关内容参见中央档案馆、中国第二历史档案馆、吉林省社会科学院编:《细菌战与毒气战》,中华书局,1989年,第235、358—360页;及中央档案馆整理:《中央档案馆藏日本侵华战犯笔供选编(第二辑)》(第13册),北京:中华书局,2017年,第272—273页。

于一九三〇年十一月来到中国奉天霞町五。

一九三二年为奉天缝纫机,缝纫机宣传部的宣传员。

由一九三四年五月起当了奉天会馆女使。

由一九三五年七月起为奉天琴平町野田产妇科病院看护,于一九三七年十二月二十九日在该病院写血书而志愿从军。

一九三八年一月任北支派遣军多田部队加越陆军病院卫生员工作。

一九三八年二月二十二日任山西派遣军一〇九师团陆军病院山冈兵团(仁羽部队)卫生员工作。

一九三九年七月转职为潞安舞部队西村陆军病院为看护。

一九四〇年五月四国又于六月来到太原。

一九四〇年七月起到十二月为止在潞安城内北大街经营喫茶店。

于一九四一年十二月二十八日任汾阳城内东大街胜部队若柃部队陆军酒保的接待员,一九四二年五月酒保解散而于同年六月为运城东大街北支派遣军直属部队卫生调查班的备人工作。

于一九四三年十月五日任太原市西羊市街北支派遣军直属部队陆军给水防疫部女子军属备员。

于一九四五年十一月与藤重光男结婚,一九四八年二月二十二日在介休县张兰镇穆家堡东五号当伪医。

一九四八年五月二十日在大蒲村成俘虏。

于一九四八年七月三日获释而回到太原。

于同年十月二日到太原市新城北街二十四号资源调查社,兼管情报室及图书室,并任十总队病院看护。

于十年十二月与中岛久男结婚。

于一九五〇年十二月二十三日于永年为学员。

中岛京子笔供

(1954 年 9 月 3 日)

一九三九年七月,我在山西省潞安陆军医院任护士,奉小岛军医之命,将鼠疫菌 8c.c. 注射在一个年二十多岁的抗日军俘虏的胸部。几分钟后,此俘虏面部发紫,出黑斑,嘴唇变黑,呼吸困难,很快就死亡了。尸体可能由小岛军医等解剖了。听说这个俘虏是中村军医由舞部队带回的四个中的一个。

(1954 年 11 月 23 日)

一九四三年十月至一九四五年八月,我在太原市西羊市华北派遣军直属部队防疫给水部工作。于河南作战时,以对新乡一带救济为名,将伤寒菌掺入大米和白面里,杀害了很多的中国人。对此我曾予以协助。

(1955 年)

我于一九三九年七月,作为陆军医院西村部队的特殊志愿护士参加了潞安作战。

盛夏七月的一天,医院里送来了四名抗日军士兵俘虏。其中的一名年约二十二三岁,是一个容貌端正善良的青年。被日本军使用的糜烂性毒气弄得全身溃烂,右脚尤为严重,根本不能行走。当时,我想:"为什么把这样脏的中国人带到这里来?"可是,医院的卫生护士长远藤军曹却对我说:"这家伙由你负责!"我十分生气,心想:"没有他我还忙得不可开交,再塞给我这么一个脏东西,受得了么? 快点死掉算了!"因此,在处理创面时,也只是涂点红药水,应付了事。有一次我想:"如果在他溃烂的伤口上涂上碘酒,他将会痛成什么样子?"于是便在他糜烂不堪的腿上厚厚地涂了一层碘酒,这个青年痛得打着滚呻吟,苦不堪言。三天间,我没有很好地让他吃饭,大小便也不给他处理,再加上伤痛,他陷于极度的衰弱状态,溃烂的腿上和粪便上落满了苍蝇,蛆虫到处乱爬。我想:"得想个办法快点把他处理掉才好!"傍晚,远藤护士长对我说:"给那个中国人做手术,你做好准备!"我做好了手术室的准备工作。远藤护士长、加藤卫生一等兵,还有护士吉田初子、川口睦子、我和另一个人,共六人作为助手,穿好手术衣,等待手术开始。小岛军医进入手术室后便命令:"今天由我指导,由远藤做手术。"我们便将这一青年绑到手术台上。远藤只是简单地做了局部麻醉,便用手术刀割开皮肤,切开肌肉,进行止血。最初,我曾帮助止血。我想:"我倒是用肉和鱼做过菜,可用刀切人肉不知是什么样? 反正一两个中国人的死活是没有关系的。军医也承认我是有胆量的护士,是个人才,我也要干出点成绩来!"于是便向军医请求道:"请允许我来做截肢手术吧!"军医说:"你能行吗?"他没有接受我的要求。我再次要求说:"没有问题,请让我来做吧!"结果,军医批准了。这时,远藤说:"反正是个中国人,这就算不错了!"说着,便马马虎虎地停止了止血。我拿过手术用的锯,从右膝关节的下面开始像锯木头一样,咔哧、咔哧地截肢。因为我是第一次做手术,进行得很不顺利。军医和护士长都在注视着我,我心里发慌,汗流浃背,手术衣都湿透了。由于做的是局部麻醉,不十分有效,青年人痛得大声喊叫,一名士兵和一名护士,两个人按住他被绑着的腿,他仍然扭动着身体,腿迟迟锯不下来。我嫌他讨厌,便在他嘴里塞满了纱布,让他喊不出声来。青年人由于痛苦和愤恨,咬着牙,用着可怕的眼神瞪着我。由于没有充分地止血,所以每当他呼吸或扭动身体的时候,鲜血便从刀口咕嘟嘟地喷射出来。不知什么时候,军医早已走开了。截断这一根骨头竟用去了四十分钟,从手术开始到全部结束整整用了两个小时。然后,便把青年抬回病房,由于流血过多,他已经精疲力竭,脉搏微弱,陷入危重状态。立即通过远藤,向军医进行汇报。军医说:"先注射八毫 B,过五六分钟后,如没有变化,再注射五毫升 A,然后注意观察情况!"说着拿来了两种瓶装的液体。我给他注射了B,不到三分钟,只见他痛苦得满床乱滚,从鼻腔中流出通红的鲜血,开始挣扎,但已发不出呻吟声了。一会儿,他用像蚊子般微弱的声音说:"妈妈!"可能是呼唤他的母亲。接着,他向我要水喝,我却没有给他。当注射后十二分钟左右,这个年轻人便断气了。根据注射后急剧发生的变化和A、B这两种使用代号的药名,我意识到这就是当时由潞安陆军医院研制的细菌液。后来,这个青年还被军医们作为研究材料解剖了。像这样宰割活人,把人代替豚鼠,用作细菌试验等等,这就是天皇制军队的真实情况;也是戴着"白衣天使"假面具的我的本来面目。

秦正氏①

罪行供述书

姓名:秦正氏(别名清宫质)

生年月日:一九一〇年十一月二十九日,年龄四十四岁

籍贯:日本东京都涉谷区幡ケ谷笹塚町一〇六七番地

家庭住所:沈阳市东北人民政府卫生部工作员宿舍。(于一九五一年四月二十六日被俘后,与家庭之间直接没有通信,因而现住所不详)

前所属部队:满洲第七三一部队,阶级军医中尉,职务翻译班长,职业医师

文化程度:十八年(大学毕业)

被俘年月日:一九五一年四月二十六日

家庭成分、个人出身:农业、技术者

参加党派团体:一九三八年四月参加日本医师会。一九三九年四月末日,受军医预备员教育完了同时参加日本在乡军人会。一九四一年十月,参加日本陆军军医团

经历:

一九一七年四月,入日本冈本县吉备郡加茂村小学校,在二年级时转向东京四谷第五小学校,三年级时,转入冈山市师范学校附属小学校,四年级时,又转入东京四谷第五小学校,五年级时转入东京晓星小学校。

一九二三年三月,在东京晓星小学校毕业,同年四月入晓星中学校,四年级时因患肺病休学一年后,转入东京早稻田中学校。

一九二九年三月,在早稻田中学校毕业,同年四月入山形高等学校。

一九三二年三月,在高形高等学校毕业后,在家自习二年。

一九三四年四月,入千叶医科大学。

---

① 日军军医。相关内容参见中央档案馆、中国第二历史档案馆、吉林省社会科学院编:《细菌战与毒气战》,中华书局,1989年,第7—12、72—73、85、147、149—150页;及中央档案馆整理:《中央档案馆藏日本侵华战犯笔供选编(第二辑)》(第104册),北京:中华书局,2017年,第312—316页。

　　一九三八年三月,在千叶医科大学毕业,同年四月任千叶医科大学副手,为同学附属医院皮肤泌尿器科医师。

　　一九三九年二月四日,转任沼津市楠医院分院泌尿器科医师,同年二月十五日起至四月末日止七十五天,因被征教育,在东京近卫步兵第十二联队及千叶陆军医院,受军医预备员候补者教育。

　　一九三九年十一月,转任名古屋市楠医院本院泌尿器科医师、兼名古屋大学医学部解剖学教室研究生。

　　一九四一年七月二十九日,受领动员状(在"关东军特别大演习"之际,临时征集),以第二八师团第三野战医院附卫生部见习士官的身份。在同年八月二十日到达大连,八月二十九日入哈尔滨郊外孙家屯兵营,同年十一月转移哈尔滨市曲线街兵营。

　　一九四二年九月,升任军医少尉,同年十一月转任第二八师团山炮第二八联队附军医。(联队地点——哈尔滨郊外孙家屯)

　　一九四三年十一月,升任军医中尉,自同年十二月十五日,利用特别休假回国一个月。

　　一九四四年五月,山炮第二八联队是在"北满演习"的名义下转移到齐齐哈尔(为了掩盖向南方战线转移的行动),同年七月十日由齐齐哈尔一直向冲绳岛南下,我在此南下途径朝鲜釜山时,接到"转属于满洲第七三一部队"的电报命令,又北上到哈尔滨,七月二十日到达哈尔滨东南约二十公里的平房屯处,七三一部本部,由第二天(二十一日)为领取我存放在山炮联队留守队里的物品行李,向齐齐哈尔出差三天,由七月二十四日在七三一部队本部教育部,受保密教育一星期。

　　一九四四年八月一日,任七三一部队总务部调查课翻译班长。

　　一九四四年八月中旬,以学生身份参加对未教育的医官及药剂官的防疫给水教育一天(于教育部营房院内及哈尔滨庙街滤水器制造工场)。同年九月,受命与小川翻译生一同到长春满铁调查课出差(预定是三天二宿),进行调查该课所藏的苏联刊物中,在部队可以利用的医学杂志,借用了二、三册。同年十月,受命与庶务课长军医少佐高桥傅一同赴长春出差(预定是三天二宿),出席伪满科学技术者联合大会,将该大会的特别讲演《在苏联科学的发展》(满铁调查课某员讲演)回队后又加以讲演。同年十月下旬,以学生身份参加对未教育的医官及药剂官的现地卫生战术教育,在教育部长西军医中佐的率领下,到黑河旅行约住十宿,在黑河逗留中,我奉调查课长的命令,访问黑河特务机关,进行调查有无苏联文件(该机关都说没有)。

有关于一九四五年七月初旬及下旬,向长春、沈阳出差一节,详述于参加大阴谋罪行中。

一九四五年八月十三日,当七三一部队全员逃跑时,我出了哈尔滨市南岗海拉尔街部队宿舍,潜伏在南岗海关街一带妻子家中。

一九四五年九月,为哈尔滨市日本难民委员会(后被改为日本人民会)保健部南岗诊疗所皮肤泌尿器科医师,午后在海关街自宅开业。

一九四六年七月,到东北民主联军总卫生部(在哈尔滨)接洽,混进民主联军去后,委以松江军医第三医院(在延寿)外科医生。

一九四七年六月,转任松江军区第一医院(在一面坡)皮肤泌尿器科医生。

一九四八年四月,任东北民主联军总卫生部编译处俄文翻译,同年十二月末日随总卫生部一同迁移在沈阳,仍继续前职(民主联军改称人民解放军)。

一九五○年三月,转任东北人民政府卫生部教育处编译科俄文翻译。

一九五一年四月十六日,在沈阳公安局被捕至现在。

秦正氏笔供

(1954 年 9 月 7 日)

一九四五年七月初旬,我受调查课长口头命令:于哈尔滨、长春、沈阳三大城市内寻找制造斑疹伤寒瓦克辛的工厂,条件是面积要八百到一千平方米,交通方便又不太使人注意的地点。寻找时要着便服,使用关东军司令部嘱托某医学士的名片。这个工厂实际是为制造鼠疫菌武器用,但表面上是关东军司令部第四课经营的斑疹伤塞瓦克辛制造厂。后来我和柴田雇员在沈阳市东边找到一座已歇业的纺织厂,遂决定利用。又到哈尔滨五马路和地段街联接的路旁找到了一座三层的楼房。我和柴田雇员绘制了建筑物的平面图，附上地址及其他条件，回队后作了报告。

一九四四年十二月前后，在北野政次队长、第二部部长碇军医大佐的指挥下，在安达实验场，将约六名爱国者（其中至少要有一名苏联人）带着脚镣从押送的汽车上拖下来，将他们倒背手绑在间隔约二十米的木桩子上，叫他们跪在地上，使飞机从一百至二百米的高度投下炭疽菌的细菌弹，随着细菌弹的爆炸，使纯粹培养的炭疽菌撒布在这几名爱国者的鼻子、咽喉的粘膜上（根据供给研究会观看的影片上得知的）。在数日至十数日后，诊疗部长永山太郎军医大佐，对于染患炭疽的爱国者，实行了各种的"治疗"之后，终于使之死亡。我翻译的"炭疽的二例"中的治疗法，曾被永山用来进行试验。

一九四四年十二月前后，我介绍了苏联医学关于"瓦斯坏疽治疗血清力价测定"及其他瓦斯坏疽的治疗的文件约三篇，唆使第一部二木技师进行了如下的残忍实验。即二木以我所翻译的材料为基础资料，进行提高菌毒力的研究，于一九四四年十二月前后，将一名中国爱国者的大腿前面局部切开，在刀口的一面接种上瓦斯坏疽菌，在刀口的另一面接种上瓦斯坏疽菌和砂土的混合物，然后对两边的发病状态作对比的研究，确认了砂土混入可使瓦斯坏疽菌毒力增强。被试验人的肢体肿胀得非常厉害而陷于坏疽的状态，然后施以外科的切开手术及其他各种"治疗"，终于使之死亡，尸体由诊疗部的所军医中尉作了病理解剖。

一九四五年一月前后，第一部军医少佐高桥正彦，对三名爱国者注射了鼠疫菌，使之感染了严重的肺鼠疫和腺鼠疫，然后用日本制的磺胺剂实行"治疗"，终于使之死亡。

一九四五年一月前后，第一部吉村班武藤技师，给一名中国爱国者服用了大量的食盐之后，每天从他的身上抽出若干量的血液来测定基础代谢，从而确定出食盐的增加能使基础代谢亢进的事实。

一九四四年八月，我翻译介绍了苏联的冻伤治疗法。在日本一向是实行低温摩擦法，而在苏联则是用摄氏二十二度的温水进行治疗，我根据这一文件，唆使第一部吉村技师进行了残忍的试验。在一九四四年冬季，他对分娩不久的苏联妇女爱国者进行了冻伤实验,首先让她将手指浸入水槽中,然后让她拿出来在寒冷的天气里冻着,使之由激痛发展到组织被冻结,这是进行的冻伤病态生理学的实验,进而用各种温度的水对此实施"治疗",改日重新反复的实施,终于使其手指被冻伤而坏死脱掉(此事我是听被命令去描绘在各期冻伤中手指具体变化情况的画家说的)。另外还有一名苏联青年,也被做了类似的实验。

一九四五年七月二十日前后,我接到调查课石光课长的命令,到关东军司令部第四课原参谋处,承担征集老鼠的任务,通过伪满洲国强制人民在一个月内捕捉约二十万只老鼠。

我和柴田雇员到了关东军司令部原参谋处(后方参谋,中佐),向他说明了任务,他只说"这件事暂时等一下",并没有作具体说明。但在让往回带的口信中,暗示了日本必然战败的意思。我派柴田返回部队,向石光课长报告了上述情况。

一九四五年四月初旬,石井四郎就任七三一部队第三任队长,于同年五月至七月下旬的三个月期间,我奉调查课长的命令,除翻译工作外,兼做了情报工作。翻译班内设了一个短波无线电收音机,收听海外情报,和美军用日语的对日广播,其内容是冲绳岛战况,日本海军战败情况,劝告日本兵投降等。另外从特务机关抄写海外情报及苏联国内及国境情报,提供给课长。

一九四五年七月下旬,在总务部内新设了一个企划课,我被调至该课。自一九四五年八月九日至十三日的五天期间,我奉企划课长二木技师的命令,将苏军进军情况、日本无条件投降的海外消息,提供给课长。这些情报使石井四郎预先作好了逃跑的准备。

(一)同苏军开战时,石井指使部队向吉林省的山里退却,拟定了抵抗的计划。指使将重要器材捆包,并命令第一部吉村班研究山区抗战时的营养问题。我还译了苏联的"牧草营养分析表"及其它有关营养的文件数篇,介绍了"蔬菜中维他命丙的保存法",作为他们研究的参考。

(二)命令大规模生产鼠疫菌武器。为此,石井命令部队成员进行捕鼠和饲养老鼠。七月下旬部队内所饲养的老鼠已达数千只。

（三）一九四五年六月下旬，首先使部队内家属中的老幼约二百名逃回日本。

（四）在日本帝国主义投降前五天，我提供了"日本的无条件投降已成定局"的情报，促使部队预先毁灭证据和逃跑。警备班于部队内用手枪打死了监禁的苏联和中国的爱国者约三十名，工兵部队炸毁了全部建筑物。

（五）烧毁文件，处理老鼠，炸毁哈尔滨市南岗庙街的石井式滤水器制造工场。

（六）石井四郎于八月十三日即日本投降的前两天，使部队成员约二千五百名从部队的支线乘火车逃走，石井本人乘飞机逃走了。

（1954 年 10 月 5 日）

第七三一部队，原为 1936 年在滨江省五常县背阴河成立的石井部队，部队长是军医少将石井四郎。一九三八年，石井部队由背阴河移到哈尔滨市东南方二十公里的平房屯，把组织扩大改名"关东军防疫给水部"，通称依然是石井部队。采用"满洲七三一部队"的称号（邮政番号）想是在一九四一年起。石井四郎到 1943 年春［应为 1942 年 8 月］任第一任部队长，后来转任东京陆军军医学校教育主任。第二任队长是军医少将北野政次（原为满洲医科大学细菌学教授）。北野于 1945 年 3 月末转任华中派造军幕僚［任日军第 13 军军医部长］，同年 4 月初旬，石井四郎军医中将又回来任部队长，直到"八·一五"为止。

一、本部：总人数三千名（包括军属）。

（1）总务部是太田军医大佐，以下二百五十名，分五课：

人事课：小山卫生少佐以下约十名。

军需课：铃木军需少佐以下约十五名。

调查课：大佐级技师石光薰以下约二十五名（调查班臼井军医中尉以下六名，调查东北水系和传染病流行情况。图书馆新井雇员以下三名，管理约二万册图书。翻译班秦军医中尉以下六名，翻译俄文医学文件。印刷班约五名，印刷研究文件。摄影班约五名，拍摄研用的相片）。

　　庶务课:高桥传军医少佐以下约十五名,如下表所列有各班,其中劳务班是工藤技师以下约十三名,工作的内容不详。警备班以石井技师为班长,看守在本部监狱中被监禁着的中国爱国者。

　　企划课:1945 年 7 月下旬新设,策划部队的各种阴谋活动,中佐级技师二木(兼第一部二木班长)以下数名。情报班约三名,搜集情报。

　　(2) 药剂部:供给部队需要的药剂和研究药剂。部长是大谷药剂少将。

　　(3) 教育部:教育七三一部队成员的战时防疫给水业务。西军医中佐以下约十二名,被教育者约三十名(兼部队的卫兵)。

　　(4) 诊疗部:部长军医大佐永山太郎以下约七十名。哈尔滨传染病房收容关东军的传染病患者加以治疗(特别是永久排菌者)。

　　(5) 第一部:部长菊池军医少将,设很多研究班,各班有佐级军医或技师以下数名至数十名,该部的任务是做细菌兵器的基础研究。各班长及研究对象:笠原班(中佐级笠原技师,滤过性病原体)。二木班(中佐级二木技师,瓦斯坏疽)。吉村班(中佐级吉村技师,生理学)。筧班(少佐级筧技师,消化系统传染病)。高桥班(军医少佐高桥正彦,鼠疫)。君岛班(中佐级君岛技师,炭疽,其他兽疫)。有田班(有田技师少佐,爱克斯光线,其他放射线)。秋元班(大尉级技师秋元须惠夫,血清学)。田中班(田中技师中佐,鼠疫蚤;田中在第二部里也有鼠疫菌兵器的生产班)。黑泽班(黑泽技师少佐,农作物病菌、害虫)。

　　(6) 第二部:实验第一部研究的细菌兵器的效力和生产,部长是碗军医大佐。该部组织和人员不详。该部在滨江省安达县有大规模的野外实验场。

　　(7) 第三部:生产血清和疫苗(关东军用)。推测是依病种分班,我知道的有有田班,以有田军医少佐为班长,生产斑疹伤寒疫苗。

　　(8) 第四部:以江口军医中佐为长,生产各号石井式滤水器,在哈尔滨市南岗庙街诊疗部传染病舍的南邻有制造工厂。

　　二、支部:大连卫生研究所是最大的支部,生产日军用的血清和疫苗,所长是荻原技师(少将级)。其他四个支部各以对各方面军的战时防疫给水为任务,有佐级军医以下约三百名。

秦正氏口供

(1954 年 9 月 14 日)

问:你在七三一部队一年期间,共翻译了多少书刊? 都是哪一类的?

答;在我这个班里译了约一百五十篇,我自己译有约二十篇。北野政次任队长的八个月期间,主要译的是流行性传染病方面的书刊,石井四郎任队长时(三个月),主要译的是营养学方面及捕鼠问题的书刊。

问:译这些书的目的是什么?

答:主要译出来作为细菌研究的参考资料。

问:你自己作了哪些实验和研究?

答:我没有直接作过实验和研究,我只参加过部队的研究会。

问:现在你把研究会的情况和你个人在研究会所做的事情谈一下。

答:这个研究会是七三一部队长北野主持的,平常每个月召开一次。参加的人除了经理官、卫生军官以外,各部少尉以上人员及相当于少尉以上的技师都可以参加。平常只有四五十个人参加研究会。在研究会上发表的主要是各部门一个月来研究工作的报告,但不一定每个部都要报告。在我参加的期间,发表研究报告最多的是第一部关于细菌武器生产的基础研究报告,发表人主要是二木技师、高桥正彦军医少佐、吉村寿次等人。我自己在这个会议上做过两次补充报告。1945 年 1 月,高桥正彦报告了关于用三名中国人注射鼠疫菌,使其发生肺鼠疫和腺鼠疫后,用日本制的磺胺剂试行"治疗",终于使其死亡。我当时正译苏联关于鼠疫研究的论文,以此内容作了补充报告。1945 年 1 月间,第一部吉村班武藤技师用一名中国人,用很多的食盐进行实验基础代谢,每天采取若干量的血液进行测定,确认了食盐的增加将使基础代谢提高的结论。在武藤做这个报告时,我提出了"基础代谢的提高有潜伏期吗?",从而帮助了他的研究。

木村正二①

供词

姓名:木村正二

别号:无

年龄:四十一岁

生日:一九一三年六月二十四日

性别:男

原籍:青森县东津轻郡筒井村大字筒井字樱川五八

阶级:警佐

职业:伪满洲国警察官

所属:辽阳市警察局特务股

职务:特务主任

文化程度:十二年

家庭地址:原籍

被捕地点:辽阳市大和区鞍马町八号自宅

被捕日期:一九四五年十月三日午后三时三十分

家庭出身:中农

家庭:

母ミョ,兄(家长)义郎,嫂チサ,长男重义,次男勋,其外二名男孩,妻静惠,长女晶子,次女惠子共十一名

经济状况:

水田一万平方米,旱田一万平方米,宅地三段步,房子三栋——住家一(长八米宽十六)仓库二(长九米宽四米五)(长六米三宽四米五)

党派团体:

一九三六年八月在奉天省司法科(警务厅)参加伪满协和会

---

① 伪满警察,相关内容参见中央档案馆整理:《中央档案馆藏日本侵华战犯笔供选编(第二辑)》(第58册),北京:中华书局,2017年,第8—13、15页。

社会关系：

木村三郎，六十三岁，中农，旧民政党员住青森县东津轻郡筒井村大学
筒井，叔父，自幼受其侵略大陆思想的影响

横山实，五十一岁，原教员、地主，青森市议员，旧民政党员，住青森市浦町

小沼勉，五十二岁，小学校长，住青森市浦町吹上小路

以上二人是我小学时代的先生，受其忠孝、武士道的封建道德的训育，
私向海外发展的侵略思想的宣传

天坂洁，四十六岁，原热河省地方保安局事务官，住北海道汤张町，该人
任鞍山警务厅特务科长时及奉天省警务厅保安科保安股长时的我的上级，
交往甚密，受其资产阶级民族政策的启蒙感化

学历：

一九二〇年四月一日入青森县东轻津郡筒井寻常小学校一年级。

一九二六年三月二十五日，仝校六年毕业，四月入仝校高等科。

一九二八年三月二十五日，仝校高等科毕业。

一九二八年四月一日入青森县青森市私立协成中学第二学年。

一九三二年三月二十三日仝校毕业。

一九三六年三月十七日入伪满新京中央警察学校，同日任警士。

一九三六年六月八日同校毕业，配属于奉天省。

一九三七年七月自十日至廿四日，由康平县警务局被派到奉天警务厅
听讲特务讲习，阶级警士。

一九四四年自六月五日至十二月廿五日，由奉天省警务厅特务科派到
新京警务总局特务处特高科，听特别特高讲习，阶级监督警尉。

履历（在日本的职历）：

一九三二年四月，青森市报知新闻社事务员（三个月）。

一九三二年七月，青森市金增罐头公司临时事务员（三个月）。

一九三二年十月，在原籍务农（一年零二个月）。

军历：

一九三三年八月征兵检查甲种合格。

一九三三年十二月一日满州独立守备第五大队第一中队(四平街)二等兵。

一九三三年十二月八日移驻奉吉县清原县,(同上部队)。

一九三四年自一月至三月,参加东边道地区冬季"肃正讨伐"第一中队第一小队第一分队二等兵,在金川县、辉南县、柳河县等地行动。

一九三四年六月一日进级一等兵。

一九三四年自七月至八月,独立守备步兵第五大队第一中队的主力出动到兴京城,担当该地区的警备。

一九三四年十月移驻奉吉县①山城镇。

一九三四年十二月一日,进级上等兵,同日被命为伍长勤务上等兵及新兵教育系上等兵。

一九三五年自一月至三月,参加东边道地区冬季"肃正讨伐"任第一中队第一小队第二分队长,在金川、辉南县、柳河、通化、辑安、隔江等地行动。

一九三五年八月任第一中队酒保系。

一九三五年九月第一中队移驻朝阳镇。

一九三五年十二月至一九三六年二月,参加东边道地区冬季"肃正讨伐"任第一中队第一小队第二分队长,在辉南县回头沟驻扎,在附近一带进行游击"讨伐"。

一九三六年三月二日进级任长,同年同月三日在朝阳镇满期退伍。

警历:

一九三六年六月十日在康平县工作同日任奉天省警务片司法科司法股助手警士,担当一般刑事案件的统计及庶务。

一九三六年十二月二十五日奉命回康平县警务局,特务股内勤警士。

一九三七年八月康平县警务局司法股担任治安维持会业务、警士。

一九三七年十二月一日转任到复县警务科,到一九三八年三月在娘娘宫警察署任特务系内勤警长。

----

① 原档案为奉吉"线",疑为奉吉"县"的错谬。

一九三八年四月至一九三九年三月，在瓦房店警察署南大街派出所（一九三八年四月至一九三八年六月）及东署兵事系（自一九三八年七月至一九三九年三月）工作，担当管内居住的预备役军人的业务、警长。

一九三九年四月一日在鞍山市警察片任职警尉补。

自一九三九年四月至一九四〇年十一月在派出所工作。

自一九四〇年十二月至一九四一年四月在保安科内工作。

自一九四一年五月至一九四一年九月在特务科特务视察系工作。

一九三九年自六月至九月，诺蒙汗事件勃发，到兴安南省警务片增援，驻扎在喜紮郭尔旗白狼，任工藤特搜班员，收集该地的情报，警尉补。

一九四〇年自九月至十二月，增援热河省，任奉天省讨伐队（天坂洁中队长）的军需员，担任兴隆县长城线附近的警备讨伐。

一九四一年十月一日，进级警尉，同日任奉天省警务片特务科特务股工作，担任收集一般情报的业务。

一九四四年五月由于警察机构改革，任监督警尉。

一九四五年五月十五日在辽阳市警察局特务股工作，特务主任、监督警尉。

一九四五年八月一日辽阳市警察局警佐。

勋章纪念章：

一九三四年五月驻扎清源县时受领伪满建国功劳章。

一九三六年七月由于参加昭和（一九三一）六年至一九三四年的侵略满洲的功勋，赐勋八等旭日桐叶章，及奖金二百四拾五圆。

一九四三年八月伪满国势调查纪念章（一九四〇年七月参加全国实施的国势调查、有功）国境事变从军纪念章（一九三九年自六月至九月参加诺门汗事变有功）支那（七七）事变，从军纪念章（一九四〇年自九月至十二月，从奉天省讨伐队增援热河省警种片，在兴隆县长城线附近警备讨伐有功）。

一九四五年五月因定期受勋，受领伪满勋七位柱国章。

犯罪事实：

一九三五年四月廿日午后三时，在海龙县山城镇守备队营内，中队长中山大尉命乘马班长某军曹用军刀把由县警务局送来的抗日义勇军兵士一名(二十七八岁中国人,男子姓名不详)斩首,后五大队军医大尉某及奉天满洲医科大学教授某执刀解剖,内脏都用酒精泡着,装在石油罐里送到奉天医大。当时我和新兵二十名在场任警戒。其后我奉军医大尉的命令指挥新兵数名包装内脏的罐,和掩埋尸体,当时我是新兵教育系伍长勤务上等兵。

久保田哲二[1]
自己罪行供述

姓名:久保田哲二

别名:无

年龄:三十六岁　一九一九年三月二九日生

籍贯:日本广岛县高田郡船佐村大字船木四二六番地

现住址:同上

文化程度:十二年

家庭成份:下中农

入伍前个人出身:劳动者

旧所属部队:日本陆军三九师团步兵二三一联队一大队一机枪中队

旧阶级:陆军曹长

旧职务:连络系下士官

被俘时间、地点:一九四五年九月二日东北四平街

勋章及奖励:一九四〇年四月二九日获得勋八等瑞宝章及中日战争从军纪念章

一九四四年一月左右获得勋七等瑞宝章

简历学历:

自一九二五年四月一日至一九三一年三月二八日,在广岛县高田郡船

---

① 日军联络官。相关内容参见中央档案馆整理:《中央档案馆藏日本侵华战犯笔供选编(第二辑)》(第26册),北京:中华书局,2017年,第234—241、310—311页。

佐东寻常小学校六年。

自一九三一年四月一日至一九三三年三月下旬,在广岛县高田郡船佐东寻常高等小学校二年。

自一九三四年四月上旬至一九三七年三月下旬,在广岛县吴海军工厂教习所本科三年。

自一九三八年一月上旬至一九三八年十二月下旬,在广岛县吴海军工厂教习所补修科一年。

职历:

自一九三三年四月上旬至一九三四年三月下旬,在原籍地从事农业。

自一九三四年四月上旬至一九三七年三月下旬,在广岛县吴海军工厂电气部,以徒工的身份学习电气工、制图工和钳工。

自一九三七年四月上旬至一九三九年十一月下旬,在广岛县吴海军工厂电气部,担当电气工及制图工。

军历:

自一九三九年十二月一日至一九四〇年三月二〇日,以现役兵的身份,在广岛留守五师团步兵一一联队补充队一机枪中队入伍,受重机枪手训练,二等兵。

一九四〇年三月二十一日由广岛出发,以三九师团人员的身份侵略中国,二等兵。

一九四〇年四月一日在湖北省汉口登陆,转属三九师团二三一联队一大队一机枪中队,二等兵。

自一九四〇年四月上旬至一九四〇年四月二〇日,在湖北省黄陂县黄陂郎庙盘踞,从事镇压中国人民,担当重机弹药手,二等兵。

自一九四〇年四月二一日至一九四〇年七月上旬,以配属于三九师团司令部护卫中队的机枪小队弹药手二等兵、一等兵的身份,参加所谓宜昌作战,侵犯湖北省西北方。

自一九四〇年七月上旬至一九四〇年十月上旬,在湖北省荆门县荆门盘踞,从事镇压中国人民,一等兵,担当机枪弹药手及三九师团司令部气象观测。

　　自一九四〇年十月中旬至一九四〇年十一月下旬，在湖北省荆门县李家盘踞，于三九师团二三一联队通信队，受无线通信手训练，一等兵。

　　自一九四〇年十一月二九日至一九四〇年十二月四日，以机枪弹药手一等兵的身份，参加所谓汉水作战，侵犯湖北省当阳县栗汉附近。

　　自一九四〇年十二月五日至一九四〇年十二月二〇日，在湖北省荆门县李家河盘踞，从事镇压中国人民，担当机枪弹药手上等兵。

　　自一九四〇年十二月二一日至一九四一年三月下旬，在湖北省荆门县李家河盘踞，从事镇压中国人民，担当大队本部无线通信手上等兵。

　　一九四一年一月下旬，以大队本部无线通信手的身份（上等兵），参加所谓豫南作战，侵犯湖北省荆门县姚家河附近。

　　一九四一年二月下旬，以大队本部无线通信手上等兵的身份，参加镇压湖北省荆门县周家场附近之新四军。

　　自一九四一年三月下旬至一九四一年七月下旬，在湖北省荆门县杂树店盘踞，从事镇压中国人民，担当大队本部无线通信手及庶务系助手上等兵、兵长。

　　一九四一年四月上旬，以大队本部无线通信手上等兵的身份，参加镇压湖北省荆门县蒋家场附近之新四军。

　　一九四一年五月下旬，以大队本部无线通信手上等兵的身份，参加所谓江北作战，侵犯湖北省荆门县北方。

　　一九四一年七月下旬，以大队本部无线通信手兵长的身份，参加所谓荆北作战，侵犯湖北省荆门县乐乡关附近。

　　自一九四一年七月下旬至一九四二年三月一日，在湖北省荆门县李家盘踞，从事镇压中国人民，担当大队本部无线通信手及庶务系助手、兵长。

　　一九四一年八月上旬，以大队本部无线通信手兵长的身份，参加所谓第一次郝穴作战，侵犯湖北省江陵县郝穴附近。

　　自一九四一年九月中旬至一九四一年十月上旬，为赴陆军士官学校考试，由湖北省汉口出差。

自一九四一年十月中旬至一九四一年十一月上旬,以大队本部无线通信手、兵长的身份,参加所谓第二次长沙作战,沙市附近之战斗,侵犯湖北省江陵县郝穴及万城附近。

一九四一年十一月上旬,以大队本部无线通信手兵长的身份,参加镇压湖北省荆门县周家场附近之新四军。

自一九四二年三月一日至一九四二年三月下旬,在湖北省荆门县李家盘踞,从事镇压中国人民,服下士官勤务、兵长,担当所属一机枪中队机枪分队长。

自一九四二年三月下旬至一九四二年十月下旬,在湖北省江陵县沙市盘踞,从事镇压中国人民,担当所属中队机枪新兵训练助教及分队长,服下士官勤务兵长、伍长。

自一九四二年四月上旬至一九四二年五月中旬,担当机枪新兵训练助教及服下士官勤务兵长。

一九四二年五月下旬以机枪分队长,下士官勤务兵长的资格,参加侵犯湖北省江陵县资福寺观音寺附近。

一九四二年六月左右,以机枪分队长下士官勤务兵长的资格,参加侵犯湖北省江陵县关阻口附近。

一九四二年九月以分队长下士官勤务长的资格,参加侵犯湖北省江陵县八岭山附近。

自一九四二年十月下旬至一九四二年十二月上旬,在湖北省宜昌县宜昌对岸李家河盘踞,从事镇压中国人民,担当第二中队配属机枪分队长、伍长。

自一九四二年十二月上旬至一九四四年三月中旬,在湖北省宜昌县宜昌对岸二郎庙盘踞,从事镇压中国人民,担当所属中队机枪新兵训练助教、分队长,被服系伍长、军曹。

自一九四三年一月上旬至一九四三年五月中旬,担当机枪新兵训练助教、伍长。

自一九四三年五月下旬至一九四三年六月上旬,以机枪分队长伍长的资格,参加所谓江南作战,侵犯湖北省宜昌县宜昌西南方地区。

一九四三年十一月下旬,以机枪小队连络系下士官伍长的资格,参加侵犯湖北省宜昌县龙泉铺附近。

一九四四年三月上旬,以机枪小队连络系下士官军曹的资格,参加侵犯湖北省宜昌县杨树岭附近。

自一九四四年三月下旬至一九四四年五月上旬,在湖北省汉口扬子,受第十一军敢死队特务训练,军曹。

自一九四四年五月中旬至一九四四年十二月下旬,以第十一敢死队指挥班长,分队长军曹的资格,参加所谓桂林作战,侵犯湖南省广西省。

一九四四年六月上旬,向湖南省新市侵犯,以指挥班长,军曹的资格,参加第十一军野战重炮兵联队的侵犯新市西南二五公里附近的掩护行动。

自一九四四年六月中旬至一九四四年六月下旬,以指挥班长、军曹的资格向湖南省衡阳侵犯。

自一九四四年七月上旬至一九四四年八月十五日,参加湖南省衡阳侵攻战,担当第十一军参谋竹内少佐之连络系军曹。

一九四四年八月二五日,复归在湖南省衡阳以南约五十公里万金格里盘踞中的敢死队主力,担当指挥班长、军曹。

自一九四四年九月上旬至一九四四年十月中旬,在湖南岳中盘踞,从事镇压中国人民,担当指挥班长、军曹。

自一九四四年十月中旬至一九四四年十一月上旬,经广西省全县向桂林侵犯,担当分队长、军曹。

一九四四年十一月十一日,以分队长、军曹的资格,在广西省桂林西方十二公里附近,参加对抗日军的谋略袭击。

自一九四四年十一月中旬至一九四四年十一月下旬,在广西省桂林西南约五十公里原广西大学内盘踞,从事镇压中国人民,担当分队长、军曹。

自一九四四年十一月下旬至一九四四年十一月中旬,从广西省桂林向柳州市侵犯,担当分队长、军曹。

自一九四四年十二月中旬至一九四四年十二月下旬,在广西省柳州盘踞,从事镇压中国人民,担当分队长、军曹。

一九四四年十二月下旬在广西省柳州敢死队解散。

自一九四四年十二月下旬至一九四五年二月中旬,在广西省柳州盘踞,从事整理敢死队事务及镇压中国人民,担当三九师团敢死队员、军曹。

自一九四五年三月中旬至一九四五年四月上旬,从广西省柳州复归湖北省当阳县当阳三九师团、军曹。

自一九四五年四月上旬至一九四五年五月十三日,在湖北省宜昌县宜昌对岸二郎庙盘踞,从事镇压中国人民,担当所属一机枪中队连络系下士官及领受命令者、军曹。

自一九四五年五月十三日至一九四五年七月下旬,从湖北省宜昌县宜昌出发,向东北辽东省海龙以南五〇公里大拉子沟转移,担当所属中队领受命令者、军曹。

自一九四五年七月下旬至一九四五年八月十日在东北辽东省大拉子沟盘踞,准备对苏战斗,担当中队连络系下士官军曹。

自一九四五年八月十日至一九四五年八月十四日,向东北辽西省四平街侵犯,准备对苏战斗,担当连络系下士官军曹。

自一九四五年八月十五日至一九四五年八月十七日,在东北辽西省四平街以东陂福附近,准备对苏战斗,担当连络系下士官军曹。

自一九四五年八月十八日至一九四五年九月一日,在东北辽西省四平街盘踞,担当连络系下士官军曹。

一九四五年九月二日在东北辽西省四平街被苏军缴械,收容在四平郊外杨木林,担当连络系下士官军曹。

升级经历:

一九三九年十二月一日陆军二等兵

一九四〇年六月一日陆军一等兵

一九四〇年十二月一日陆军上等兵

一九四一年六月一日陆军兵长

一九四二年三月一日兵长服下士官勤务

一九四二年十月一日陆军伍长

一九四三年十二月一日陆军军曹

一九四五年九月一日陆军曹长

补充罪证供述

一九四一年十二月左右,在湖北省荆门县李家,我身为大队本部庶务系助手兵长,有本部情报系元长孝义中尉,以抗日地下工作人员为理由,逮捕、殴打、灌凉水,拘留了一名年约三〇～三五岁的中国农民(男),我将元长中尉针对该农民所下的:"进行活人实验,予以杀害"的杀人命令用口头传达给本部医务室新谷见习士官,结果:使得新谷见习士官及板野卫生伍长,向被害者的胳膊的血管中注射了空气,以活人实验了该农民之心脏变化情况而将其惨杀。

证人　增村正一郎

儿玉笃二[①]

履历:

一九三五年一月三十一日,到奉天,任伪满军军官候补者。

一九三五年二月一日,齐齐哈尔第三军管区第三教导队。

一九三五年四月一日,奉天中央陆训练处军官候补队第三区队(步兵)。

一九三五年八月二十五日,同上毕业。

一九三五年九月一日,作为宪兵学生入吉林宪兵训练处。

一九三六年七月—九月,曾与第六期三十名(毕业者)一起配属于第五宪兵队增强讨伐力。

一九三七年五月—三八年十二月,初任兴安南省宪兵队长,有嘎中尉以下三十名。三八年五月任中尉。

一九三八年九月—十一月,配属于甘珠部队秦焕部队任宪兵长,讨伐华北抗日军。

---

① 日本宪兵。相关内容参见中央档案馆整理:《中央档案馆藏日本侵华战犯笔供选编(第二辑)》(第101册),北京:中华书局,2017年,第8—9、20—21、30—32、38—39页。

一九三九年一月—六月,充任博克图宪兵分团长。

一九三九年七月—四○年十一月,充任延吉宪兵分团长。

一九四○年十一月—四一年八月,充任宪兵训练处武道教官。

一九四一年八月—四三年七月,国都宪兵团。

一九四一年八月—四二年二月,警务科附。

一九四二年二月—四三年七月,特务科长。没有见过司令部的命令,也没有工作过,听小营参谋说过,不来司令部么?

一九四三年七月—四四年十一月,海拉尔第十宪兵团总务科长兼警务科长。

一九四四年十一月—四五年八月十五日,奉天第一宪兵团警务科长兼特务科长。

记得是在特务科长,上尉升级少校之后,约任一个月。

一九五四年六月八日 儿玉笃二

三、在蓟县驻屯期间的反人民行动(一九三八年八月—同年十月)

……

3. 关于杀一名中国人民

时间:九月初,和秦焕部队进行在住一宿的行军,到帮军镇,翌日向蓟县的归途中

地点:是在帮军镇和蓟县中间的道上,横穿一条小溪的地方

行动:从帮军镇出发向蓟县的归途中,于上述地点逮捕了二十多岁的一名中国青年,进行了身体搜查。后来我和军医一块儿作了空气实验。也就是用注射器给静脉血管注射空气。曾注射了百次以上,但遂未死。因此便命令佐竹属官用刀砍杀了。关于其住所、姓名不能详细申述,实在抱歉。军医是部队的军医中尉朝鲜人。尸体只是用砂土埋了。我应负全部责任。

……

四、在马伸桥驻屯中进行的反人民的罪恶行为

(一)期限:一九三八年十月到三八年十一月末,一个月期间。移管的理由是基于"安治"不良,也就是在马伸桥讨伐抗日军。我和秦焕部队一起移管了马伸桥,团本部占据商务商会长的房子。隶属部队各在马伸桥内根据团长的指示规定了区域,占据民家,一起起居。宪兵在团本部。

(二)在马伸桥的反人民行为

······

4. 关于逮捕一名抗日军勇士提供军医实验事

时间:一九三八年十一月中旬

地点:马伸桥南方有水池的附近

行动:我曾在上述地方发现了一名二十多岁的年轻的中国人,进行了探问,查明是抗日军,逮捕押回团本部,供团附军医朝鲜籍军医中尉作了盲肠手术实验后,释放回家。

······

关于搜集情报的行为及本来的业务情况

······

一九四一年——一九四一年八月任宪兵训练处武道教官。

一、关于王岗事件的发生,应援第四宪兵队审问

一九四一年一月四日,发生王岗事件,我根据宪兵总团司令官的命令,到达第四宪兵团,在该团长的指挥下,应援审问哈尔滨王岗第三飞行队叛乱兵。

······

(3)同叛乱兵混合战死的便衣尸体,用汽车从军医学校装到的村庄,做为砍头实验,身份不明,就回来了。

长田友吉①

第七三二号长田友吉罪行供述

原所属部队　第五九师团第五四旅团独立步兵第一一〇大队本部

阶级　职务　卫生军曹,医务卫生系

年令　三十五岁,一九二〇年十二月二十日生

国籍　日本东京都神田区锦町三丁目二十六号

现住所　仝右

家庭成份　小市民

个人出身　小资产阶级,装订书籍业

文化程度　于东京都八王子市八王子寻常高等小学校高等科八年毕业

党派关系　无

入伍前职业

自一九三五年四月至一九三六年三月

在东京都芝区日之出町山田制米店当店员。

自一九三六年四月至一九三七年二月

在神奈川县横须贺市海军工厂铜工部当铜工。

自一九三七年三月至一九四一年十二月

东京都小石川区表町一〇八号经营装订书籍业。

军事教育　于东京都小石川区竹早町青年学校受训约二百四十小时军事教育

入伍年月日　一九四二年一月十日

入中国年月日　一九四二年二月五日,到达山东省历城县济南。

奖赏　无

军历

---

① 日军军医。相关内容参见中央档案馆、中国第二历史档案馆、吉林省社会科学院编:《细菌战与毒气战》,中华书局,1989年,第192—194、775—777页;及中央档案馆整理:《中央档案馆藏日本侵华战犯笔供选编(第二辑)》(第37册),北京:中华书局,2017年,第10—14页。

自一九四二年二月五日至仝年五月下旬

盘踞在山东省历城县济南,于独立步兵四一大队四中队教育队为二等兵受教育。

自一九四二年五月下旬至仝年六月下旬

盘踞在山东省长清县长清,于独立步兵四一大队四中队教育队为二等兵受教育。

自一九四二年七月上旬　约七月

盘踞在山东省长清县箇城,于独立步兵四一六队四中队为二等兵服卫兵勤务。

自一九四二年七月中旬　约十日

盘踞在山东省历城县小徐家庄,于独立步兵四一大队五中队为二等兵服卫兵勤务。

自一九四二年七月下旬至仝年十月下旬

盘踞在山东省济南,于济南陆军医院卫生新兵教育队,为卫生一等兵受教育。

一九四二年七月

进级卫生一等兵。

自一九四二年十月下旬至仝年十二月下旬

盘踞在山东省长清县长清,在独立步兵四一大队本部医务室为卫生一等兵,为卫生上等兵。

一九四二年十二月一日

进级卫生上等兵,于上述期间内曾参加一天在长清县西南门地区的侵略行动。

自一九四二年十二月下旬至一九四三年十一月上旬

盘踞在河北省北京西华园,于华北卫生部下士官候补者教育队,阶级是卫生上等兵,卫生兵长,在此期间,于一九四三年八月在北京盘踞一个月,进行霍乱防疫。

一九四三年七月一日

进级卫生兵长。

自一九四三年十一月上旬至全年十二月下旬

盘踞在山东省武城县武城,于独立步兵四一大队本部医务室服务,阶级是卫生兵长,卫生伍长,于上述期间在武城周边进行一日侵略行动。

一九四三年十二月一日

进级卫生伍长。

自一九四三年十二月下旬至一九四四年三月上旬

盘踞在山东省章邱,于独立步兵一一〇大队本部医务室及章邱北关补充兵教育队服务,阶级是卫生伍长,在上述时间内于济阳周边进行五日侵略行动。

自一九四四年三月上旬至全年四月中旬

盘踞在山东省德县,于独立步兵一一〇大队本部医务室服务,阶级是卫生伍长,于上述期间,在陵县周边进行二日侵略行动,于章邱、莱芜、蒙荫进行十五日侵略行动。

自一九四四年四月中旬至全年五月中旬

盘踞在山东省岛城,于独立步兵一一〇大队补充教育队,阶级是卫生伍长。

自一九四四年五月中旬至全年八月中旬

盘踞在山东省德县于独立步兵一一〇大队本部医务室服务。阶级是卫生伍长。在上述期间,于陵县、临邑、兴林寺、马要务周围进行十日侵略行动及在陵县、马要务周围进行七日侵略行动。

自一九四四年八月十五日至全年九月五日

卫生伍长,于日本山梨县军府东部六三部队,受领补充兵。

自一九四四年九月六日至全年九月二十日

盘踞在山东省济南,于五九师团通信队在补充兵身体检查系服务,阶级是卫生伍长。

自一九四四年九月下旬至一九四五年一月下旬

盘踞在山东省德县,于独立步兵一一〇大队本部医务室服务,阶级是卫生伍长,卫生军曹,在上述期间,于德县西方及东地方进行掠夺二日棉花,在德县南方及西方进行二日侵略行动。

自一九四五年一月下旬至仝年四月中旬

盘踞在山东省青岛,于青岛陆军医院卫生新兵教育队担当教育助教,阶级是卫生军曹。

自一九四五年四月中旬至仝年六月上旬

盘踞在山东省济南,于济南陆军医院卫生新兵教育队担当教育助教,阶级是卫生军曹。

一九四四年十二月一日

进级卫生军曹。

自一九四五年六月上旬至仝年七月八日

盘踞在山东省长清县箇山,于独立步兵一一〇大队本部医务室服务,阶级是卫生军曹。

自一九四五年七月八日至仝年七月十六日

独立步兵一一〇大队移动盘踞在朝鲜咸兴,卫生军曹。

自一九四五年七月中旬至仝年七月下旬

进行疏散朝鲜兴南日本氮气会社的机械,卫生军曹。

自一九四五年七月下旬至仝年八月中旬

于朝鲜咸兴附近露通里筑城,卫生军曹。

一九四五年八月二三日

被苏军俘虏,卫生军曹。

自一九四五年八月二三日至仝年十月中旬

被收容在朝鲜富坪俘虏收容所。

自一九四五年十月中旬至仝年十月下旬

到达苏联海参威港。

一九五〇年七月二十一日

到达中华人民共和国东北抚顺。

长田友吉笔供

（1954 年 8 月 4 日）

一九四二年四月中旬至六月上旬，于山东省济南陆军医院卫生新兵教育队，根据院长、军医中佐高木千年的命令，铃木军医大尉、井绩军医少尉、饭冈卫生军曹和我（四一大队五中队卫生一等兵），为三百五十名卫生新兵进行直观教育，将两名由济南俘虏收容所送来的三十岁左右的中国农民（男），用解剖刀加以解剖虐杀。解剖是由铃木军医大尉、井绩军医少尉、饭冈卫生军曹共同进行的。我作为受解剖教育者同时也参与了这次虐杀，此外，饭冈卫生军曹又将被虐杀者其中一名的肝脏、脾脏、胰脏、肾脏等取出来当作教育标本。尸体埋于医院的一角。

一九四三年八月，北京发生的霍乱，可以肯定为日军的谋略所致。其根据是，一九四三年七月，北京的西村防疫给水部及第二陆军医院分院的数名军医，对约二百三十名的卫生下士官候补者，进行了约两个星期的霍乱、伤寒、赤痢菌的检索教育。某军医曾说过，防疫部经常培养的霍乱菌，能消灭全世界的人口。

一九四三年八月上旬，根据防疫给水部部长西村军医大佐的命令，我与约二百名卫生下士官候补者，和在西村防疫给水部及第二陆军医院分院的病理试验室、细菌室服务的军医、卫生下士官、卫生兵约五十名，在北京市内对中国人进行霍乱菌检查，将患霍乱病的人封锁在家里，禁止出入，也不予治疗，就这样屠杀了三百名和平人民。

（1954 年 11 月 1 日）

一九四二年九月中旬的一天，上午九时，山东省济南陆军医院教育队队长军医大尉铃木，命令卫生新兵教育队在医院的庭院中集合，受教育的新兵约有三百五十人，当时我是卫生一等兵。济南陆军医院院长军医佐高木千年命令日本军从济南俘虏收容所带来两名中国男子，年龄约三十五岁左右。他们由于长期被监禁，身体瘦弱不堪。教育助手饭冈卫生军曹命令十余名卫生新兵，立即将两名中国人的衣服全部脱光，分别用麻绳绑在距离约三十米处的两个解剖台上。这十几名新兵手持上了刺刀的枪，包围了两个解剖台。两名中国人知道自己即将被杀害，不断地呼喊"快点，快点"！于是教育主任铃木军医大尉立即命令饭冈卫生军曹用东西堵上了两名中国人的嘴。当三百五十名新兵围站在绑在解剖台上的一名中国人身边时，铃木军医大尉说："现在开始进行解剖实验，大家要好好回顾课堂上讲过的人体构造，认真观察。这两名俘虏，是用来作学术实验的，你们要怀着送葬的心情，先从切除阑尾开始；一般要进行麻醉，但今天要把他们杀掉，所以不注射麻药。"说着，他拿起了锋利的手术刀，"噗哧"一声从中国人的右下腹部切下去。铃木军医大尉在井绩军医少尉、饭冈卫生军曹的帮助下，用了二十分钟寻找阑尾，而且没有进行麻醉，中国人由于极度的痛苦，发出深深的呻吟，拼命挣扎，麻绳几乎被挣断，粘汗顺着头、颈、胸流下来。铃木军医大尉让饭冈卫生军曹按住中国人的身体，切除了阑尾，他用手提着送到我们面前，进行讲解。这时中国人更加疼痛难忍，铃木军医大尉说："好了，你太痛苦了，杀了你吧！"说着，用一个尖刃刀向中国人的颈部刺去，把他杀害了。然后，铃木军医大尉、井绩军医少尉和饭冈卫生军曹切除了肝、脾、胰、肾等腹部脏器，并将这些脏器逐一切开向我们进行讲解。当将肠子取出时，铃木军医大尉让两名新兵手持肠子的两端，他说："肠子的全长大约九米，因为这个俘虏是用来作解剖的，没有给他吃东西，所以肠子是空的。"通过活体解剖残酷地杀害了一名中国人后，铃木军医大尉、井绩军医少尉、饭冈卫生军曹和我们三百五十名新兵，又围到绑着另一名中国人的解剖台周围。这次是由井绩军医少尉切开了中国人的颈部，插上气管切开器。中国人由于疼痛而开始挣扎，井绩军医少尉用尖刃刀刺入中国人的颈部，将其杀害。接着，井绩军医少尉在饭冈卫生军曹的帮助下，用骨钳将肋骨"咔吧、咔吧"地一根根切断，从胸腔取出肺、心脏和气管，又将这些内器官逐一切开，对我们讲解。最后，由井绩军医少尉和饭冈卫生军曹将第一个被惨杀的中国人的肝、脾、胰、肾脏等腹部脏器装入盛有福尔马林液的容器里作为标本。在两名中国人尸体的胸腔和腹腔里塞上烂棉花，然后草草缝合，装进两个麻袋里，由数名新兵埋在医院内的猪圈旁。通过上述方法，我参与了对两名中国人的集体屠杀。

一九四三年七月,我以卫生兵长的身份参加了河北省北京西华园华北卫生部候补下士官教育队受训,同时受训的约有二百人。

根据教育队队长某军医中佐的命令,出差到北京天坛华北防疫给水部西村部队参加细菌检索训练。当时,西村防疫给水部设有细菌试验室,约有十个房间,其中有细菌培养室、灭菌室、显微镜检查室和材料室等。一天,我和几名同事一起进入了霍乱菌培养室。室内有一个高2米、长1.5米、宽80厘米的大灭菌器,其中装着五个高30厘米、长50厘米、宽30厘米铝制霍乱菌培养器。这时,正在细菌室值班的某军医中尉指着培养器向我们解释说:"这里面培养着难以计数的霍乱菌,有了这些霍乱菌,就可以一次把全世界的人类杀光"。这一事实足以证明日本帝国主义在全中国的领土上培养撒布细菌,大量屠杀中国人民的严重罪行。

一九四三年八月,由于日本侵略军华北方面军西村防疫给水部撒布霍乱菌,霍乱在北京市内外发生蔓延。当时我以卫生兵长的身份参加华北卫生部候补下士官教育队,和同事二百名,以及北京第二陆军医院西村防疫给水部的军医卫生下士官、卫生兵等五十人,总共二百五十人,侵入北京市内外,试验霍乱菌的繁殖力。当时,我同西村防疫给水部的某军医中尉和一名翻译,闯入北京市内北安门附近的一个中国人洋车夫的家里。这家的男主人年约四十岁左右,因患霍乱,倒在地上的吐泻物中,用微弱的声音求救。军医立即将可检物装入试管,并命令我们:"他如果爬出去就会散布细菌,快把门关上!"我把这个痛苦万分、企图挣扎着站起来的中国人踢到一旁,用粗草绳把门从外面牢牢地绑上,把这个中国人关在家里,让他死去。

另一天,我为了搜索霍乱患者,闯入北京城东的一户民宅:这家也有一名四十岁左右的中国男人因患霍乱倒在地上,用微弱的声音呼叫着,挣扎着。当我来到这个中国人的身边时,他一下拉住我的手,那只手冰冷冰冷的,我又是怕又是气,把他打倒在地,用放在门口的一条麻绳牢牢地把门绑上,让中国人死在房里。用上述方法,我自己杀害了两名中国的和平人民;集体屠杀了三百名中国的和平人民。

德久知正①

供述书

姓名:德久知正

年龄:四十一岁,一九一四年九月六日生

本籍地:桦太大泊郡大泊町大字大泊字本町大通南三丁目一〇番地

现住所:兵库县出石郡室埴村榎见

家庭出身:贩卖绸缎、洋货、化妆品等

个人成分:旧华北电业公司新乡发电所火夫

家庭情况:没有动产及不动产,家族:妻 德久ふみ枝,儿子 德久武

原所属部队名:第一一七师团第八八旅团第三八八大队第四中队

原职务阶级:上等兵

俘虏日期地点:一九四五年八月二十三日,于吉林省公主岭前侵略军战车队兵舍

经历

一九二一年四月一日,入桦太大泊公立寻常高等小学一年级。

一九二九年三月二十日,桦太大泊公立寻常高等小学高等科第二学年毕业。

一九二九年四月十五日,入桦太大泊公立商业补习学校(第一学年)。

一九三一年三月十日,桦太大泊公立商业补习学校第二学年毕业。

自一九三一年四月初旬至一九三一年十一月中旬,桦太大泊町,王子制纸大泊工厂发电所火夫。

自一九三一年十二月初旬至一九三五年五月下旬,桦太大泊町荣町西一条通一丁目,泽井兴业所巡业部幻灯助手,舞台照明系。

自一九三五年五月下旬至一九三六年三月中旬,桦太丰原市东二条通,丰原拳斗俱乐部管理责任者(负责人)。

---

① 通讯员,因病入院时参与活体实验。相关内容参见中央档案馆整理:《中央档案馆藏日本侵华战犯笔供选编(第二辑)》(第 114 册),北京:中华书局,2017 年,第 10—16、24 页。

自一九三六年三月中旬至一九三六年十月初旬,北海道小樽市若松町一丁目十五番地,电气工程承包业、电明舍生人小川金次郎手下的电气工程见习生。

自一九三六年十月中旬至一九三六年十二月二十八日,桦太川上郡川上村川上三井碛山,川上煤坑发电所电工(屋内配线工)。

一九三六年十二月三十一日,被征入北海道旭川市第七师团步兵第二十八联队第一大队第二中队,同日升为二等兵。

一九三七年五月十三日,盘踞在伪满洲国齐齐哈尔市东大营,园部(和)部队中岛部队杉本队第二中队第二班步枪手、二等兵。

一九三七年六月十日,一等兵。

一九三八年九月下旬,以新设师团委员的身分,为了复归旭川市第七师团留守队,由齐齐哈尔经大连港出发。

一九三八年十月五日,编入旭川市第七师团步兵第二八联队第一大队笹芳队,一等兵。

自一九三六年十一月下旬至一九三八年十二月二十日,受轻机枪射手教育。

自一九三九年一月十日至一九三九年二月中旬,受对空通讯教育。

一九三九年三月中旬,新设师团编成完了,编入第三五师团原田(熊)部队见城部队萩原队丸野队,一等兵;同一天在萩原大队本部对空通信班担任通信员。

一九三九年三月中旬,为了侵略中国,由旭川市出发,经由小樽港在河北省大沽港登陆。

一九三九年四月初旬,侵略盘踞平原省新乡县。

一九三九年五月十日,平原省道口镇,我以大队本部直接警戒兵的身份参加大队侵略行动一天,一等兵。

自一九三九年五月中旬至一九三九年六月中旬,在平原省□化县、辉县北方太行山岳,以大队本部对空通讯员的身份参加了"晋东作战"及"师团侵略作战"。

自一九三九年七月初旬至一九四〇年六月初旬,大队本部转驻平原省修武县。

自一九三九年十月至一九三九年十一月,我以大队本部对空通信员的身分在平原省辉县地区及西北太行山地区参加"联队作战"。当时我是一等兵。

一九四〇年三月,我以大队本部对空通信员一等兵的身分在河南省开封市北东地区前黄河地区参加"联队作战"。

自一九四〇年四月下旬至一九四〇年五月中旬,我以大队本部对空通信员一等兵的身份在平原省□化县以北太行山参加"师团作战"。

自一九四〇年六月初旬至一九四〇年六月中旬,离大队本部,复归侵略盘踞平原省修武县焦作镇的丸野部队,分在铁道警备勤务一等兵。

自一九四〇年六月中旬至一九四〇年九月二十三日,入天津陆军病院特设分院,病情愈时在训练队特别警备班,勤务一等兵。

一九四〇年九月二十四日,□在平原省汤阴县盘踞中的萩原大队本部队,上等兵。

一九四〇年九月二十五日,在平原省修武县焦作镇盘踞,担任伪军独立太行皇协军指导官。

一九四〇年十月十五日,被任命为第三五师团参谋部无给嘱托。

自一九四〇年九月二十七日至一九四一年三月中旬,侵略盘踞在平原省修武县焦作镇岗河,担任伪独立太行皇协军岗河□□队指导官。

一九四一年三月中旬,伪独立太行皇协军改称伪兴亚巡抚军。

自一九四一年三月中旬至一九四一年五月中旬,侵略盘踞在平原省修武县李河(道清铁道李河车站)担任伪兴亚巡抚军道清铁道李河警备队指导官。担任侵略军李河警备队少尉坂谷某的嘱托。

一九四一年五月中旬,在平原省修武县焦作镇兴亚巡抚军,编成伪黄河水上警备队,同日我为主任指导官。

自一九四一年五月中旬至一九四一年六月中旬,以河南省通许县侵略军第三五师团第二九联队第三大队配嘱伪兴亚巡抚军、黄河水上警备队、通许警备队主任指导官的身分侵略盘踞。

自一九四一年六月中旬至一九四一年七月下旬,在侵略军三五师团侵略作战(中原作战)中,担任新乡特务机关配嘱伪济源县县警备队指导官。

自一九四一年七月下旬至一九四一年八月中旬,担任平原省修武县焦作镇伪兴亚巡抚军亲组队指导官。

自一九四一年八月下旬至一九四二年三月中旬,以伪兴亚巡抚军、黄河水上警备队指导官的身分,盘踞在平原省武陟县,□□店、东草亭等地。

自一九四二年三月下旬至一九四二年五月下旬,以伪兴亚巡抚军亲组队指导官的身份盘踞在平原省修武县焦作镇,五月下旬退职。

自一九四二年六月初旬至一九四二年十月中旬,担任平原新乡县保安街军需物资收买业浅川洋行收买员。

自一九四二年十月下旬至一九四三年五月下旬,在平原省新乡县新乡发电所后河南精谷公司警备课主任。

自一九四三年六月中旬至一九四三年十月初旬,在平原省新乡县中同街经营军需物资收买介绍业。

自一九四三年十月中旬至一九四三年五月初旬,平原省新乡县中央大街新乡日本人侨民团事务员。

自一九四三年五月中旬至一九四三年六月二十六日,在平原省新乡县华北电业公司新发电所担任火夫,六月二十八日被召入盘踞在平原省开封市的第二〇三部队,上等兵。

自一九四五年六月三十日至一九四五年八月二十三日,编入第二百一十七师团第八八旅团第三八八大队第四中队,盘踞在伪满洲国辽西省大平川,上等兵。

一九四五年八月二十三日,在伪满洲国吉林省公主岭前侵略军战车队兵舍被解除武装,被收容为俘虏。

奖赏:

一九四〇年四月二十九日,因为参加支那事变,曾得勋八等旭日章及汽军徽章

党派团体:没有加入

帝国在乡军人会,正会员

罪行:

一、杀人

……

3. 一九三九年九月在平原省修武县西门外西北角。当时因为本部军医和田少尉及某军医少尉要解剖人体,本部高桥军曹指挥五名警戒兵(我是其中一人,当时我是萩原大队本部对空通信手一等兵)把监禁在本部的中国和平农民一名(三十四岁,男子)押到上述地点,高桥军曹命令我把这中国和平农夫弄倒在地上,然后用刺刀顶着他的胸膛叫他:"不许动,动就杀死你!"我就这样的□吓他,让和田军医实施空气注射(量不明)。和田军医用注射针刺他的左股静脉,让血流出来。将他杀害后就把他的腹部、胸部解剖,后来和田军医在临走时把他的脑袋割下来带回去。我和其他警戒兵将尸体埋了。

……

其他罪行

……

3. 一九四○年六月中旬至一九四○年九月二十三日,盘踞在河北省天津市,在侵略军天津陆军病院特设分院。分院长军医中尉田某为了研究第四种性病,于是把天津宪兵队移□的抗日军军官大尉王某(二十八岁)及大尉李某(三十二岁)监禁在本院的地下室进行实验研究工作。为了防止他们逃跑,于是把他们二人的脚后筋都切断了。在作实验中,我(特设分院特别警备班一等兵)奉警备班长某军曹的命令,每天午前午后检查他们的体温一次,并作采尿及记录饮食摄取量及移殖病菌后的情况等工作。此外还禁止他们白天睡觉,发烧时也不给退烧药吃,我就这样的帮助了实验工作。当时我的工作主要的是防止他们自杀及逃亡,我对他们的压迫、迫害、监禁、警戒等也是为了这一点。因为我在一九四○年九月二十三日就离开了该病院,所以关于他们后来的情况就不详了。

吉井良行①

罪行供述

姓名：吉井良行

号码：六四六

年龄：三十七岁

所属：第百十七师团步兵第八十七旅团独立步兵第二〇四大队本部

职务：大队本部教育情报系军官

阶级：陆军中尉

籍贯：石川县金泽市上堤町十六号

现住所：与籍贯同

家庭成份：小资产阶级（律师）

个人出身：军人（军官）

经历

一九三八年三月下旬，福井县藤岛郡福井高等工业学校建筑科毕业。

同年四月上旬，入大仓土木股份公司建筑部，在该公司横滨分行服务。

一九三九年一月十日，在金泽步兵第七联队补充队第一中队入伍，陆军二等兵。

同年四月十日，新兵本业基本教育终了，录用为干部候补生。陆军一等兵。

同年十一月一日，录用为甲种干部候补生，入宫城县仙台陆军教导学校，陆军伍长。

一九四〇年六月十日，仙台陆军教导学校毕业，又回金泽步兵第七联队第一大队第二中队，见习士官。

同年六月十五日，为独立混成旅团补充人员，由原队出发。

同年六月二十五日，在河北省塘沽港登陆。

---

① 陆军步兵，相关内容参见中央档案馆整理：《中央档案馆藏日本侵华战犯笔供选编（第二辑）》（第97 册），北京：中华书局，2017 年，第 278—279、282 页。

同年七月上旬,独立混成第一旅团独立步兵第七十三大队第一中队所属,小队长。

同年十一月一日,任陆军少尉。

一九四一年十二月八日,独立混成第一旅团新兵接收员,一九四二年一月下旬回国。

一九四二年二月上旬,独立步兵第七十三大队练成队教官,同年五月下旬从事该教育。

同年八月二○日,进级陆军中尉。

一九四二年十月,调往独立步兵第七十三大队第二中队,小队长

一九四三年四月下旬,独立步兵第七十三大队第二中队新兵教官,同年八月下旬从事该教育。

同年十一月上旬,代理独立混成第一旅团特别训练队长,约一个月。

同年十二月上旬,暇期一九四四年一月中旬,回本国原籍。

一九四四年二月上旬,独立第四旅团编成人员集结于山东省济南市。

同年二月二十五日,独立第四旅团独立步兵第二○四大队本部情报系将校。

同年八月十五日,将上述旅团改编为百十七师团,在其所属大队教育股兼差。

一九四五年三月中旬,负伤入院(郑州兵站医院——新乡陆军医院——北京陆军医院)迄同年七月三十一日。

同年八月上旬,由北京陆军医院出院,回东北白城子独立步兵第二○四大队本部。

同年八月二十二日,在长春解除武装。

同年九月一日,进级陆军大尉。

罪行

一九四四年八月下旬,在河南省新乡市独立步兵第二○四大队本部内,由所属中队送来游击队俘虏一名(男,约三○岁,穿便衣),我是该大队情报系军官(陆军中尉)命令本部情报系下士官北村富美雄军曹进行刑讯后,绑

在部队卫兵所前柱子上，露天扣留三日，之后奉大队长阿部真六少佐之命，我将此俘虏交与大队卫生兵集合教育教官的军医小土二郎中尉，在本部空地上斩首杀害后，解剖尸体。

竹内丰①

我的名字叫竹内丰，中国名字叫刘□森，男，现年四十五岁，生于一九一〇年四月十日日本国广岛县广岛市大手町二町目十五番地，原籍是日本国东京都荏原区中延町二百三十五番地，现籍是日本国东京都荏原区中原町二百三十五番地，最高学历是东京都东京医学专门学校毕业。关于受特殊训练是于一九三八年四月三十日至一九三八年五月三十一日止，每周受一次细菌学讲义的实习。家庭状况，母清之无职，妻乃纪子无职，现住于日本国长崎县谏早市早见町七十五番地。财产状况水地约一町二反八亩（约十八华亩），旱地是三反（约四华亩半），山林三町（约四十五华亩），二层楼房五栋，银行存款十五万圆。家中生活来源是以租费得米五十五元，我妻的生活也赖于家中的扶助，这些情况是一九四二年十二月一日当时的情况。

我的简历由一九三二年四月一日至一九三二年七月三十一日止任东京都涉谷区高水町东京日本赤十字社病院内科病室救护医员。一九三二年八月一日应征入东京都牛込区若松町东京第一陆军病院任短期现役军医候补生。由一九三二年八月一日至一九三二年八月七日任卫生一等兵。一九三二年八月八日至一九三二年八月十四日止任卫生上等兵。一九三二年八月十五日至一九三二年八月三十一日任卫生伍长。一九三二年九月一日至一九三二年九月三十日任卫生军曹。一九三二年十月一日至一九三三年七月三十一日止任东京都牛込区若松町东京第一陆军病院内科病室附卫生部见习士官卫生曹长。一九三三年八月一日止一九三五年九月三十日止任东京都牛込区若松町东京第一陆军内科病室附军医少尉。一九三五年十月一日

---

① 军医，受过细菌学训练。相关内容参见中央档案馆、中国第二历史档案馆、吉林省社会科学院编：《细菌战与毒气战》，中华书局，1989 年，第 218—229 页；及中央档案馆整理：《中央档案馆藏日本侵华战犯笔供选编（第二辑）》（第 54 册），北京：中华书局，2017 年，第 10—13 页。

至一九三五年十一月三十日止任东京都牛込区若松町东京第一陆军内科病室附军医中尉。一九三五年十一月三十日退伍。一九三五年十二月一日至一九三六年十一月三十日止任东京都涉谷区高水町东京日本赤十字社病院内科病室救护医员。一九三六年十二月一日应东京都牛込区若松町东京第一陆军病院的召集而入伍,被派遣到中国来。同月四日由东京出发同月十日到达中国东北浜江省汤原市。一九三六年十二月十一日至一九三七年十一月三十日止任中国东北浜江省汤原市关东军汤原陆军病院内科病室附军医中尉。一九三七年十二月一日至一九三八年三月十四日任中国东北浜江省虎林市关东军虎林陆军病院内科病室附军医中尉。一九三八年三月十五日至一九三八年六月十五日止任中国东北海拉尔市关东军海拉尔陆军病院内科病室附军医中尉。一九三八年六月十五日奉命由海拉尔调转到临时东京第一陆军病院,同月二十日到达东京。一九三八年六月二十日至一九三九年十一月三十日止任东京都牛込区若松町临时东京第一陆军病室附军医中尉,一一月三十日止任东京都涉谷区高木町东京日本赤十字社病院内科病室救护医员。一九四二年十二月一日应东京都牛込区若松町临时东京第一陆军病院的着急,入伍,被编为中国北支派遣军,同月四日由东京出发,同月十日到达中国华北山东省济南市。一九四二年十二月十一日至一九四五年三月一日止任中国华北山东省济南市北支那方面军济南陆军病院内科病室附军医中尉。一九四五年三月二日至一九四五年九月二十五日止任中国华北山东省济南市北支那方面军济南陆军病院内科病室附军医大尉。一九四五年九月二十七日至一九四六年三月二十七日止寄居在中国华北北京市东单的朋友寺井义信家中。一九四六年四月一日至一九四六年八月十五日止任中国华北山西省太原市第二战区炮兵集训团军医科长上校军医教官,一九四六年八月十六日至一九四六年十月二十日止任中国华北山西省太原市原绥靖公署亲训炮兵团卫生队长上校军医教官,一九四六年十月二十一日至一九四九年四月二十日止,任中国华北山西省太原市绥靖公署特务团军医处上校军医教官。一九四八年七月一日至一九四九年四月二十日止,任中国华北山西省太原市太原绥靖公署机枪大队军医教官。一九四九年四月二十一日在中国华北山西省太原市新南门外并州西路宿舍被解放。一九四九年五月一日至一九五〇年十二月九日止在中国华北山西省太原市开设竹内诊疗所,一九五〇年十二月十二日集中到中国山西省太原市东门外日俘集中所。此外我参加过反动团体有海拉尔军医团抄读会及亚洲民族革命同志会。曾经得过勋五等旭日勋章一枚。

竹内丰笔供

(1954 年 11 月)

我在中国山东省济南市北支那方面军济南陆军医院内科病室任军医中尉时,由一九四三年八月一日至三十一日,被派到济南北支那防疫给水部济南支部。在我未去之前,该支部长为了做研究实验,从济南宪兵分队要来了十一名八路军俘虏。为了试验细菌战用的伤寒菌感染力,用九名八路军俘虏作了接种试验。我到该支部当天,就在支部长、医学博士冈田军医大尉的命令下,协助细菌室主任、医学博士木村军医大尉做试验工作。木村军医大尉为了作细菌感染力试验,将八路军俘虏做了活体解剖。

一九四三年八月六日,我按细菌室主任木村军医大尉的指示,命令细菌室卫生下士官将解剖室的器械材料准备好,命令三名卫生兵将感染伤寒菌的两名八路军俘虏,抬到解剖室。先将一名放置在解剖台上,用绳绑住上下肢固定好后,我命令卫生下士官给他进行全身麻醉,又命令二名卫生兵作拿器械的助手,我作手术助手,木村大尉执刀,从腹壁正中切开,我用大钝钩将创口拉开,木村大尉查看脾、肝、肠的病变后,将肠拉出腹腔外,详细检查肠管的病变。我将肠管病变处切除一部分后,将内脏塞回腹腔。继而进行胆囊穿刺,采出胆汁后,将腹壁缝合,最后,静脉注入吗啡液,将其杀害。接着我又命令卫生下士官将另一名八路军俘虏固定在解剖台上,施以全身麻醉,我作手术助手,木村大尉执刀,从腹部正中切开,查看了脾、肝、肠等处的病变。我将肠管病变处切除,取了一部分作为标本之用,用胆囊穿刺取胆汁以备培养,然后将内脏塞入腹腔,进行了腹壁处理。木村大尉将吗啡注入俘虏静脉将其杀害。我将肠管的一部分装入标本瓶中贮藏起来。木村大尉取了另一部分制作了切片标本。以上我们做活体解剖杀害的两名八路军俘虏,由支部长与宪兵队(济南)联系,令宪兵用卡车将尸体运走了。

　　……

　　关于制造细菌战用的生菌一事,我任中国山东省济南市北支那方面军济南陆军医院内科病室的军医中尉时,自一九四三年八月一日至三十一日止,被调到北支那防疫给水部济南支部从事于制造作战用的恶疫生菌工作。开始时很顾虑,怕感染上,曾一度产生恶感。后来自己想虽然这个工作危险,但能取得卓越成绩,升官快,何况在日本以活体进行细菌研究是不易得到的机会,这正是锻炼自己技术的最好机会;同时,我还想日本虽是连战连胜,然而敌人并非仅是中国而已,还有美国及其他许多国家作为战争的对象,随着战线扩大,兵力将嫌少,用细菌战即可"以寡胜众","以少取多",这是一个最好的方法。因此制造细菌一事是吾等军医应尽之义务,须以认真的态度去做,又基于支部长医学博士冈田和军医大尉的命令,鼓舞我从事制造细菌战用的生菌的工作。

　　……

　　用伤寒菌接种感染的俘虏患者,进行活体解剖时,进行胆囊穿刺,采取胆汁,先注入于增菌培剂中,后涂植于血液平板培地上,静置于摄氏三十七度的孵卵箱中,培养约二十小时后,将好的菌落采取,涂植在远藤平板培剂上进行培养,后用白金耳进行精细检查平板面,采取了一部分好的菌落,进行了预定的凝集反应检查,又将该菌落的一部分移植到新鲜的平板培剂,置于孵卵器内约二十小时给以分离培养后,再以白金耳检查,作预定凝集反应检查,采取准确地菌落一部分,移植到新鲜的远藤平板培剂上,置于孵卵器内,予以纯培养约二十小时后,再以白金耳作精细地全部平板面上之检查,凝集反应检查,涂沫标本,实施显微镜检查,确认为纯伤寒菌时,加入生理食盐水给以溶解,涂植于许多大型远藤平板培剂上,放于摄氏三十七度孵卵器内,培养约二十小时后,采取放入容器内贮藏。以此反复地进行多量培养操作,贮藏了许多伤寒生菌,以供作战之用。又取被接种伤寒菌患伤寒病俘虏的粪便,用白金耳倒入胆汁培剂中,搅拌溶解,另一部分涂植在新鲜的远藤平板培剂上,置于摄氏三十七度孵卵器内,培养约二十小时后,用白金耳检查菌落,将好的菌落取出一部分,施以预定的凝集反应检查,另一部分涂植在新鲜的平板培地上,置于孵卵器内约二十小时进行培养后,用白金耳精检这个菌落,将好的采出做预定的凝集反应检查,又将该菌落的一部分移植到平板培剂上,放入孵卵器内培养约二十小时,将杂菌和伤寒菌分离开,用白金耳检查此培剂面上的菌落,实施凝集反应检查,将确认的伤寒菌落采出,移植到新鲜的平板培剂上,放于孵卵器内纯培养约二十小时后,再用白金耳精细地检查全部菌落,作预定凝集反应检查,及涂抹标本、显微镜检查等,确认没有混入杂菌纯粹为伤寒菌后,加入生理食盐水溶解,涂植于多数的新鲜大型远藤平板培剂上,放于摄氏三十七度的孵卵器内培养约二十小时后,采入容器内贮藏之。以这样的培养作业反复进行,贮藏了多量的伤寒生菌,以供细菌战用。

以上为了试验感染力,用了十一名八路军俘虏进行了伤寒菌的培养,制造了十六桶半细菌战用的伤寒生菌,其容量为直径四十公分、高五十公分。制出的伤寒生菌,于一九四三年八月上旬末、中旬末、下旬末共连续三次由冈田支部长和木村主任交给北支那方面军参谋部的军官用汽车运走。我回济南陆军医院以后,见到北支那方面军军医部的防疫报记载着"在陇海线以南地区特别是京汉线沿线一带,发生了伤寒病患者,据其蔓延的现象应加注意"。我推想此事即是我制造的伤寒生菌撒布于陇海线以南地区特别是京汉线沿线一带,故我想这些伤寒生菌使很多的中国人因病致死。

竹内丰笔述

(1955 年)①

一九四三年八月,我作为军医中尉,在华北方面军华北防疫给水部济南支部,从事细菌制造业务。

一天,济南防疫给水部支部长冈田军医大尉从济南宪兵队要来十一名八路军俘虏,说是要用他们试验细菌的效力。

他们为了祖国解放的正义事业,不屈不挠地进行战斗,不幸为我等侵略

---

① 此件是竹内丰在战犯管理所期间自愿书写。

者所俘虏。他们戴着手铐和脚镣,在刺刀和手枪的严密监视下,乘坐卡车来到了济南防疫给水部支部。

消瘦苍白的面孔,突出的颧骨,蓬乱的头发和胡须,还有那又脏又破的衣服,所有这一切都说明他们是如何同残酷的拷问和饥饿进行顽强斗争的。

然而他们的目光是镇定而不可侵犯的,只有对明天的胜利拥有坚强信心的人才能具备如此的威严。

而当时已彻底丧失人性的我,认为"这是为济南事件中殉难的日本人复仇",便将这些英雄当作了豚鼠的代用品。

这十一个人被拘留在房子入口处的土地上,地上只铺一条草荐和一条军用毛毯,给他们注射我们培养的伤寒菌,或将细菌投在食物里让他们吃下。

不久,症状便出现了,持续高烧、呻吟、苦闷,甚至说胡话。我看到他们痛苦的样子,心中暗自庆幸,"这个菌种的感染力相当强,用于细菌战是毫无问题的!"

俘虏们的高烧和疲劳已达到顶点,为了使身体稍微舒服一点,企图转动一下,但是脚上戴着沉重的脚镣,不能自由活动,无法翻身。他们用充血的燃烧着怒火的眼睛瞪着去观察病情的我们。病情一天天加重,被折磨得极度衰弱和憔悴的样子,实在目不忍睹。使人感到,原来所谓临终的痛苦就是这样的。由于大量摄入剧烈的活细菌,病情一直恶化下去。全身瘦得只剩下骨和皮,陷入危重状态。两颊的肉像被刀削的一样,塌陷下去,只有颧骨高高突起,十分显眼。他们已经不能自己翻身了,呼吸微弱,只有鼻翼还在翕动。

这样,我得以确认我所培养的伤寒菌种具有极强的感染力。因此,我企图通过解剖进一步检查由于细菌感染而受到损害的内脏各器官的变化,首先将一个人抬进了解剖室。

濒临死亡的俘虏发现解剖台旁已经准备好解剖所必需的大小手术刀以及其他各种器械,他立即在极端的痛苦之中发出悲痛的哀鸣:"军医啊!军医啊!"由于高烧而干裂苍白的嘴唇,似乎还想说话,但再也没有气力了,只是由于过度的悲痛，引起身体的阵阵轻轻的抽搐。

这时，我让一个懂中国话的卫生下士官大声地向他喊道："是要给你治病！"说着，便将手脚牢牢地绑在解剖台上，使他一动也不能动。

接着，我又指示负责麻醉的下士官，把麻醉罩放在俘虏的口和鼻子上，滴上纯酒精、乙醚和氯仿的混合麻醉剂，逐渐陷入麻醉状态。估计差不多了，我便拿起手术刀，尽量用力，从胸窝直到耻骨，将深深陷下、烧得滚烫的腹部垂直切开，打开了腹腔。鲜血立即沿着刀口的两侧涌出来，俘虏的上半身和解剖台眼看着被鲜血染红。由于不采取任何止血措施，血一直不停地流出来。木村军医将一个很大的钩形器械插入刀口，从侧面将腹壁拉开，我就从扩开的腹腔里，将内脏拿出，放在一个搪瓷面盆里，然后，同木村军医一同开始检查病变。细菌的侵蚀力完全像我们预期的那样明显，由于获得了今后用于大批杀人的材料，不禁心中暗喜，互相议论着，"这样一来，可能在细菌战中发挥作用了！"暴行仍在继续进行，我把被细菌侵蚀变化明显的部分肠管切断，又将脾脏摘出，装入标本瓶，以便制作切片标本，充作报告材料。

接着，我又无情地把一支大型穿刺针插入胆囊。

当我们的一切目的都达到以后，向他的肘部静脉注射了两毫升吗啡液，他的心脏终于停止了跳动。

就是这样，我和木村军医一个接一个地，把十一名俘虏都作为效力试验的培养基而杀害了，将获得的大量细菌交给华北方面军，或附上标本，报告此次暴行的成果，为发动细菌战提供了资料。

如上所述，人为地使献身于人类最美好事业的人们感染传染病，最后切制成标本，培养细菌，我就是这样一个魔鬼。

第四章　报刊资料

闽南鼠疫猖獗惠安疫死达八百人、
卫生署拟具防疫计划、漳浦诏安各县亦发现鼠疫

（1937 年）

（厦门通信）闽南沿海各县发生鼠疫，历时二三月，蔓延日烈，据三日惠安讯，该县鼠疫蔓延以来，城内亦死亡数人，统计惠北死五百八十人，惠南近二百人，辋川三十余人，全县疫死不下八百人，省卫生科长陆涤寰，防疫股长曹守理，正率消毒队积极办理防治中，泉州方面，三月十日发现鼠疫，仅死六人即止，四月十九日，鼠疫再发，迄五月三日，又死十五人，连前共死廿一人，获愈五人，在病中五人。

卫生署派防疫专员卫生试验所长杨永年，率防疫人员二十余名，药品六十箱，分批来闽，杨于四月二十七日抵福州，与省府接洽后，二十九日南下视察疫区，先到福清，次到莆田，当晚到惠安，五月一日到泉州，三日晚抵厦，据谈，"视察疫区结果，以福清为最严重，已死三四百人，惠安次之，死二百余人，晋江（即泉州）仅一小部，死数十人，就本人观察，泉州鼠疫，有增剧可能，厦门以防治得法，可不致发生，现疫区有福清、莆田、仙游、惠安、晋江等八县，地域辽阔，首要工作，为将疫区地域大小房屋人口，详细统计，然后分配人员工作，分地设防疫所或分所办理，留厦数日，即返福州，拟具整个计划，派员赴有疫各县招考中等以上学生各二十名，实施训练卫生防疫常识协助工作，两星期后，本人将再出发巡视，防疫工作，由五月一日起，预定以六个

月为期,治本办法,须改造民房,使鼠灭迹,但限于经济时间,目前祇能施注射与消毒治标办法,所需经费,中央拨三万元,闽省府拨二万元,但恐仍不足用,"省防疫股长曹守理,四日返省报告谓截至现在止,惠北疫死三百余人,自断绝交通实施注射后,疫势已稍杀矣,又厦门海港股检所四日布告,惠安及附近乡镇鼠疫流行,定五日起,凡自惠安,泉州,安海,东石,来厦轮船帆船人口,须听候检验,始许入港。

此外漳属之漳浦县三区亦发现鼠疫,该区霞善社死三十余人、白鹤林死十余人,又查诏安城内汀洋埠,西潭各处,近亦发现鼠疫,每日疫死平均在十余人,中以汀洋埠为最厉,该处许永铭住宅,一家六口,三日间连亡四人,其余两人,亦染疫垂危,县当局已计划防治。

(又讯厦门通信)闽南鼠疫,以惠安县为最烈,溯自三月初旬发现,迄五月三日,统计惠北死五百八十余人、惠南死二百人、辋川死三十余人,共死八百余人,四月十一日以后,民厅卫生科长陆涤寰,防疫股长曹守理,率医到惠医治,迄今月余,疫势仍未稍杀。

五月四日迄十二日,惠北前营,峯尾,等乡再死八十余人,惠南死十余人,共九十余人,十三日以后,近一周中,蔓延日广,峯尾又死十五人、郭厝死二十余人、宅内庄文生家死四人、洪厝死二人、照格联保死十余人、香厝死廿余人、柳厝死四人、三川土坑两联保死十余人、良兴死八九人,计近一周间,死亡又达一百十余人,连前共死已逾千人惠人迷信,认为瘟神过境,死者乃为"王爷船"带去,禳之无效,中西医治,又均无灵,遂益惶恐,惠北疫区,每近黄昏,即无行人,惧为"王爷船"带去,同时各乡庙宇,香火乃陡盛,为王爷带去,此外福清鼠疫亦烈,仅高头镇平均日死十余人,泉州城内,四月十九日鼠疫复发后迄今一月,死五十余人,且由泉属延及漳属,诏安已死四百余人、漳浦死五十余人、龙溪南乡死二十余人、近又延及闽西,永定县之抚市,本月中旬死十余人,龙岩铁石洋,十六、十七,两日间连死三人。

中央卫产署洪遣来较防疫专员杨永年,五月初自省南下视察,返省后,拟定整个防疫计划。(一)设闽南防所于泉州,在省工作人员五十余人迁泉办公,所址设惠世医院内。(二)本年全省防疫经常费十五万元,中央拨五万,余由省府筹拨,分发闽南(泉州)闽北(建甄)闽西(龙岩)三防疫所闽南防疫所系属新设,开办费二万元,每年经常费五万五千元,闽西防疫所,业于前年开办,经费增一万元,闽北防疫所亦增至三万元。(三)卫生署决在闽南北西办理防疫五年,根绝鼠疫,闽南较严重疫区之惠安福清,各设一分所,莆田仙游各设一防疫队,此项经费,由省府另拨,又卫生署长刘瑞恒,十八日飞机抵福州,定二十二日偕杨永年南下视察疫区,经委会卫生顾问阑度抵博士,现亦留泉协助防疫。

(《光华医药杂志》,1937年第4卷第8期,第66—67页)

福建鼠疫愈凶　合肥也发现了

(1937年)

福建省南部各县的鼠疫,愈来愈凶了。认安县已死去四百多人。

据说安徽合肥,近来也发生鼠疫,蔓延极快,死亡的居民数百人,儿童占十分之七。合肥各界已电请卫生署,赶快设法防治吧,鼠疫早日扑灭。

(《儿童新闻》,1937年第5卷第7期,第1版)

毒丝之分析报告

(1941年)

孙省志　汪殿华

1. 样品来源:

敌轰炸机一架于十月五日上午九时许,在诸暨城郊播撒白色丝状物。本品系采集其附着于树枝上之物质。

2. 初步检验

本丝状物并无异臭,浸在冷水及热水中,亦无变化。

3. 显微镜检查

将本品略加甘油,置于显微镜下观之,则可察出中杂有二种丝质纤维,其一直径较小,占大多数,其二则直径较大,惟占少数。(图略)

4. 化学检查

(1)将本品置于白金丝上而烧灼之,得察有臭味。

（2）将本品置于稀薄之苦味酸内,片时用水洗净,再加甘油,置于显微镜下观之,则大部直径较小之丝质纤维,已染成黄色,惟小部分直径大之丝质纤维则不着色。

（3）本品置于碘液内,片时用水洗净,再加甘油,置于显微镜下观之,则二者皆呈黄色。

5. 结论:

（1）依化学检查之一二条而论断之知大部分之丝质纤维为真丝,依二三条而谕断之,知小部份之丝质纤维为人造丝,且系属醋酸纤维之一种。

（2）本品完全无毒。

6. 讨论:

此真丝及小部人造丝之混合物,盖为机翼之一部份,大概系机翼受损,故丝质随风而洒下者。此类事在二年前敌机亦曾在安徽发现过。实与洒毒无关。

参考书

Garner Industrial Microscopy

（《防毒月刊》,1941 年第 1 卷第 5—6 期,第 95 页）

宁波鼠疫流行

（1941 年）

宁波鼠疫近又告死灰复燃,因卫生工作乏人管理,故自发生以来,蔓延甚速,患者已达五千余人,死者共计十余人。

（《保险界》,1941 年第 7 卷第 13 期,第 19 页）

鄞衢两县鼠疫发生的来源论金华上空敌机播菌的真实性

（1941 年）

鼠疫史上的新事件

抱异议的,从疫症蔓延的地域和时日着想:

批评这"疫从天上来"的推断,不合逻辑!

去年十一月至十二月间,浙东通商大埠的宁波和深处内地的衢县,先后发生了历史上第一次的鼠疫流行。又曾在金华上空,发现敌机空袭时,散布鼠疫杆菌的可疑。

按鼠疫一症,非寻常疫症可比,流行起来,人类整千整万的生命,可以被他牺牲,史实昭示,足为殷鉴。此次宁波衢县两地,发生鼠疫的经过,和金华上空敌机播菌的情形,据各方报告的文件,摘要如下:

一

——鄞衢两县鼠疫发生的来源论——

"鄞县的鼠疫,是十月二十九日发现第一例的病人;衢县的鼠疫是十一月十二日,发生第一例病人;都是突然发现,病型是腺鼠疫。经调查所得,知道发病之先,以及流行的时候,疫区里并没有死鼠疫鼠的发现。(事实上疫鼠是容易发见,而且疫鼠的病态,也极容易判定),这和我们业经在各地所证实的鼠疫——先为鼠类的疫病流行,其次为人类发生鼠疫——的经验;以及印度鼠疫委员会的调查报告——鼠杀行前及流行时,必有多数死鼠——的经过,完全不同。

但有可注意者:鄞县在疫区中心,即开明街东后街等处:于第一例病人发病前七天,曾有敌机散掷小麦甚多。衢县也在疫区中心,于十月四日,敌机一架,在水亭门一带上空,低飞经过,柴家巷王学林家内,罗汉井三号及五号院内,均发现敌机所掷下的小麦乌麦粟米等物品,并于柴家巷王学林家及罗汉井五号两处金鱼缸内,及三号水池内,发现跳蚤甚多。

当由县防护团送省转交卫生试验所检查,以辗转投递,为时过久,培养结果,仅有杂菌发育;但所送跳蚤,判定为印度蚤或称人鼠共同蚤,乃最易传染鼠疫病人之跳蚤;第一例鼠疫病人,即发生于该处。

事实如此,于是我们可以发生下面这一连串的问题:

(1) 为什么敌机要掷下这印度蚤来?(鄞县虽说没有发现跳蚤,可是跳蚤活的,抛下来以后,牠会跳走的,不能找到,在衢县因为一部份跳蚤抛到金鱼缸里,淹死了,所以就为居民所发现)。

(2) 为什么发病的地点,恰巧与敌机掷下物的落下地点相吻合?

(3) 为什么发病之前,没有先发生死鼠?

（4）为什么本病流行的时候，都没有死鼠找到？

（5）为什么腺鼠疫在鄞衢两县发生，反在冬季的十一月里？（腺鼠疫的流行季节，依照福建的经验，四五及七月至八九月为流行最烈期间）。

综上几点客观的设想，加以研究连系起来，我们可以推定，敌人是先使老鼠人工的感染得病，然后搜集地身上所预先配置好的跳蚤，和着五谷之类（作为烟幕，或吸引人们好奇与注意，使之接近此种物品，便利跳蚤找到宿主）一起掷下，跳蚤散开，找寻宿主，当然人就先被感染得病，因此没有死鼠的发现。"

这样说来，难道这次鄞衢两县突然发生鼠疫的事实里面，包藏着敌人在军事政治各方面侵略失败以后，日暮途穷所施予我们最卑劣的一种阴谋和手段，也就是敌人妄想在我们的头上，尝试那细菌战的实验么？

二

——金华上空敌机播菌的真实性？——

敌机在金华上空，散布鼠疫杆菌的经过是去年十一月 27、28 两日，敌机空袭金华，均有白色烟雾状的东西，从敌机散布出来，飘在空中。28 日那天，更在□下街溪滩上空，白色的烟雾，经过三小时不散。

五里牌楼广合顺皮革厂某职员，于敌机飞去以后，见有淡黄色细小颗粒，落到水缸里，遇水速溶，并在附近陈宝庆的人力车蓬上，亦发见同样颗粒，就采集了一部份送交金华民众医院检验，结果发现革兰姆染色法阴性杆菌，当即电请省卫生处派员与以鉴定。其后即由浙江省卫生试验所技正吴昌丰，以一部份材料，在试验所依照细菌诊断方法，逐一检查，发表检验结果如下：

（1）检验来源：金华民众医院，交来小试管一支，管口系用软木塞塞住，并用石蜡封固，内装十一月二十八日敌机掷下物黄色颗粒二十二粒。

（2）肉眼检查：掷下为黄色圆形颗粒，如蚕子状，径约一公厘；投入生理食盐水，即在水面展开，为膜片状，色变淡黄，稍加振荡，膜片破碎，为大小不等之白色粉末状，游离水中。

（3）显微镜检查：

1. 颗粒：（放大五十倍）呈黄色球形，表面凹凸不平。

2. 盐水浮游液：取一小滴，在玻片上涂开，经过干燥固定，用革兰姆氏染色，镜检为阴性杆菌，内中有两端，具浓染体，形态学上，确系鼠疫杆菌。

（4）培养检查：除杂菌发育外，不能检得鼠疫杆菌及其他病原菌。

（5）动物接种：以培养仅有杂菌发育，故未施行动物接种。

照理菌学的诊断，当以镜检培养，动物接种及其他生物学试验等同时并行，现在掷下物的检查结果，仅能在形态上得到定；（即涂片上检查，是革兰姆染色法阴性杆菌，两端圆形，染色特深，成为清晰之极体。依照细菌学的观点，凡革兰姆氏阴性染色的短杆菌，两端成极体染色，就可以确定它是鼠疫杆菌）但为什么培养基上，又没有鼠疫杆菌培养成功呢？据检查者的说明：

本来就鼠疫杆菌的生物性状上讲，对于日光，干燥，热力等抵抗力是很小的，普通在脓痰内的细菌，于日光下三至五小时即可死亡。如系纯粹培养的细菌，约须四小时。至在极干之空气内，约二三日而死，但以人工干燥法使之干燥，可在四五小时内死亡，而于摄氏百度干热，则仅一小时，流通蒸气或沸水内数分钟即死。

此次敌机在金华所掷下的颗粒，是上午十时左右，搜集送检的时间，已越四小时，而民众医院收到是项检体，又在下午三时以后。搜集方法，当然没有经过消毒处理，而检体来源是在人力车的车篷上，仅是许多许多颗粒中的一部份。

由于以上种种的因素，依照理论上说，影响于细菌的生活很大，同时杂菌发育，也就很自然的，所以仅仅这小部份的检体，也许恰巧受到了生存上的影响，以致培养不能成功，云云——。

究竟敌机在金华掷下的是否为鼠疫杆菌？据国联防疫专家，伯力士博士（Doctor Pollitzer）的意见：认为它未经特种适当的培养及动物试验成功，还应该取保留的态度而未便遽下断语。

三

当鄞衢两县发生鼠疫的时候，各方对此，都非常注意，防治的工作，也进行得非常努力；因此，在短期内，就告扑灭，不致蔓延。

关乎鼠疫的流行史、病原、病理、诊断、治疗、预防……等知识。报章杂上发表的文字,和卫生机关印发的小册子,已经很多,本刊不拟赘述。特别值得提出来的:这次鄞衢鼠疫的发生,据说和离人的细菌战有关(散布跳蚤和杆菌云云),这点却是鼠杀史上前未曾有的新事件,如果事实确乎离各方所推论的相去不远。那末,今后对于鼠疫的流行,应该有新的注意了。

四

——"闽浙鼠杀的展望"——

本文清样后,正拟付印,恰巧陈方之先生寄来"闽浙鼠疫的展望"对这次鼠疫史上新的事件,表示异议。他认为鄞衢两县的"疫从天上飞来"如前面一二两节所说的理由,实在不合逻辑的。

据他所展望这次"疫的来路",究竟是空中掷下的呢? 还是从异地输入的呢? 可以从"鼠疫的蔓延地域"和"鼠疫的发生时"这两个切实的问题上搜索出来。

第一从蔓延的地域上研究所持批评的要点:是鼠疫的爆发流行,和鼠类的关系,有两点最密切:

(1) 恒在性病源地之鼠疫流行不绝,原因在鼠。盖于大流行以后,一部份抵抗力强大的鼠种,能患慢性鼠疫,以持续其菌的保存。迨至抵抗力脆弱的鼠种化生,乃复发生急性疫,而传播到人间,以此川流不息。

(2) 从甲地传到极远的乙地,往往原因在鼠。例如 1919 年美国加州所流行的鼠疫,来自印度。

至于人与人交通频繁的近地,可以不必依鼠而传染,人传人也是可能的。据情报去年鼠疫发现的地点,在浙有庆元、龙泉、鄞县、慈溪、衢县、浦江、平阳等七县。在闽有南平、松溪、德化、安溪、建瓯、仙游、晋江、莆田、龙溪、将乐、福州、永春、平潭等十三县。地点既这样众多,其中必有甲地的轻症病人,直接传染给乙地的人,不过社会上人事复杂,不易处处查明出"外来患者"罢了,所以疫鼠的不能发现,不得说其疫即自空中投下。

第二从发生的时日上研究的要点:如果浙省境内,除鄞衢而外,别无他处患疫。或如果鄞衢在先,庆龙在后,还可说浙江鼠疫的祸根,统统是敌机种下的,但是庆龙的鼠疫,已经闹得很久,已被认为防治困难,可见得庆龙的鼠疫有许多机会,可以散布于四方。

以上仅举其有关本文的意见。俾读者对此事的正反两面,都有一些参考!

(《军医杂志》,1941年第2期,第147—149页)

肺鼠疫流行疫势减退时之观察

(1942年)

卫生署防疫专员伯力士军政部战时卫生人员训练所李赓杰

许绍曾摘绎

序言:

常德为湖南省北部之商业中心。自民国三十一年三月至五月曾发生肺鼠疫之流行,且经证实有数例系原发性肺鼠疫。因战时种种关系,与空袭警报等原因,防疫管理未能十分周密,疫势乃蔓延及桃源县属之莫林乡。此处离常德约卅英里,为常德至桃源必经之地。著者等于卅一年五月廿八日奉命往调查。

调查结果:

(一)传染分布情形——本年四月底桃源县莫林乡第十保有一零售商至常德贩货,回家后次日即患病,至五月十日身故。其兄贴邻而居,据称:患者最显著之病状为高热、咳嗽、与血痰,未见有淋巴腺肿情形。该地自此第一位鼠疫患者发现后,不仅传染该患者之家属,及该村其他二家,且因患者亲属探病之关系,迅即将该病传播至他处,其分布情形下表:

地点(保)	被传染家数	患者人数	起病日期及该处最后之患者死之日期
10(第一村)	3	10	5月4日—24日
8	1	2	18—26
1	1	1	? —21
12	1	1	? —21
10(第二村)	1	1	23—25
3	1	1	27—30
总计	8	16	5月4日—30日

（二）患者病历及其家属情形——见下表：

地点(保)	家	死亡人数	生存人数	病状摘要
10(第一村)	a	5	——	前四例有咳嗽及血痰,后一例祇咳无痰。
〃	b	4	2(媳及孙)	前三例有咳嗽及血痰,第四例仅微咳,该媳虽看护其夫(第三例),但避免接近其面部。
〃	c	1	3(妻,二幼子)	患者仅微咳,无痰,其妻护理患者时十分注意,二子未接近患者。
8	1	2	3(妻,二幼子)	第一例仅微咳,无痰,第二例无咳无痰。
1	1	1	4(夫,子,媳孙)	患者无咳嗽及痰。
12	1	1	2(子,媳)	患者仅微咳,无痰。其媳看护者。
10(第二村)	1	1	2(妻,幼女)	患者无咳嗽及痰。其妻看护患者。
3	1	1	5(夫,三子媳)	患者无咳嗽及痰,患者之夫及媳看护患者时,甚注意传染之避免。

　　上述情形,皆系吾人实地调查及当地人民口述者,因有时吾人前往调查时患者已死。但根据当地人民因本病之高度死亡率所引起之警觉性而言,即其陈述亦当甚可靠。

　　（三）传染来源——根据传染之先后及详细调查,与有咳嗽及血痰患者接触病史者13例,与仅有咳嗽而无血痰患者接触史者2例。但未有与无咳嗽及血痰患者接触而罹病者。

　　（四）患者严密隔离及接触者分居。在吾人严密监视下,确知第16例为该地最后之肺鼠疫患者。

　　讨论:

　　此次肺鼠疫流行之遏止,简而言之,应归功于:

　　（一）防疫设施与管理。特别是患者隔离与接触者分居。

　　（二）季节影响。鼠疫多在寒季流行,随气候变暖而疫势减退。

　　（三）内在因素。除上述二种外来因素外,吾人不得不思及其他原因。根据著者柏氏于1920—1921参加满洲鼠疫流行防疫工作之经验,发现肺鼠疫流行时并非每一患者皆有肺炎症状存在;有时患者体内仅发现轻度不明显之肺炎病状,有时甚至毫无迹象可资证明。临床征候与病理改变有连带之关系;有肺炎之肺鼠疫者皆有血痰,无肺炎或仅有轻微病灶者无血痰。此种情形甚为重要,盖只在流行有终止倾向时始发现此类无血痰之患者。此"非肺炎型"之肺鼠疫或与流行终止有相当之关系。此次吾人之调查亦符合此说。因(1)最先传染之两家,其最后之患者皆无血痰。(2)自此二家传至他家之六病者中,五例无继续传播蔓延之事实。盖此六例患者皆无血痰,其中三例且无咳嗽。第六例亦祇传染一人。(3)根据病史,曾与无咳嗽及血痰患者接触而得传染着无一例。十五例中只有二例患者曾与有咳嗽无血痰之患者接触。(4)尚有二点值得注意者,即(甲)吾人防疫管理能奏效前流行即有终止之趋向,(乙)流行中止时适值阴雨,气温仍低。

结论:

肺鼠疫流行时,如发现有"非肺炎性"型肺鼠疫患者,即无血痰或咳嗽时,往往指示该流行可有终止之趋向。

(《医学文摘》,1942 年第 1 卷第 4 期,第 1—3 页)

自绥西发现鼠疫后,已死数十人不等

(1942 年)

自绥西发现鼠疫后,已死数十人不等,病状头痛发呕,旋吐微血,数小时即行不救,省当局已派员急救防止传染,又临潼一带牛瘟盛行农改所亦已注意预防。

(《抗建》,1942 年第 4 卷第 16 期,第 22 页)

常德鼠疫调查报告书

(1941 年 12 月 12 日)

陈文贵、薛庆煜

一、弁言——鼠疫疑窦之引起

二、疑似及已证实之鼠疫病例之报告(附表)

三、调查及探讨之所得

四、检讨及结论

五、附录

（一）腺鼠疫病例临床及尸体解剖记录

（二）疑似鼠疫病例临床记录

（三）敌机在常德投掷麦谷等物检验记录

一　弁言——鼠疫疑窦之引起

民国三十年十一月四日晨五时许，敌机一架于雾中在常德上空低飞，掷下谷麦、絮纸、毡棉及其他不明之颗粒状物多种，分落鸡鸭巷、关庙街及东门一带，迨午后五时，警报解除，始由军警搜集散下物一并焚毁，且留送一部份交广德医院用显微镜检验，其染片结果，凡在常德之医务人员均认为类似鼠疫杆菌，今经陈文贵医师复查染片结果，不能确定为鼠疫杆菌，自是遂启疑窦，故在常工作之医务人员群相警惕，均恐鼠疫之降临。

二　疑似及已证实之鼠疫例之报告（附表）

敌机抛掷谷麦等物后，在当时虽无任何不幸事件，迨第一可疑病例于十一月十一日出现，此例为十一岁之幼女，住关庙街附近（见地图"A"区）当日骤发高烧，翌晨入广德医院求治，除发烧外，病体不呈其他异状，血片检验显有类似鼠疫杆菌，患者于十三日晨死亡，解剖尸体则见可疑之鼠疫病理变化，内脏涂片亦发见有类似鼠疫杆菌。（病例一，见表）

又十一月十三日续发现一死亡病例，寓东门长清街（见地图"B"区），后经询悉，病者于十一日曾发高烧，十三日病亡，当作肝脏穿刺术，作涂片标本，在镜下检视，亦有类似鼠疫杆菌。（病例二，见表）

嗣后于东门附近（见地图"B"区）又相继发现第三、第四两病例，皆于十二日发病，呈高烧、鼠蹊腺肿大、横痃等征状，淋巴腺穿刺液涂片检查，均有类似鼠疫杆菌，其一于十三日死亡，他一于十四日死亡。（病例三、四，见表）

第五病例于十八日发病，有高烧、谵妄、横痃等病象，十九日入隔离病院，当晚即病死，虽经尸体解剖，据云无特殊病理变化。（病理五，见表）

常德腺鼠疫六病例研究与调查结果简表

病例	病人姓名	性别	年龄	寓址	发病日期	结果	临床及试验室之检查	诊断	检视医师
(一)	蔡桃儿	女	十一	A区	三十年十一月十一日	死亡三十年十一月十一日	高烧——有类似鼠疫杆菌血片(瑞氏染色法)尸体解剖——肝脾肿大肝脾涂片(瑞氏染色)有类似鼠疫杆菌	鼠疫	谭学华(广德医院)尸体解剖者——谭学华与钱保康(红十字会救护第二中队长)
(二)	蔡玉贞	女	二七	B区	同前	同前	高烧,检验时已死亡肝脾涂片(瑞氏染色)有类似鼠疫杆菌	鼠疫	肯德(红十字会救护队长)
(五)	聂述生	男	五八	B区	三十年十一月二日	同前	高烧,鼠蹊淋巴腺肿大淋巴腺穿刺涂片(端染)有类似鼠疫杆菌	鼠疫	钱保康(本部第二中队长)
(四)	徐老三	男	二五	B区	同前	死亡三十年十一月十四日	同前	鼠疫	方德诚(常德卫生院长,谭学华医师)
(五)	胡钟发	男	?	A区	三十年十一月八日	死亡三十年十一月九日	高烧,谵安鼠蹊淋巴腺肿大尸体解剖结果,脾脏涂片(革兰氏染色)未查出鼠疫杆菌	鼠疫?	方德诚尸体解剖者:谭学华与石茂年卫生署第二路防疫大队长
(六)	龚操胜	男	二八	A区	三十年十一月二十三日	死亡三十年十一月二十四日	高烧,软弱无力右鼠蹊淋巴腺肿大尸体解剖——脾脏肿大肝脾及肠之表面有血斑胸腔及心包膜积水心血,右鼠蹊淋巴腺肝及脾之涂片(革兰氏代及石炭酸硫董紫染色法)发见鼠疫杆菌并由培养及动物鼠试验证实	腺鼠疫	李庆杰(军医署第四防疫大队技正)尸体解剖者陈文贵刘培薛荫奎(卫训所及红会救护总队部)细菌培养及动物试验主持者陈文贵

第六病例为龚操胜,年二十八岁,男性,寓关庙街(见地图"A"区)二十三日晚骤发高烧,四肢无力,继发横痃,二十四日晚病亡,其时适军政部战时卫生人员训练总所检验学组主任陈文贵医师于是日抵常德,即经举行尸体解剖、细菌培养及动物接种等试验,由各种检查之结果均证实为真正腺鼠疫无疑。(病例六,见表及附录一)

(详情见附录一与附录二)

A 区——关庙街一带(见地图)

B 区——东门一带(见地图)

(瑞染)——瑞忒氏染色法

以上六病例均为久居常德城或其附近者之湖南人,截至完成本报告书时止,无新病例发现。

结论:据病历及涂片检验之结果,第一、二、三、四、五、病例均似腺鼠疫,第六病例则经证实确为腺鼠疫。

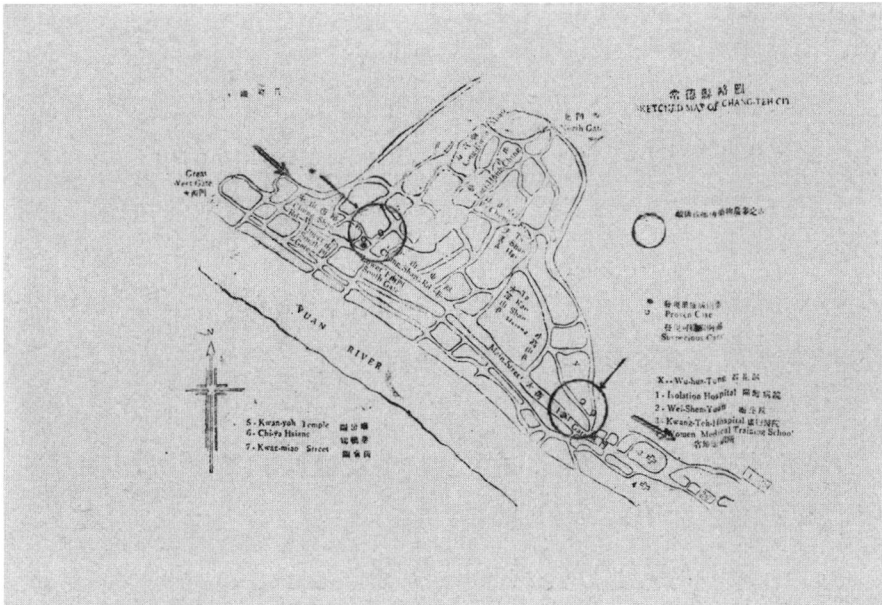

三　调查及探讨之所得

(甲)普通情况：

常德南滨沅江,东倚洞庭,昔者公路未废,北通鄂境,东贯长沙,西达桃源及湘西各重镇,今则公路破坏,其最近公路站为郑家驿,距常德西南凡六十公里,仅可通船舶,其他水路交通,东可经洞庭往长沙入鄂,西缘沅江通沅陵、芷江,故除利用民船外,仅可由小路直达常德耳。

常德夏季酷热,冬则严寒,今当十一月间已入冬季气候,在作调查时该地气温约在华氏表四十至五十度之间。

常德素为湘北商业中心,自抗战以还,迭遭空袭毁坏,复加公路废弃,今日商业遂一落千丈矣。

(乙)常德医务机关：

广德医院——为美国教会医院设有病床一百张。

县卫生院——设有门诊部。

隔离病院——设病床五十张,该院系于常德鼠疫发生后成立。

(丙)死亡统计：

常德人口现约五万余,其死亡率向无确实统计,过去曾为地方性霍乱中心之一,逐年皆有霍乱流行。

据称在敌机散掷谷麦等物之前,人口死亡率并无激增现象,自第一可疑病例发现后,县卫生院得到警局及棺木店之协助,曾对全城死亡作确切之调查,有记录可稽,自十一月十二日起至二十四日止,共死亡十七人,内包括鼠疫死亡者六人,至其他病例之死亡原因未详。

(丁)环境卫生：

常德全城之环境卫生概况,甚为恶劣,且屡遭轰炸,被毁灭之房屋甚多,目下城内房舍多为木制,最易为鼠类潜匿。

"A区"——关庙街与鸡鸭巷一带(见地图)

地当市中心区,房宇栉比,街衢狭小而不洁,曾视察鼠疫死亡寓所,发见室内阴暗,空气阻塞,无地板设置,垃圾散积屋隅,鼠洞随处可见,其他房屋亦大同小异。

"B区"——东门一带(见地图)

此区房舍虽较稀疏,但居民多系贫寒之家,屋内尤欠整洁,至其环境卫生则与"A"区无甚差别也。

据云于鼠疫发生之前后,鼠类之死亡,并未显示增多,曾置一印度式捕鼠笼(Indian worolls trap)于一鼠疫死亡家凡三夜,但无所得,此外曾收集鼠类约二百余头,其来源地区则未注明,经解剖检验,并未发现鼠疫传染之病理变化,又将特制之捕蚤笼(Flea tangle foot trap)多个置于该鼠疫死亡者之室内,结果毫无弋获。

四　检讨及结论

(1)常德是否有鼠疫?

(一)经陈文贵医师研究一鼠疫病例之结果,证实该病例确系腺鼠疫,按陈医师曾在印度作鼠疫专门研究,此病例为二十八岁之男性,十一月十九日始由乡间来城,二十三日发病,二十四日经李医师诊视,有高烧及横痃等病征,当晚即病亡,尸体解剖鉴定为鼠疫致死,鼠蹊淋巴腺、心血、肝及脾之涂片,细菌培养及豚鼠接种试验均证实诊断无误。(详情见附录一)

(二)十一月十一日至二十四日在常德之有鼠疫流行,此可由上述之第一至第五疑似病例而断定,或谓此五病例,无一曾经细菌学方法及动物试验证实者,但其发烧及横痃之病历,淋巴腺、肝或脾涂片检验所发见形态学上类似鼠疫杆菌之结果,病程之迅速(咸于发病后二十四至四十八小时内死亡),均证实其为鼠疫者鲜有疑问焉,此外大多数病例之发病日期皆在同一时日,综上所述,可证实腺鼠疫确已于十一月十一日后(敌机散掷谷麦后之第七日)在常德流行。

此数病例之各种涂片标本,后经陈文贵医师复查,认为确有类似鼠疫杆菌。

(2)鼠疫从何而来?十一月四日晨敌机散掷谷麦等物是否与此有关?

欲解答此问题,应检讨三种可能起因,兹分别解述于下:

(一)敌机散掷谷麦等物前,常德有鼠疫否?

(二)常德鼠疫能否由国内临近疫区传入?

（三）常德鼠疫是否因敌机散掷有传染之谷麦等物所致？

（一）常德向非疫区，在昔全球鼠疫大流行及国内鼠疫流行时，非特湘北一隅，即华中区域从未波及，至鼠疫之自然发生，则向未所闻，故常德本地鼠疫复炽之说不攻自破。

（二）根据传染病学之原理，鼠疫蔓延，恒沿粮食运输线，船舶因载货物，鼠类易于藏匿，而该项船舶若常往来于鼠疫港口，如福建广东沿海各港口，首当其冲，先为鼠疫侵入，自是得以逐渐蔓延内地，我国现在以福建浙江两省及江西毗连闽浙交界地带，为鼠疫盛行之区，距常德最近之疫区为浙江衢县，去常凡二千公里，（按衢县鼠疫，起于去岁，亦疑由敌机掷传染性之对象所致）以目前国内交通情形而论，欲鼠疫由浙江衢县远播至常德，实为事实上所不可能，且上述之六病例，均久居常德有年，据探询所知，彼等于病前并未远行他处，又常德为产米之区，粮食之运输，常往外送而不由外来也，故此次常德鼠疫之流行，当系起自该城本身，而非由国内其他疫区所传入。

（三）舍上述二端，吾人认为敌机散掷传染物而致鼠疫流行之说，极为可能，缘具理由列述如下：

甲、所有病例悉来自敌机散掷谷麦等物最多之区域。

乙、敌人所掷下之谷麦等物内，依推论所得，似藏有鼠疫传染性之鼠蚤，其当时未被清道夫或收集人发见者，大约有二因：

1. 一般市民，无鼠疫传染常识，未料及敌人散播此危险物，故未予注意。

2. 是日常德竟日警报（由晨五时至午后五时），迄警报解除后，始收集及扫除谷麦等物，鼠蚤当早已跳走，潜藏于附近气候适宜之屋内矣。

丙、传染性物可致鼠疫之途，不外有三：

1. 敌机所散掷之谷麦等物，可先用鼠疫杆菌沾污，鼠类食之，可致传染，如是由鼠而蚤，由蚤而人，致发生流行。

此法似不甚可能或未成功，其理由有二：

（i）所收集之谷麦等物，曾作培养及动物试验，结果并未发现鼠疫杆菌（见附录三）

（ii）自敌人掷下谷麦等物后，常德鼠类之死亡，并无激增之明证。

2. 已受鼠疫传染之蚤，随同谷麦等物掷下后，因谷麦之诱惑，鼠类趋之，而该蚤乘机得窜附鼠身，于是可引起鼠类鼠疫之流行，自是由鼠而蚤，辗转相传，以及人类。

此种理论，虽属可能，似又未于调查时见诸事实，因为：

(i) 前述六病例，皆于敌机掷下谷麦等物后十五日内发病，普通人类鼠疫恒起于鼠类鼠疫流行两星期之后，且鼠类鼠疫亦须相当时期方能流行（约二星期）。

(ii) 常德鼠疫爆发前及其流行期内，并无鼠类鼠疫发生之线索及证明。

假设敌机确实掷下已受鼠疫传染之鼠蚤，鼠疫能否在鼠类流行，实赖当时鼠体上鼠蚤之多寡或印度鼠蚤（Xenop sylla Cheopis）之指数而定，换言之，若值鼠类鼠疫盛行之时，此指数（Cheopis index）恒高，常德平时鼠类之印度鼠蚤指数，则未经考查，但因斯时气候寒冷，可预知印度鼠蚤指数当不致过高，而使鼠类鼠疫能迅速传播，今常德鼠类是否受传染则无法断定，惟须继续研究方可解答此点。

3. 抑有传染性之蚤随同谷麦等物由敌机掷下后，该蚤一部份即直接咬人而致鼠疫流行，根据此次研究及调查所得，吾人对此种传染法，似已获得较完全之证据：

(i) 腺鼠疫潜伏期（由蚤咬受传染日起至发病日止）为三至七日，间有八日或至十四日者，此六病例之四，其潜伏期最多为七或八日，此点显然表示患者于敌机掷下谷麦后，不久即被该蚤咬刺，约在十一月四日或五日左右，第一病例于十一月十一日发病，恰在敌机散掷谷麦等物后之第七日，第二病例亦然，第三、第四病例则于十二日起病（敌机散掷谷麦等物后之第八日），第五病侧则于十八日发病，第六病例已证实为腺鼠疫矣；按该病人于十九日始至常德，住四天（十一月二十三日）即发病，假若患者于十九日到常时即被该蚤咬刺受染，适为敌机散掷谷麦等物后之第十五日，在此较长时期内有传染性之鼠蚤是否能生存？

答曰然——，盖已受鼠疫传染而又饥渴之鼠蚤，在适宜环境中，虽不吸血亦可生存达数星期之久。

（ii）所有六病例，皆寓居于敌机散掷谷麦等物最多之区域内。

4.根据前述各节，获得结论如下：

一、十一月十一日至二十四日间常德确有腺鼠疫流行。

二、鼠疫传染来源系由敌机于十一月四日晨掷下之鼠疫传染物内有鼠疫传染性之蚤。

五　附录

1.腺鼠疫病例临床及尸体解剖记录：

病者姓名：龚操胜

解剖日期：民国三十年十一月二十五日

解剖地点：常德县隔离医院（由东门外徐家大屋改建）

解剖者：陈文贵

助理：薛荫奎、刘培

记录者：李庆杰

病例简史：死者男性年二十八岁，生前寓关庙街前小巷十八号，过去在外佣工，于本年十一月十九日因其母病卒返埠，其母死因未明（或为结核病），据云生前削廋并经常不适，是夜十一时骤发高烧、头痛疲乏等病状，二十四日晨觉右侧腹股沟痛疼，乃以膏药敷之，午后四时作呕，病沉渐剧，七时军政部第四防疫大队技正兼战时卫生人员训练所第四分所防疫学组主任李庆杰医师应召往诊，是时该病者已一息奄奄，当时诊视病者患高热，右侧腹股沟淋巴腺肿胀及有触痛，按病历及病象颇似腺鼠疫，遂劝告送往隔离病院，但不料病者于未搬入以前，即在晚八时许死亡，该尸体则由警士监护，于十时送达卫生院，在该院施行全身衣被床褥灭蚤消毒，洗取膏药，以无菌手续施行心脏及右侧腹股沟淋巴腺穿刺，采得标本少许，用以及时培养，惟因时已入深夜，光线不适故尸体解剖不得不延于次晨行之，暂将该尸体入棺钉盖，送存隔离医院太平间内。

剖体结果：

（一）一般状况：死者中等身材，体质瘦弱

（二）皮肤：面色稍紫，唇部尤着，全身皮面无溢血斑点，无蚤蚊伤痕，右

腿腘部发现有类似疥疮之皮肤病

（三）淋巴腺：右侧腹股沟淋巴腺肿大,肠系膜淋巴腺亦稍肿大。

（四）胸腔所见：肺肉眼所见,无显明变化,胸腔内两侧各有积水约二十公撮,心包膜内有渗液约二十公撮,心肌颇软并未肥大,以无菌手,续由右心房穿刺心脏得心血数公撮,接种于血液琼脂斜面培养基上。

（五）腹腔所见：肝微坚实,脾较常态肿大约二倍,肾无变化,肝脾小肠及大肠等之表面皆有出血班点,腹腔内无液体积蓄。

细菌学检验结果：

采取右侧腹股沟淋巴腺肝脾各一部及心血少许,施行直接涂片培养及动物试验。

（一）直接涂片检查：所有涂片均以石炭酸硫堇紫（Carbol thionin blue stain）及革兰氏法（Gram's stain）两种染之,但均先以一比一倍之醚及无水酒精混合液固定,镜下检查,发现多数卵圆形两端着色较深之革兰氏阴性杆菌。

（二）培养检查：病者尸体心血,腹股沟淋巴腺肝脾等,以无菌手续接种于（HP7.6）血液琼脂斜面培养基上,置入盛有摄氏三十七度温水之广口保暖瓶中,培养二十四小时后,在培养基面上见有无数极微小灰白色不透明集落,皆为纯粹菌种,涂片染色镜检均为革兰氏阴性,两端深染之卵圆形杆菌。

动物接种试验：

（一）豚鼠第一号：十一月二十五日下午三时将豚鼠右侧腹毛剃除,接取病者尸体之脾组织涂擦该剃毛腹皮处,使受人工感染（该脾组织曾经检验含有多数革兰氏阴性两端深染杆菌）,于二十六日下午八时开始发现病状,至二十八日清晨,该豚鼠即死亡,计其潜伏期二十九小时,病程全经过约三十二小时。

剖验所见：

（1）皮肤：接种处皮肤肿胀发红。

（2）淋巴腺：两侧腹股沟淋巴腺均肿大,右侧较着且充血更甚。

（3）皮下组织：皮下组织水肿充血接种部有出血现象

（4）胸腔：脾肿胀充血肝肾及胃肠消化道亦现充血该豚鼠之心血,肝脾及腹股沟淋巴腺等——取作涂片,及培养检查。

染色标本镜下检视(石炭酸硫堇紫染色及革兰氏染色法),发现多数革兰氏阴性两端深染杆菌与病者尸体内脏直接涂片同。

上记各项标本接种于(PH7.6)血液琼脂斜面培养基上,培养二十四小时后亦发现同样之纯菌种。

(二)豚鼠第二号:该豚鼠亦于十一月二十六日上午九时与第一号豚鼠同样处置后,以病者尸体之腹股沟淋巴腺涂擦接种之病状开始发现于二十八日上午八时,潜伏期约四十七小时,历四十四小时后死亡(死于十一月三十日晨)。

剖验所见:其病理变化与第一号豚鼠相同,淋巴腺脾肝等涂片检查,结果亦同。

(三)豚鼠第三号:用由患者尸体分离之纯菌种(即患者尸体心血)培养于(PH7.6)血液琼脂斜面上凡二十四小时,所得涂擦于刚剃毛之豚鼠左侧□部,四十五小时后发现病状,至十一月三十日清晨即死,病程经过约四十小时。

剖验所见:肉眼检视一般病理变化,除淋巴腺及脾脏,较着外,均皆与前二鼠相同,豚鼠尸体之心血淋巴腺肝脾等涂片检查,结果亦与前同。

结论:根据病历经过,死后尸体解剖,细菌学培养及动物接种试验结果,证实该患者龚操胜确患腺鼠疫,且因鼠疫杆菌所致之败血性传染而死亡。

2. 疑似鼠疫病例临床记录:

第一病例(蔡桃儿)病者女性,年十一岁,住关庙街,蔡鸿胜炭号内,据云于十一月十一日发病于十二日晨七时由警局送往常德广德医院诊治,入院时由谭学华医师检视,当发现患者神志不清,体温升高至华氏一〇五·七度,右耳有湿疹,淋巴腺未肿大,亦无触痛,肺部听诊有少许水泡音,腹部正常,血液涂片检视(瑞忒氏及革兰氏两种染色)发现形态学上类似鼠疫杆菌,遂将患者隔离并与以"色芳里迈"药片治之,至十三日晨患者皮肤出现血斑点,一般状况更剧,再作血液涂片染色,检视结果同前,且更显明,至当日上午八时即死亡。

尸体剖检主要病象为左侧耳下淋巴腺肿大，无肺炎征象，肝脾肿大，表有出血斑点，肾亦现出血现象，脾脏涂片检查结果与血片相同，曾由该院取脾髓培养，惟无确定报告。

第二例（蔡玉珍）女性年二十七岁，住东门长清街，据家属云：于十一月十一日体温突然升高，于十三日即死亡，当十四日棺木经过德山时，为本部驻常肯德队长逢于途，当查讯其死因疑为鼠疫，乃开棺检查，并抽肝脾液少许，涂片染色检视，发现形态学上类似鼠疫杆菌。

第三例（聂述生）男性五十八岁，住常德东门附近启明镇，四保三甲一户，于十二月十二日晚发高烧，十三日自诉腹股沟淋巴腺肿大及触痛，由本部驻常德第二中队长钱保康医师抽取肿大之腹股沟淋巴腺液涂片染色检视（瑞忒氏染色法）发见状似鼠疫杆菌，该病者于当晚七时四十分即死亡。

第四例（徐老三）男性三十五岁，住东门外杨家巷永安乡五保五甲五户，十一月十二日起发高烧头痛，十四日上午由广德医院谭学华医师及常德县卫生院院长方德诚医师诊视，当发现腹股沟淋巴腺肿大，并有触痛，遂在广德医院作淋巴腺穿刺，抽取液质涂片染色，检视（瑞忒氏染色法）发见状似鼠疫杆菌。

第五例（胡钟发）男性住关庙街钟发医院，十一月十九日晨往常德县卫生院求治，自称已染鼠疫，言时神色张惶，语无伦次，脉搏极速，温度并不甚高，腹股沟淋巴腺肿大，其他病状不详，当即送入隔离医院中，至晚体温增高，并忽然死亡，死后由广德医院谭学华医师及卫生署医疗防疫总队部第二路大队长石茂年医师剖验尸体，发见死者全身皮肤呈深紫色，尤以胸腹部为甚，各部淋巴腺均未肿大，脾稍肿，腹部内脏无显明变化，脾汁涂片检查及培养试验，仅发见革兰氏阳性球菌及杆菌，惟须注意者，即检验员所用之培养基恐不适宜。

3. 敌机在常德投掷谷麦等物检验记录：

标本系敌机于十一月四日上午五时在常德上空低飞投掷之物，于次晨从街面收集保存，由投下之日至检查时已三十四天矣。

肉眼检查：检查物为大麦米谷，及不知名之植物种子。

培养检查:检查物放于无菌乳臼内,加消毒生理盐水五公撮研磨之,然后将此混合物接种于血液琼脂斜面及硫酸铜肉浸汤琼脂斜面培养基上(两种培养基均(PH7.6),培养于摄氏三十七度,经过二十四至四十八小时后,祗发现葡萄状球菌,大肠杆菌及其他未鉴定之中心性芽胞革兰氏阳性杆菌等污染杂菌,未检出类似鼠疫杆菌之细菌。

动物接种试验:取上述麦谷研磨液两公撮,于十二月八日上午九时注射接种于豚鼠皮下,该豚鼠于十二月十一日深夜死亡,但从未显示著明病象。

豚鼠解剖检验:

十二日豚鼠剖验,接种处局部化脓,全部皮下组织充血,腹股沟淋巴腺未肿大,肝脾及心脏正常,由淋巴腺脾肝等涂片检查,并无类似鼠疫杆菌,仅发见革兰氏阳性及其他革兰氏阴性杆菌。

豚鼠尸体之心血及淋巴腺脾肝等培养之结果则查出大肠杆菌及少许革兰氏阳性含有中心芽胞杆菌,未检得鼠疫杆菌。

结论:

据细菌培养及动物接种试验,该项麦谷等标本中未发现鼠疫杆菌。

(《卫生报导》,1943 年第 6 期,第 49—63 页)

关于敌人细菌战之真相

(1944 年)

(特战) 杨季民

曾忆廿九年十一月至十二月间,在本战区浙东宁波及浙赣路衢县,先后突然发生鼠疫,而同时金华上空,又有敌机投掷细菌培养之报告。

继知宁波第一例鼠疫患者为十月廿九日,衢县第一例鼠疫患者,为十一月十二日,两地发病时期相距仅十余日,调查发病以前,亦未有大量死鼠情形,而该两地既往,亦无鼠疫历史,因此对于两地鼠疫传染来源,殊多疑问。

嗣后又据报告,谓宁波于发生第一次患者前七天,有敌机投掷小麦等物,落于开明街东街后街等处,衢县于十月四日,在水亭门柴家巷罗汉井等处,有敌机投掷小麦乌麦粟米等物,并在柴家巷王学林家及罗汉井五号,于金鱼缸内发现有投掷跳蚤落水,该县第一例患者,即于此处发生。

衢县为国际飞行场所在地,并为浙赣交通要道,故战区对该地鼠疫,尤为注意,经电闽省府派员会同军政部防疫大队及浙省府卫生主管,调查防治,是时鄞衢两县敌机所投物件,已无痕迹可寻,惟落于金华之细菌培养,犹存民众医院,经三方会同检验结果,认系鼠疫杆菌,于东南日报发表声明,但以只此一点,未能认为有力之证据,故鄞衢鼠疫之究为敌人散播,抑为交通频繁,由其他疫区所传入,各方意见,未能一致。(曾载本志第三期)

本年(卅三年)三月间,敌驻九江防疫给水支部卫生兵长榛叶修投诚后,关于敌人采用细菌内幕,于以大白,该兵长系静冈县籍,名古屋帝国大学医学部中央爱克斯光科毕业,征召入伍时,受卫生教育防疫教育各半年,初抵中国指派在南京防疫给水本部工作,嗣调九江支部任卫生兵长,在该支部防疫科工作,渠系日本共产党,愤日本军阀财阀专权,乘间逃向吾方归诚,吐露真相,所述应用细菌之一般情形,可为敌人既往布菌之有力答案。

(一)防疫给水部之组织及分布情形

日本对于作战部队之防疫事宜,曩昔由野战防疫部办理之,此次对华战事开始后,于昭和十三年十月(民国二十七年)扩大编制,增加人员,充实内容,改组为现行组织,本部设南京前中央医院旧址,原属敌华中派遣军总司令部,至去年十月改隶十三军司令部,各地分设支部,为作战后数年来,陆续成立,其内容组织及支部情形,列表如下。

防疫给水本部(本部长佐藤俊三军医大佐)

总务科军医少佐　粟屋一步

防疫科军医少佐　山田一夫

检索科军医大尉　小林真

研究科军医中尉　齐藤七郎

材料科军医大尉　大河内雅人

给水科军医中尉　中岛义一

消毒班军医少佐　齐藤太郎

检水班军医中尉　松元

上海支部　南京支部　安庆支部　九江支部　南昌支部　金华支部
杭州支部　汉口支部　宁波支部　苏州支部

其支部组织,概与本部无何大异,不过人员较少,范围较小,同时亦以当地情况略有不同。

(二)防疫给水部之勤务

既往防疫部之主要勤务,为战地传染病之病原检查,作战部队传染病之预防,血清疫苗之制造,及饮水之理化学检查与供给,但自昭和十三年后,除培养细菌,协助诊断外,另培养大量细菌,供给作战应用,现其本部与各支部,所能培养之细菌,概属于胃肠传染病方面,即伤寒霍乱赤痢三种,本战区于浙赣战役初期,曾由敌机在金兰一带,投掷以上三项细菌甚多,当时我军以战略关系,急遽撤退,以致敌前进部队,自食其果,计罹病者,达万人以上,其中因病重不及救治者,约四千人左右,是项患者,均送由杭州敌陆军医院收容治疗。

至于鼠疫方面,华中各支部,迄未开始培养,故以前所用,概由东京制造,本战区之宁波衢州鼠疫,确为敌人所为,待敌占领宁波,则大事防疫,卅一年敌陷衢州,亦复如是。

(三)散播细菌情形

散播细菌,不用间谍施放,专由飞机投掷,投掷地点,当以前后方之河川池塘为主,藉使吾方军民,汲取饮水,获得传染。

此种施放细菌之飞机,其外形类似侦察机,内装有特制之电器孵卵器四具,以之装置培养细菌之试验管,每具约可装试验管五千管,此种试验管掷至河川内,以物体下降时加速度所生之"力"与水面之"抗力",玻管自然破裂,细菌即混入水中。

投掷细菌之飞机,除驾驶员外,配以主管侦察地点投掷细菌之校官一员,尉官二员,以及无线电通讯员一员组成之。

现南京具有是项飞机四架,上海两架,汉口两架,是项飞机出动时,因无自卫武力,有战斗机护航。

(《军医杂志》,1944年第7—8期,第5—6页)

鼠疫之预防接种

（1944 年）

军医学校血清疫苗制造所所长　李振翩

方纲

鼠疫为鼠类之传染病，藉蚤之咬噬而流行于鼠间。传染鼠疫杆菌之鼠蚤，亦可藉其咬噬……于人，往往造成人类间之流行。更可经呼吸道传染方法由人传染于人，而造成肺鼠疫之……。

是以预防鼠疫之办法中灭鼠灭蚤两事为最重要以灭绝传染之来源，减少传染于人之机会。惟在我国现在之卫生及经济情形，此两事一时恐难完善。乃不得不以预防注射为要。

本文就数种常用鼠疫菌苗之制造及效能作一简单的学理上检讨，惟因参考数据不多不敢以为完全也。

又对于肺鼠疫之预防今尚无有效之菌苗，故本文之讨论仅限于菌苗预防腺鼠疫之功效。

鼠疫菌苗之种类

现用之鼠疫菌苗主要者可分为三类即 Haffkine 氏菌苗，琼脂菌苗及活菌菌苗。前两类均为加热杀菌制成者后者则以无致病力之鼠疫杆菌之活菌悬液为注射之用。Haffkine 氏菌苗多用于印度，琼脂菌苗除印度以外各地多用之。活菌菌苗则近来始在爪哇，马达加斯卡及南非等地大规模应用。

1. Haffkine 氏菌苗，此种菌苗为 Haffkine 氏于 1896 年在印度发明者，其制法沿用至今，仅略有小节上之更改，制造详细步骤可见 Taylor 氏报告(1)兹简录大意于下：

以有高度致病力之鼠疫杆菌培养于 PH6.4 只羊肉盐酸消化液培养基中，在 27 ℃暗室中培养四星期后，加温至 55 ℃经 15 分钟，再加以石炭酸至0.5％然后分装备用。

成人用量为 3c. c. 分两次注射于皮下，第一次注射 1c. c. 隔一周至两周后注射第二次 2c. c. 。

按 Taylor 氏(1)发表自 1896 至 1932 年在印度接种 Haffkine 氏菌苗之

较可靠数字(第一表),接种者之发病率(每万人中 65 人)约为未接种者(每万人中 238 人)之四分之一,而死亡率(每万人中 49 人)则为未接种者(每万人中 297 人)之六分之一。且接种者即使发病,其发病者死亡率亦较低。

第一表

Haffkine 氏菌苗效力统计按 Taylor 氏报告(1)改编

甲.发病率比较

	接种者	未接种者
人数	123 134	168 738
发病者人数	803	4014
发病率(每万人)	65	238

乙.死亡率比较

人数	147 765	186 424
死亡者人数	723	5542
死亡率(每万人)	49	297

丙.发病者死亡率比较

发病者人数	803	4014
发病死亡者人数	385	3194
发病者死亡率	48%	80%

2. 琼脂菌苗:制法与普通伤寒霍乱等菌苗之制法同,惟每 c.c.应含菌十万万个。用量及用法与 Haffkine 氏菌苗同。因缺乏准确之统计无法判断,其对于人之效力。惟根据动物试验之结果(2)如制法适当其效力亦同于 Haffkine 氏菌苗。

3. 活菌菌苗:Kolle 及 Otto 氏(3)Strong 氏(4)(5)鉴于两种菌苗对于豚鼠之免疫试验不能得到优良结果,乃改试用致病力减退之活菌为免疫用之菌苗。Kolle 及 Otto 氏以动物试验证明活菌之免疫效能确优于死菌。惟其所用菌种之致病力尚未完全消灭,注射试验动物仍可造成鼠疫传染,自不适于人类接种之用。Strong 氏用一无致病力之菌种行动物试验,并以之接种判处死刑之囚犯二百名。结果无一人因受此种鼠疫杆菌活菌之注射而发生鼠疫者。惟接种后,因无鼠疫流行,故亦未能判断其效能。

Girard 及 Robic 两氏(6)(7)在治属马达加斯卡试用活菌菌苗(用 E. V. 无致病菌种)据称有良好效果。

Pokrovskaya 氏(8)及 Miaervin,Stupnitzhi 及 Tinker(8)三氏均亦证实活菌菌苗对于动物免疫之效力。

Otten 氏(9)(10)(11)于 1936 年报告在爪哇试用活菌菌苗(用 Tjiwidei 无致病力菌种)结果(第二表)在某两区域接种者 37 435 人中死于鼠疫者 38 人(千分之 1.0)而未接种者 39,483 人中死于鼠疫者则有 200 人(千分之 5.05)其差别为一与五之比。此项统计数字似不优于第一表所载之 Haffkine 氏菌苗统计。惟按 Otten 氏意见则在印度之菌苗接种系属自愿性质。凡自动来受注射者多属知识分子,其生活标准自较未受注射者为高,接触传染之机会亦较少。是以受接种者之发病率及死亡率之低非完全为接种之效果。按其结果以推论,则似嫌有误将接种之功效估计过高之弊。Otten 氏在爪哇用强迫接种之办法。每家中以一半人数为未接种之对照。故氏以为其统计中受接种者接触传染之机会均等。是以其结果由表面上观之似劣于 Taylor 氏所报告者也。

第二表

活菌菌苗对于腺鼠疫效力统计 Otten 氏(9)结果

区域	接种者			未接种者		
	人数	染鼠疫死亡者	死亡率(每千人)	人数	染鼠疫死亡者	死亡率(每千人)
Bandjaran	18 479	28	1.5	17 914	93	5.1
Batoedjadjar	18 956	10	0.5	21 569	107	5
共计	37 435	38	1.01	39 483	200	5.05

Otten 氏自 1935 年起在爪哇大规模使用此种活菌菌苗受注射者已逾一千万人。据云无一人因注射而发鼠疫者。

南菲洲 Grastset 氏(12)(13)亦主张用活菌菌苗。

菌苗效力之试验检定

Haffkine 氏菌苗制法既不同于普通琼脂菌苗,而其免疫抗原复因长时期培养后菌体自溶故已成溶液状态,是以普通计菌数法不能用以标准化此种菌苗。Haffkine 研究所 Naidu 及 Sathe 两氏(14)曾致力其生物学检定法,然未能得到可重复之结果。

该所 Sokhey 及 Maurice 两氏(15)于 1935 年,Sokhey 氏(16)于 1939 年发表用小鼠保护试验以检定鼠菌苗免疫力之结果,法以欲检定之菌苗用各种不同剂量注射于各组小白鼠使之产生免疫。经两周后再以之注射一定剂量(80—120 个活菌,当于 10 个最低致病单位)之有高度致病力之鼠疫杆菌(最低致病单位约为 8—12 个活菌)测验其免疫力之高低。凡能保护小鼠使之能抵抗 10 个致病单位之活菌传染之菌苗剂量即为该菌苗之最低保护剂量(minimal protective dose)。经多次试验证明此种方法确无可靠。按其检定结果,1934 年 Haffkine 研究所制造之 Haffkine 氏菌苗之最低保护剂量为 0.001 7c. c. ,1935 年制品之最低保护剂量为 0.001c. c. 。用此法以比较各制造处所制品结果表明 Haffkine 研究所之制品效力最大(第三表)

Otten 氏(9)以为各种动物对于鼠疫杆菌之感受力不同。豚鼠之感受力为最高,家鼠次之,小鼠又次之而以大白鼠为最低。感受力最高者亦即最难使之免疫者。故主张以家鼠及豚鼠为测定菌苗效力用之试验动物。

Schutze 氏(17)亦报告小鼠及大鼠对于鼠疫感受力之不同。以小鼠注射 100—200 个有致病力之活菌约 8—9 日后死亡,同一菌种注射大白鼠则需数百万个始能致死惟死亡较速,仅需 2—3 日。用此两种动物行保护试验之结果往往不相符合。

其他学者(8)亦有同野齿动物如 Slsel 等为试验动物者。

鼠疫杆菌之致病力与免疫效力

多数早期工作者(8)如 Haffkine 氏,Naidu, Malone 及 Avari 三氏,Taylot 氏,及 Rowland 氏等均认为必需用有高度致病力之菌始能制成有效之菌苗惟近来之研究结果,则表明前项结论之不确 Kolle 及 Otto 两氏(3),

Strong 氏(4.5)及挽近 Otten 氏(9)，Girand 及 Robic 两氏(6.7)等既已证明无致病之活菌之免疫更强有高度致病力之死菌，而 Schutzes 氏(17)，Bhatnagar 氏(18)(19)，Sokhey 氏(2)，及 Taylor 氏(20)更证明无致病力之鼠疫杆菌亦有可以于杀死以后仍保有免疫效能者。且对于各动物之免疫力亦不劣于有高度致病力者之死菌。是以无致病力之鼠疫杆菌复可按其有无使动物免疫之效能而分为"有保护力之无致病力菌"(Protective avirulent)及"无保护力之无致病力菌"(non-Protective avirulent)。用"有保护力之无致病力菌"之死菌制成菌苗所得之免疫与用有致病力之菌用同样方法制造之同样菌苗所获得者无异。

第三表

数种主要鼠疫菌苗之小鼠免疫力比较

对于小鼠之最低保护剂量

菌苗制造者	1934 年制品	1935 年制品
Haffkine 研究所	0.001 7c. c.	0.001c. c.
Lister 研究所	0.007c. c.	0.008c. c.
Birns	0.015c. c.	0.008—0.015
Pasteur 研究所(巴黎)	0.03	0.008—0.015
Bayer	0.05	0.1

荚膜与免疫力之关系

鼠疫杆菌体外有类似荚膜之构造。Rowland 氏(21)以其外缘不若其他细菌荚膜之明显，能溶于碱性液中，且不能用普通荚膜染色方法使之着色，故不称之为荚膜(Capsule)而另名之为 enevlope。

按 Schutze 氏(22)鼠疫杆菌培养于 37 ℃时有此种构造，而培养于 26 ℃时则无。Sokhey 氏(23)用 Churchman 及 Emelianoff 两氏(24)之荚膜染色法观察得谓之 envelope 与其他细菌之及荚膜无别，实无另名之为 envelope 之必要本文此下所用"荚膜"即泛指此种结构。

Sokhey 及 Maurice 两氏(25)，又 Sokhey 氏(23)证明不论在何温度培

养,鼠疫杆菌均产生荚膜。惟培养于较低温度时(如 27 ℃)菌体及荚膜均较小不易分别。Bhatnagar 氏(18)亦报告同样结果。氏且报告观察得有保护力之无致病力菌产生荚膜,而无保护力之无致病力菌则否。

Schutze 氏(26,27)报告培养于 37 ℃之琼脂菌苗含有荚膜抗原较培养于 27 ℃者为多,其对于大白鼠之免疫效力亦较 27 ℃菌苗高约 50% 至 100%。氏继又报告(17)培养于 37 ℃与培养于 27 ℃,之 Haffkine 氏菌苗对于大白鼠之免疫力亦有同样之差别。故以为荚膜抗原为免疫之主要抗原。惟 Sokhey 及 Maurice 两氏(25)用小白鼠行试验则未能证实此种观察结果。两氏之免疫试验结果,表明培养于 37 ℃及 27 ℃。之 Haffkine 氏菌苗对于小鼠之免疫力均同,惟培养于 37 ℃,者毒性略低。Sokhey 氏遂以为菌苗之效能优劣恐非荚膜抗原含量多寡之所能决定者。

Schutze 氏(17)更用有致病力之菌及有保护力之无致病力菌各培养 37 ℃及 26 ℃制成 Haffkine 氏菌苗以比较其免疫效能。培养于 37 ℃之菌苗,不论其所用菌种为有致病力者抑有保护力之无致病力者,均含荚膜抗原较多,故有较高之荚膜抗原沉淀效价(envelop titre 或以下按 Schutze 氏简称为 E 效价),其对于大白鼠之免疫效能亦高。以各种菌培养于 26 ℃制成之菌苗含荚膜抗原较少,E 效价较低,对于大白鼠免疫效能亦较低。是以菌苗之 E 效价高低(亦即荚膜抗原含量之多寡)与其对于大白鼠免疫效能有直接之关系。

惟在小鼠之免疫试验中,荚膜抗原则不如是重要。菌苗 E 效价之高低与其免疫效能无明显之关系。在 37 ℃培养之菌苗荚膜抗原含量虽多,而其对于小鼠之免疫效能则并不与在 26 ℃培养之含有荚膜抗原较少或无荚膜之菌苗有明显之不同。氏以为似有另一种抗原为对于小白鼠免疫之主要抗原。

Sokhey 及 Seal 两氏(28)用酪蛋白水解液(Casein hydrolysate)为培养基制成 Haffkine 氏菌苗。加以硫酸铔(Ammonium Sulfate)使之达到 1/3 饱和浓度,而沉淀其有免疫效能之蛋白质。用此蛋质微量(当于 0.003c. c. 之菌苗中所含之量)即可使小鼠产生适当之免疫力以抵抗 10 个致死单位之实验传染。

日人 Ki 氏(29)亦报告用有荚膜鼠疫杆菌之提出物加入两倍之醋酮(acetone)，使之产生沉淀。以此沉淀物溶于生理食盐水中然后再以醋酸使之沉淀而得到一种抗原，氏名之曰"envelope P"。以之注射大鼠可使之免疫。此抗原有与抗鼠血清产生沉淀反应之性质。并能中和血清中抗毒抗体之能力。

Sokhey 及 Seal 两氏所得到之抗原是否即为荚膜抗原抑即为 Schutze 氏所推想之另一种对于小鼠免疫之主要抗原，现尚未能决定。Ki 氏所得到之抗原，虽称曰"envelope P"然氏实并未能确证其为荚膜之抗原，又此抗原是否与 Sokhey 及 Seal 氏所得到者相同，因尚未有比较的研究故亦难推断。

讨论

按上述各学者所报告者，吾人可见关于鼠疫之预防接种现仍有多数问题尚待解决者。虽然，吾人似已可综合各学者之意见而确定"有保护力之无致病力菌"对于试验动物之免疫效能与有高度致病力者无异。吾人已知此种"有保护力之无致病力"菌之活菌(如 Otten 氏之 Tjiwidej 菌种及 Girard 氏之 E. V. 菌种)对于人确有免疫力，惟此种菌之死菌，是否对人亦有免疫力，则仍需俟有计划之接种统计为之证明。

至于荚膜抗原对于免疫效能之关系，各学者之意见颇有歧异。此种意见之分歧似多由实验方法之不同所致。Sokhey 氏用小鼠行保护试验而 Otten 氏则用家鼠及豚鼠，Scoutze 氏则用大白鼠。Schutze 氏既已证明荚膜抗原虽对于大白鼠之免疫有重要关系，而对于小白鼠免疫则否。由是观之氏与 Sokhey 氏意见之轩轾似与其所用实验度动物之不同有关。

对于人类之免疫是否需要荚膜抗原亦尚有待于接种统计之证明。Sokhey 氏及 Maurice 氏所报告在 37 ℃培养之 Haffkine 氏菌苗毒性较低，似表示荚膜抗原之多寡与菌苗之毒性无关。然 Schutze 氏于大白鼠及小白鼠免疫之观察则表明对于荚膜抗原之免疫力或即为抗毒(内毒素)免疫，盖大白鼠之实验鼠疫传染需多量之菌，其死亡复迅速，极似中毒症之表现。然小鼠之传染则仅需数个至一二百个菌即足致死，且死亡亦缓，似为侵袭之结果。大白鼠之传染既为中毒性而其所需之免疫力复为抗荚膜性者；小鼠之传染为侵袭性而又不需抗荚膜性之免疫力则此抗荚膜性之免疫颇似与抗毒性免疫同。Ki 氏谓能由鼠疫杆菌提出"荚膜抗原"。其所报告此抗原之中和抗毒抗体性质，如能证实，似亦与 Sehutze 氏之观察符合也。

人类对于鼠疫之感受力颇高。临床上鼠疫之症征虽有一部分为内毒素中毒所致。然在此种情形下，内毒素无疑为鼠疫杆菌在体内繁殖后菌体破坏之产物。此点类似小鼠之实验鼠疫传染，同以细菌之侵袭为致病之主因。于大白鼠之实验传染中，其致病之主因则为注射入大量细菌在体内立即发生菌体破坏而发出大量内毒素。此大白鼠之实验传染性质上之不同于人之自然传染者。故大白鼠免疫试验之结果或不适应用于人。人之自然传染既如上述与小白鼠之实验传染近似，则人对于鼠疫之免疫或亦似小鼠之不需要抗荚膜性抗原也。

采用某种菌苗时除应注意其免疫效能以外，亦应对于其实用上诸问题加以考虑。活菌菌苗已经证明……为最优者。应用时亦确无危险性。此已可见于 Strong 氏之试验，更可由近来此种菌苗在爪哇，马达加斯卡，南菲等地大规模使用而无一人因接种而染疫之事实已证明之。惟其制造困难，不能加以防腐剂，故颇易传染杂菌。且贮藏不易，失效期短，而制就后，必需于短时间内用毕。否则贮藏日久，菌死其效能亦即消灭。非在有地方性鼠疫之地应用颇不经济。又学者亦有疑及此种无致病之菌或能发生变异，忽然增加致病力者，而踌躇于其应用。

Haffkine 氏菌苗已由其在印度之统计证明确有免疫效能。惟注射后反应颇强，且制造亦颇不易，所需时日过多。在印度流行广布之地应用，尚无困难。惟在鼠疫流行不常有之地使用此种菌苗，则非大量贮购不可，否则俟流行发生以后方加紧大量制造，一两月以后始能有出品，恐有误应用。反之琼脂菌苗之制造不需特别设备，需时日少，平时仅贮备少量，足以应付流行初期接种之用即可。一俟流行发生立即大量制造。两三周后即可有新菌苗使用。自为经济方便。琼脂菌苗注射后，反应亦轻微，不似注射 Haffkine 氏菌苗之严重，惟其效力因缺乏统计无以判断，然按近来学者就各种动物免疫试验之结果。则其效能固不低于 Haffkine 氏菌苗也。

摘要

本文就三种主要鼠疫菌苗之制造方法及菌种之选择与效能做一简短之检讨。

一、由动物试验及人类接种之统计已证明鼠疫菌苗确有预防腺鼠疫之功效。

二、目前有数种生物学方法可用以检定鼠疫菌苗之效能。惟用一种方法所得到之结果。往往不能与用另一法所得者符合。

三、无致病力之鼠疫秆疫，可按其有无免疫效能分为"有保护力之无致病力"菌种及"无保护力之无致病力"菌种。用"有保护力之无致病力"鼠疫秆菌之活菌，在试验动物中可以产生高度免疫力。用此种死菌所产生之免疫力与用"有致病力"之死菌所产生者无异。

四、荚膜抗原已证明为使大白鼠免疫所必需者。惟于小白鼠免疫试验中，则未能观察到荚膜抗原含量之多寡与菌苗之免疫效有关。

文献

(1) Taylor, J. (1933) Ind. Med, Res. Memoirs No. 27

(2) Sokhey, S. S. (1941) Memorandum on Plague Vaccine prepared in Response to Questions of Dr. W. A. Sawyer, New York

(3) Kolle, W and Otto, R. (1903) Deutoche Med. Wschr. 29:493

(4) Strong, R. P. (1906) Philippine Jour. Sci. 1:181

(5) Strong, R. P. (1907) Philippine Jour. Sci. Sect B. 2:155

(6) Giard, G. & Robic, J. (1934) Bull: Acad. Med. 111:939

(7) Giard, G. (1935) Compt. rend, Soc. biol. 120:133

(8) Wu Lien-teb, Pollitzer, R., Wu, C. Y., & Ch'un, J. CHH. (1934) "Plague" Chinese Maritime Customs Qustoms Quarantine Service.

(9) Otten, L. (1936) Ind. Jour. Med. Res. 24:73-101

(10) O. ten, L. (1940) Geneesk, Tjidschr. v. Nederl. Indie 80:2878

(11) Otten, L. (1941) Meded. Dienst. d. Volksegezondheid in Nederl. Indie. 30:61

(12) Grasset, E. (1941) South African Med. Jour. 15:373

(13) Grasset, E. (1942) Trans. Roy. Soc. Trop. Med. & Hyg. 35:203

(14) Naidu, B. P. B. & Sathe, R. G. (1932) Ind. Jour. Med. Res. 19:987

(15) Sokhey, S. S. & Maurice, H. (1935) Bull. Off, Internat. D'Hyg. publ. 27:1534

(16) Sokhey, S. S. (1939) Ind. Jour. Med. Pes. 27:313

(17) Schutze, H. (1939) Brit. Jour. exp. Path. 20:235

(18) Bhatnagar, S. S. (1940) Ind. Jour. Med. Res. 28:1

(19) Bhatnagar, S. S. (1940) Ind. Jour. Med. Res. 28:17

(20) Taylor, J. (1942) Notes on Plague Vaccine (Personal communica t ion)

(21) Rowland, S. J. (1941) Jour. Hyg. Camb. Englsh Plagde Commission 13: Suppl. 418

(22) Schutze, H. (1932) Brit. Jour. exp. Path. 13:284

(23) Sokhey, S. S. (1939) Jour. Bact. Path. 51:97

(24) Churchman, J. W. & Emelianoff, N. V. (1933) Jour. exp. Med. 57:465

(25) Sokhey, S. S. & Maurice, H. (1634) Rep. 12th Conf, Med. Res. Workers, Calcutta. P. 154

(26) Schutze, H. (1932) Brit. Jour. exp. Path. 13:293

(27) Schutze, H. (1934) Brit. Jour. exp. Path. 15:200

(28) Sokhey, S. S. & Seal, S. C. (1943) Personal communication

(29) Kl. R. (1941) Saihingaku Zassi. No. 544, 26. (Abstract in Biol, Abstr. 16:149, entry 1587 (1942)

福建鼠疫防治概况

（1944 年）

[本刊永安记者通讯]东南闽粤浙赣四省鼠疫为患,已有相当长久之历史,其流行分两大干线:一由闽之厦门入口传至龙溪,转至南靖龙岩诸地,复转入永定而达粤之大埔。另一由福州入口经南平而达建瓯,更由建瓯西北转至建阳邵武而达赣省之光泽,东北转至政和松溪入浙境之庆元。凡沿公路及河流交通线各城镇,均留鼠疫之足迹,而交通畅达之地,传播较易,蔓延尤速。

四省中尤以福建省最为严重,本年度闽省发生鼠疫,竟达三十余县之多,超过全省所辖县区二分之一以上;就最近八年来之统计。本年病人及死亡之数字,见之殊足惊人。

年份	病例	死亡
一九三六	九一八	五九〇
一九三七	八五八	四六七
一九三八	三一八	一三七
一九三九	五五四	四三四
一九四〇	二五二	一七八
一九四一	五九	四四
一九四二	四〇八	一七七
一九四三	四五七八	三八八四

按上表一九三六至一九三八疫情逐年降低,一九三九年虽又增高,但至一九四一年已减到很小之数,惟一九四二年突又大增,已足可虑,而今年仅十个月,其数字竟若是之大,超过历年最高数四五倍以上,若不设法以有效之防制,则年来更不知伊于胡底,再将本年福建者发现鼠疫各县病例及死亡列表如下:

县份	病例	死亡
福州	九二八	八五九
闽侯	一三五	一二八
长乐	一二七	一二〇
福清	四二六	二九五
蒲田	六九九	五三八
龙溪	二三	二三
晋江	四九五	三九五
仙游	二〇八	一六〇
同安	五六	三七
南安	二二三	一八四
连江	五一	五一
安溪	三一	二二
惠安	九〇	八七
海澄	一	一
浦城	五〇	四七
建瓯	五	四
南靖	五	三
沙县	五九	五六
永定	一四八	一二二
建阳	五八	五七
邵武	四〇	二九
顺昌	七三	五五
罗源	三九〇	三五一
闽清	二	二
古田	五六	四六

县份	病例	死亡
将乐	三	三
平潭	一二	五
水吉	一九	一六
南平	二六一	一九八
总计	四五七八	三八八四

附注

以上廿九县尚有其他各县统计未据报来者容后再列。

福建鼠疫向系由海道传入，逐渐内流，以达闽南北各地，近数年来，海口封锁，自可断绝来源。然闽北各地今年疫势猖獗，可谓死灰复燃。闽南又因粮食缺乏，仰给于闽北，由是货运频繁，则疫势又有返流之状态，本年闽侯及南平疫势因而增长。该两地之疫情报告如下：

闽侯县三十二年各乡镇鼠疫流行统计表

地名	病例	死亡
松亭	一四	一三
双湖	一七	一一
金山	二七	二七
鼓麓	五	一
凤懹	一九	一二
四维	四	四
胪龙	二七	二四
螺螯	四	四
岳峯	五	一
罗峯	二	二
净屏	四	四
西豹	三	二

续表

地名	病例	死亡
闽安	四	四
扈屿	三三	三三
尧东	六	二
善义	一〇	六
镜柳	八	六
榕桥	一〇	一〇
凤岗	一〇	五
锦浦	五	一
小盘	一二	一二
总计	二二九	一八四

南平县三十二年各月份鼠疫患者统计表

月份	情形	城厢	夏道	总计	病例总数
一	愈	一	一	一	一
	亡	一	一	一	一
二	愈	一	一	一	一
	亡	一	一	一	一
三	愈	一	一	一	五
	亡	四	一	四	
四	愈	一	一	一	三
	亡	二	一	二	
五	愈	三	三	六	三五
	亡	四	二五	二九	
六	愈	四	八	一二	五九
	亡	一〇	三七	四七	
七	愈	七	一四	二一	七四
	亡	一六	三七	五三	

月份	情形	城厢	夏道	总计	病例总数
八	愈	一四	一二	二六	八九
	亡	二八	三五	六三	
九	愈	四	一	五	五
	亡	一	一	一	
十	愈	一	一	一	一
	亡	一	一	一	

附注：本年病例及死亡数统计至三十二年十月份止。

闽侯本年三月间第一病例在东门外之松亭乡发现，系呈腺性。此外各乡镇之多，所谓散发性的蔓延，骤难遏止。迄至八月中旬以后，幸告逐渐扑灭。其死亡人数，据各方疫情报告及调查有依据者计一百八十四人，占全县人口百份之○．○三。南平鼠疫以五至八四个月最为严重，而夏道距城厢三十华里，疫势之炽更盛于城厢，然经卫生人员之努力防治，遇救者不少，于是疫势大挫，至十月份已降至最低数矣；惟十一月间突又有复燃之势，卫生署医防大队所属之卫生工程队及医务检验人员均奉派赶往协助处理。

其次峡阳、天台、洋口、顺昌、汉布、将乐等沿溪城镇，本年均先后发现鼠疫，而与江西毗连邵武本年度疫尤为严重，其疫势之流行，先由城区发现于汽车站，西传至进贤坊南桥下协和大学，更西而至邵武中学，至向南方面，则有南门大街等处，城厢疫区之广几逼全部，乡间水口、蓦谢坊、拿口、大阜岗等四镇，流行亦烈，猖獗之势迄未停息，卫生署医防大队，现正调各医队前往协助，最近并派鼠疫防治人训练班学员多赶往疫区实习及补助医防任务。

浙江本年有云和、碧湖、丽水、宜平等处相继发现，此由闽北松溪传入庆元，再由庆元之小梅镇逐向内传，最近且有流向温州之势，江西及广东两省疫情报告不多，据悉仅赣之光泽粤之大埔二县发现，现闽浙赣三省中流行最烈者当推邵武云和光泽三地，各处均有人员前往加紧防治。

（《西南医学杂志》，1944 年第 4 卷第 1 期，第 22—23 页）

福建的鼠疫

(1944 年)

柯恺

一、福建鼠疫的溯源

谈到福建的鼠疫,就要回溯到清光绪二十年(公历一八九四年)的香港鼠疫:自那年发现后,福建各地就蔓延起来。可是远在乾隆壬子及葵丑两年(公历一七九二及一七九三)赵州(河北赵县)一带就闹鼠疫,流行惨酷。有师道南所著天愚集的鼠死行一篇为证:

"东死鼠,西死鼠,人见死鼠如见虎,死鼠不几日,人死如坼堵。昼死人,莫问数;日色惨没愁云护。三人行未十步多,忽死两人横截路。夜死人,不敢哭:疫鬼吐气灯摇绿。须臾风起灯忽无,人鬼尸棺暗同屋。鸟啼不断,犬泣时闻;人含鬼色,鬼夺人神。白日逢人多是鬼,黄昏遇鬼反疑人!人死满地人烟倒,人骨渐被风吹老,田禾无人收,官租向谁考?我欲骑天龙、上天府,呼天公,乞天毋,洒天浆,散天乳,酥透九原千丈土!地下人人都活归,黄泉化作回春雨。"

这是一事。有的竟说唐孙思邈所著的千金方,里面记载的"恶核病"便是鼠疫。如果实在的话,那么中国在唐朝已经有鼠疫的存在了。不过这些记载,对于福建鼠疫,找不出影响的陈迹,所以福建的鼠疫,最可靠的还是在清光绪二十年(公历一八九四年)香港发现鼠疫以后的事。因为香港鼠疫的流行,不久便由民船的往来,输入厦门,于是闽南沿海各地在光绪二十二年至宣统三年(公历一八九六至一九一〇)的中间,便不断发生鼠疫。这鼠疫后来就藉者交错的河流,一沿九龙江而达龙溪漳浦南靖龙岩等地,一沿晋江而达南安,永春,安溪等地,一沿闽江而达福州、闽清、古田,以至南平、建瓯等地。然后由此日渐内移,如建阳、政和、松溪系自建瓯侵入即其一例。至若莆田、仙游、惠安、同安、诏安等处之被传染,自亦以其河流通于海,船舶往来携带之故。但闽西之永定、上杭等高地则最初似非本省所传染,或系自邻省之潮汕传来。迨光绪三十二年(公历一九〇五年)西人马士敦教会医师正式发表漳浦、永春两地之鼠疫报告,福建鼠疫至是始为世人所注目。

二、过去鼠疫的流行概况

福建地近热带，东南沿海，常带海风，气候温暖者固无论矣，而西北高山深谷，亦以受地势调节的关系，气温亦鲜在华氏五〇度以下者。全年平均气压恒在七五七．三公厘至七六二．五二公厘之间，平均雨量则约在一．二〇〇至一．七〇〇公厘之间。据经验所得，鼠蚤之所以能生存繁殖。每日平均气温多在华氏五〇度以上，八五度以下，空气之饱和差每不高过于〇．三吋。所以如是适度之气候，正好为鼠蚤细菌之繁生条件，宜乎鼠疫一入省境，即变为根深蒂固，不易消灭了。不过鼠疫在本省起初的疫势可谓比较的剧烈，死亡也比较的多，以后则变为消长性，死亡虽较少，而连年不断的散发流行。兹将民国二十五年至三十二年（公历一九三六至一九四三）本省鼠疫疾病死亡人数列一简表如次：

廿五年廿六年廿七年廿八年廿九年三十年卅一年三十二年总计病死百分单

年份	廿五年		廿六年		廿七年		廿八年		廿九年		三十年		卅一年		三十二年		总计		病死百分单
病死例数	病	死	病	死	病	死	病	死	病	死	病	死	病	死	病	死	病	死	
鼠疫	918	590	858	467	318	137	554	434	252	178	56	44	408	172	5158	4082	8525	6504	76.6

因为本省鼠疫是散发性的，所以蔓延的县份很多。据过去调查的结果，发现或流行的区域共有厦门、晋江、同安、南安、永春、安溪、惠安、仙游、莆田、永泰、德化、龙溪、海澄、漳浦、云霄、诏安、政和、松溪、建阳等二十九县市。内中以闽南最普遍，受害也最深。再按民国二十七年福建防疫总所就晋江等十县研究蚤类的结果，各地蚤类指数均高。而闽南各县为尤甚。蚤类指数最高的月份普通为三月至七月。所以闽南各地鼠疫病例特多，而鼠疫最常发生或流行时期都在三月至七月之间，也可在这里找到对照了。

三、去年鼠疫流行的研究

福建气候温暖，气湿较重，气压较低，适合于细菌的繁殖，故自鼠疫侵入省内后,连年都有不断的流行,已如上述。近年以还,因为卫生防疫机关的设立,竭力防范,疫势不如前此之剧烈,他方因为鼠族之频受刺激,已产生相当的免疫性,疫势亦较为衰减。这一点可就龙岩发生鼠疫大流行,中央派防疫专家来闽实施防治后,前后疫情消长比较可以看得出来。但到去年,全省鼠疫流行的地方,共有福州、闽侯、长乐、福清、莆田、龙溪、晋江、仙游、同安、南安、连江、安溪、惠安、海澄、南平、浦城、建瓯、永春、南靖、沙县、永定、建阳、邵武、顺昌、罗源、闽清、政和、宁德、古田、将乐、平潭、永吉等三十二县市。鼠疫患者,除永春数字未据报外,统计所得共五一五八人,其中死者共四〇八二人。而二十五年至三十一年七月中间,本省鼠疫患者仅三三六七人,死者二四二二人,患病与死亡的人数均超出已往七年的总和,疫情的严重,可想而知。为什么去年一年会这样猖獗呢? 岂老子所说的"大凶之后,必有瘟疫"不幸而言中欤? 这一问题,诚然有加以研究的必要,据笔者往来疫区所得的实地经验,去年全省发现或流行鼠疫的三十二县市中,最烈的疫势当以福州为最、福清、晋江、莆田处之,福州患者九二八人,莆田六九九人,晋江四九九人,福清四二六人,约占去年本省三十二县市的患疫总人数之半。为明了比较情形,兹列表于次:

福建省各县鼠疫患者死亡统计表(三十二年度)

县别	福州	顺昌	罗源	将乐	闽清	南平	建瓯	建阳	浦城	沙县	连江
患者人数	928	73	390	33	4	166	85	65	58	59	61
死亡人数	859	55	351	13	2	120	4	55	47	56	51

县别	安溪	水吉	邵武	政和	宁德	南靖	古田	长乐	龙溪	晋江	永定
患者人数	42	19	73	46	18	45	157	125	23	499	148
死亡人数	28	16	45	21	1	13	155	108	23	397	122

县别	闽清	南安	福清	同安	莆田	海澄	平潭	惠安	仙游	总计	
患者人数	136	223	426	56	699	68	80	104	259	5158	
死亡人数	128	184	295	37	538	1534	101	208	4082		

附记

这四个县市都是本省繁华富庶之区,人口众多,交通在从前是很便利的,抗战后以受毁路的影响,交通顿形不便,但由福州至莆田的一条公路在线,中间经过福清县城,每日肩夫负贩,军旅客商,往来络绎,多者万人,少者一二千人。而莆田至晋江的一条公路线,行旅虽不如榕莆道上之盛,然据舆夫所述,日亦必千数百人以为恒,反比战前更加热闹了。这种变动,第一是现代化的交通工具在这毁路的地区,不能发挥功能,于是军民必需品的盐米等项必须以人力来代替运输,第二是人民以感受战时生活的困难,乡村男女老幼凡挑得动担子的都群出谋取蝇头微利,补助一部份收入,所以便形成客旅的激增。这固然不打紧,可是因此一来,鼠疫的传染便于无形之中增加了许多机会。例如莆田去年的鼠疫,系自涵江而来,涵江最初发现的患者,则系往来榕莆道上的苦力肩贩,即其一例。又笔者于福州督导防疫工作时,曾发现苦力栈房中有一个常川往来榕莆的莆籍苦力妇人,以患鼠疫而死,结果同行的几个也于回到莆田后发病。同时福清福芦旅社中也有一个客人,刚到客舍即行发疫,不久身故的事实。因为战争,客旅人数增多,往来起居,流动太甚,很可能造成辗转传播的更多机会、此其一。去年各地俱闹旱灾,尤以福州、福清、莆田、晋江等缺粮县市更甚,人民以受饥荒的影响,大多营养不良,自亦可能减低自身的抵抗力,同时因为苦旱太久,气候不正,鼠疫也易于流行,此其二。自福州至晋江一条公路在线,客旅往来如织,疫菌携带自为重要因素,以是福州发现肺性鼠疫后,莆田、晋江不久也就跟着发现,不过还有一点,足以特别提出来的,鼠疫蔓延往往局限于沿公路线附近乡村,山陬高地,未曾发现。譬如莆田的广业、常泰二区,始终未被侵袭,便是例证,因为地理交通的关系,会影响到疫病的蔓延与否,这也是一个饶有兴趣的问题,此其三。环境卫生的不良,居多为鼠疫菌的潜伏渊薮,往岁在龙溪,每年看到最初发现鼠疫的地区,都是城区洞口庙,吴西坑,隆兴庙或大路头一带,而这些都是垃圾堆积,肮脏不洁之场,去年福州最早发现的疫区,死人最多的是在泛船浦,后州三保,保福山一带,这些地面低洼潮湿,环境又不清洁,碰到春雨缠绵之后,气候变动无常,自然会使潜伏的疫菌乘机滋长,此外如涵江的霞徐,因为栈房的苦力众多,环境不洁,地近河滨,又是潮湿的区域,所以也常为疫病诱发之源,此其四。以战时物价的高涨,许多防疫工作未能澈底,这也可能影响到鼠疫的蔓延;譬如改良建筑,撤除天花板地板开天窗,在往时只用很少的钱就可动起手来,现在则谈何容易?此其五。我国人民一般卫生习惯素不讲求,防疫常识更差,抗战以还,一般生活都较常时为苦,对于防疫更漫不经意,一旦疫病来袭,则又慌张失措,祇知道聚集所谓"善男信女"大事祈安建醮,叩祷鬼神,此种"负薪救火"式的防疫,到处皆有;无地不然,与科学的防疫方法适成背道而驰;不但不能将疫病减少分毫,反有助火益燃之势,而民众狃于旧习,都未革除,结果不问可知,此其六。综上所述,老子所说的"大凶之后必有瘟疫"虽不中亦不远矣。同时,去年一年,鼠疫所以会这样猖獗的缘故,也可在这里找到症结所在。

四、检讨和策划

这里所谓的检讨,并不是疫情的研究,完全是防疫工作的检讨。而这种防疫工作的检讨,尤不在于工作表现的数字上!我们若仅看去年度疫情的严重,而不想法探讨所以酿成疫情严重的因素,更不知所以防范之道;那么将来所有工作,纵然是十分努力,也必事倍功半,杂乱无章,以是事后的检讨和事前的策划,对于防疫工作实在必要的。

(一)过去各地鼠疫防治,多于鼠疫发现之后,又以人财两力不继,多不待疫氛全息,防疫机构即告取消,以致潜在间仍伏着多少毒力,一旦爆发,待到再起炉灶,召集会商,已经走迟一步,把防疫工作,变为散疫的工作,变为救疫的工作,省卫生主管为顾到"事豫则立,不豫则废"的这一个原则,已经决定在省设立防疫委员会,县设设防疫委员会,筹募经费,充实内容,常川主持防范,这足以补救前此的缺点。

(二)已往各地的防治,除地方的原有力量外,中央防疫大队和省防疫大队,也多派往各地协防,但以事权不一,责任不分,往往失去联络,今年却采分区防治制,除南平以上九县,由中央防疫大队负专责,福州由中央防疫大队和省防疫大队共同协防外,其余各县俱由省防疫大队划分防区,配置四个分队及本队工程队负责。如遇必要并可增派人员,于分队辖区内多疫县份,设置临时工作队,使其不致有顾此失彼之虞。

(三)防疫的经验告诉我们:欲使鼠疫绝迹,一是防疫工作的推进,一是环境卫生的改善,前者侧重治标,后者侧重治本,我们试以欧西文明国家,与印度拿来比较,即知道环境卫生改善的彻底与否,关系至巨。近一世纪来,欧西各国已无鼠疫存在,而印度还时有发现,就是因为印度的环境卫生不如欧西各国,以致鼠族蚤类滋生不息。就本省言,厦门自厉行市政建设,龙岩自实施防疫建筑改良旧有建筑物后,近年已罕有鼠疫发生。去年全省鼠疫那么样流行,从前鼠疫据为老巢的龙岩却见例外,足见环境卫生改善的重要。本省为针对这一着,已将环境卫生工作与防疫工作同时并进,相辅而行,防疫人员于防疫工作较有余闲的时候,并须出其全力,协助当地卫生机关,执行环境卫生改善之业务,假如能着成效,则无形中间可成为防疫的有力外围封锁线。

(四)在疫病蔓延的地区,固有待于防疫人员之消毒及其防治,但是全省的防疫人员不过许多人,所能发挥出来的防御力量至为有限,若以之作本省防疫的原动力,倒未可厚非;如根决疫患之图,则非赖地方人士群策群力,全面动员,无以为计。忆去年鼠疫炽盛时期,常听到地方一部民众,对防疫或卫生机关有责难者,以是使许多人冒绝大危险出入疫区,工作人员感觉灰心,这自然是不幸的事情!可是;我们如能平心静气的想一想,在那样黑色的大恐布中,大家生命毫无保障,那一个不希望鼠疫快点扑灭,因为希望心的增进,对防疫人员望之殷、责之切,是情所必至得了。所以防疫人员对于外界的责难应该当作好意看,不当作恶意看,与其听到而感触灰心,毋宁更加激励兴奋起来,戮力工作。况且我们知道公共卫生之所以能进步,基因于人民的恶惧心理者占三份之一,人民恐惧的心理这样厉害,这是我们防疫人员的绝好机会。我们应该充分利用此一机会,引导他们来共同参加防疫工作,加强全面防疫的力量。

(五)福建疫情相当严重,地面又这么辽阔,当疫发时,往往十数处并起,此剿彼窜,习以为常;单靠这些防疫人员负责防治,实感力量过于单薄。所以防疫人员训练的实施,尤为当务之急。中央卫生署有鉴及此,已派伯力士专责来闽负责训练防疫干部人员,卫生处也拟不时抽调卫生院人员受防疫训练,这一切可说是必要的。

(六)过去各地鼠疫流行,染疫患者经卫生或防疫机关调查出来的,当然不能齐全,要靠保甲长及家属自动报告,希望更微,而疫情报告对于全盘防疫工作,又是关系綦巨,不容或缺的。那么最好的办法,必须设立全省防疫情报网,如果能够做到各县各乡镇各保遍设情报站的地步,则层层监督,讯息互通,一面能于交通要冲,设立检疫站,疫情自然更易明了。他如关于医师,保甲长及家属匿报者取缔办法之订定,也是加强防疫情报之一法。

(七)"工欲善其事,必先利其器"过去防疫工作之不能得心应手,器材不充,要亦主因之一。所以今年对器材之充实,已在在想法筹划。战时交通不便,药械难求,虽不能把全部困难解决无遗,但相信早为打算的话,或不至于失望。

(八)鉴于过去民众防疫常识太差,不但防疫不知其方,抑且治疫不知为计,今年防疫的工作,无疑的要着重这一方面。所以要如何用文字宣传?如何口头宣传?如何深入民间,用电影幻灯或话剧为媒介,灌输一般防疫常识?自亦为今后防疫课题之一。

(九)没有老鼠,就没有鼠疫,所以灭鼠和防鼠。最为紧要:可是战时要推进一家一猫的运动,固有困难,就是发动捕鼠运动,也为工具的缺少不易满意。今后对于捕鼠工具自然要想法尽量补充,一面则想法购进大量的毒鼠药料,从事大规模毒鼠运动,并指示人民以防鼠的常识。

(十)鼠疫预防注射,为预防鼠疫有效方法之一种。往年疫苗贮量不足,难供普遍注射,若今年按照全省人口举行普遍注射,其需要疫苗总数,共需二三·七三六、四〇二、公撮,除中央已运到一部,先期输送去年各重要疫区举行预防注射外,其不足之数,已由卫生处另行筹划,并由省卫生试验所昼夜赶制补充中。

"前事不忘,后事之师"。去年福建鼠疫,地区蔓延之广,人民死亡之众,迥异往年。痛定思痛,自应急起直追,勿使再蹈覆辙。以上所述,纯为个人见地,不过聊资参考而已。所望地方人士惩前毖后,一致参加防疫工作,与根深蒂固的福建鼠疫作殊死战,那么:"精神所至,玉石为开",相信杀人如堵圻的鼠疫,必有潜踪灭迹的一天。

(《新福建》,1944 年第 5 卷第 6 期,第 33—36 页)

后 记

　　《中国藏细菌战与防疫卫生档案》是国家社会科学基金抗日战争研究专项工程项目"日本细菌战海内外史料整理与研究"成果之一。近年来中外学界聚焦日本细菌战研究,已整理、编辑出版相当品种和数量的档案资料,其中中方资料的作用愈加凸显。作为"抗日战争时期细菌战与防疫战文献集"的开篇卷,《中国藏细菌战与防疫卫生档案》内容丰富、翔实有据,依托两岸相关机构丰富典藏史料,特加以整理分类编排,惠及学界。

　　在收集、编书的过程中,得到了中国第二历史档案馆马振犊、杨智友、管辉等专家的诸多帮助;此外,南京市档案馆夏蓓研究馆员对全书框架结构、史料甄选等方面,给予了细致指导。向他们表示深深的谢意!

　　由于课题需要到访档案馆众多、查阅档案历时较长,因此召集了相当多的同学参与其中的工作,具体名单如下,感谢他们的辛苦付出!

搜集整理:熊慧林、彭　茜、孙　锐、陈腾宇、白纪洋、梁　哲、朱昊楠、
　　　　　潘建建、陈　是、贺海霞、冯　翠、马建凯、王　晨、郑池慧
录入校对:
　　　　南京大学　韩新艺、夏琅俊、龚颖成、宋政烨、涂诗曼、闵宣良、
　　　　　　　　　刘思柏、卓　越、胡琛婧、胡敏盈、李德政、赵雨萌、
　　　　　　　　　郭健音、桂语琪、金　怡、孙亚楠、于小双、朱　森
　　　　浙江大学　邹郑寅、姚　瑶、马竹青、孙傲雪、樊世豪、简睿明、
　　　　　　　　　赵心仪、齐馨仪、黄昊天、胡宇宗、吴　萍、蓝寅梦、

　　　　　　陈　怡、鲍炜刚

南开大学　杨雅丽

华中师范大学　何沐阳

南京师范大学　刘克剑、吴妙研

编辑翻译:汪　沛、刘诗纯、刘昊阳、杨雅琴、韦方宁、刘锦豪、沈斌清、

　　　　　李若凡

　　　　　　　　　　　　　　　　　　　　　　编　者

　　　　　　　　　　　　　　　　　　　　2024 年 10 月